Uwe Becker
Die Inklusionslüge

X T E X T E

Uwe Becker

Die Inklusionslüge

Behinderung im flexiblen Kapitalismus

[transcript]

Bibliografische Information der Deutschen Nationalbibliothek
Die Deutsche Nationalbibliothek verzeichnet diese Publikation in der Deutschen Nationalbibliografie; detaillierte bibliografische Daten sind im Internet über http://dnb.d-nb.de abrufbar.

Umschlaggestaltung: Kordula Röckenhaus, Bielefeld
Satz: Mark-Sebastian Schneider, Bielefeld
Printed in Germany
Print-ISBN 978-3-8376-3056-5
PDF-ISBN 978-3-8394-3056-9
EPUB-ISBN 978-3-7328-3056-5

Gedruckt auf alterungsbeständigem Papier mit chlorfrei gebleichtem Zellstoff.
Besuchen Sie uns im Internet: *http://www.transcript-verlag.de*
Bitte fordern Sie unser Gesamtverzeichnis und andere Broschüren an unter: *info@transcript-verlag.de*

Inhalt

1. Einführung

Dieses Buch widmet sich der kritischen Analyse einer gesellschaftlichen Utopie, die gegenwärtig unter dem Begriff »Inklusion« firmiert. Die Kritik gilt dabei nicht der Utopie an sich. Utopien sind weder grundsätzlich etwas Übles noch wird hier die Meinung vertreten, dass Utopien vor der Realität fliehen. Im Gegenteil, die utopischen Gesellschaftsentwürfe eines Thomas Morus' (vgl. Morus 1992) oder eines Campanellas (vgl. Campanella 2012) waren zu ihrer Zeit anstößige »Gegenbilder zu den unmenschlichen, ungerechten und unglücklich machenden Entwicklungen« der konkreten Gesellschaft ihrer Zeit (Gil 1997: 32). Und sie sind allein schon wegen ihrer bis heute geltenden Inspiration von realitätsprägender Bedeutung. Man denke nur an die Vision eines sechsstündigen Arbeitstages bei Morus oder eines vierstündigen bei Campanella, auf die bis heute von den Befürwortern einer kollektiven Arbeitszeitverkürzung zurückgegriffen wird, auch wenn der Trend gegenwärtig in eine andere Richtung geht. Diese fast egalitären Arbeitszeitbedingungen, wie sie in diesen Utopien beschrieben werden, haben wegen ihrer Abweichung von der Realität einen bis heute inspirierenden Charakter. Das hat nachdenklich gemacht, das hat die bestehenden Verhältnisse kritisch hinterfragt, aber Werke wie »Utopia« von Thomas Morus oder »Der Sonnenstaat« von Campanella waren nie als »Handbuch der politischen Praxis« gedacht. Sie haben der politischen Realität den utopischen Spiegel vorgehalten, ihr die Alternative, das Anderssein als denkbare Möglichkeit vor Augen geführt. Man könnte auch sagen: Utopien sind eine Art gedankliche Kraftquelle, sich mit dem Bestehenden nicht als dem zwingend Notwendigen abzufinden. Dies gilt für biblische Bilder und Impulse eines »neuen Himmels und einer neuen Erde«, für den Gedanken der sozialen Gerechtigkeit, der Freiheit und der Autonomie bis hin zur Marx'schen Utopie einer klassenlosen Gesellschaft.

Solange Utopien sich als jener Stachel des Andersseins bewähren, die Realität sozusagen utopisch von außen angreifen, haben sie ihren guten Zweck. Die Kritik ist hingegen insbesondere dann geboten, wenn Parteien oder gar der Staat sich als Vollzugsorgan einer Utopie begreifen. Wenn politische Maßnahmen gewissermaßen mit der Aura utopischer Heiligkeit versehen werden, spätestens dann wird die geschichtliche und politische Wirklichkeit utopisch verklärt, sie wird unangreifbar und gewinnt totalitäre Züge. In der Regel unterliegt Politik in demokratischen Staaten nicht dieser utopischen Verklärungsgefahr. Aber das heißt nicht, dass sie sich nicht auch auf fragwürdige Weise der Utopien bedient, um die eigenen politischen Mittel anzupreisen.

Das Grundmuster der gängigen Art jener utopisch verklärten Legitimationsübung politischer Praxis ist folgendermaßen gestrickt: Man erklärt, der Utopie im Grundsatz verpflichtet zu sein, sei es der Idee der sozialen Gerechtigkeit, der Menschenwürde, der Freiheit, der Autonomie oder der Solidarität. Aber die Praktikabilität »utopischer Schritte« wird dem Gesetz der Machbarkeit, also der politischen Opportunität unterstellt. Dieses Opportunitätsdenken äußert sich meist durch den Verweis auf die begrenzte Verfügbarkeit von Finanzmitteln. Anders gesagt: Politik gefällt sich in der »utopischen Haltung« bei gleichzeitiger Anwaltschaft für das finanzielle Realitätsprinzip, dem sich die Utopiepraxis zu fügen hat. Utopie wird so zur Makulatur, zum leeren »Bekenntnis«. Denn der Weg ins Zentrum der ökonomischen und politischen Mechanismen wird ihr verwehrt. Radikale Anfragen an ordnungspolitische Grundsätze und an scheinbar ökonomische Gesetzmäßigkeit zu stellen, steht ihr aus politisch-pragmatischer Sicht nicht zu.

Eine solche Politik der utopischen Haltung verwässert die Konturen des Konflikts. Denn je mehr Menschen sich auf eine utopische Grundidee verständigt haben, je größer ihr Abstraktionsgrad ist, je mehr Einigkeit also vermeintlich im Grundsätzlichen besteht, desto weniger will es lohnend erscheinen, über die Details zu diskutieren. Konkret: Keine Partei leistet sich eine Abkehr vom Prinzip der sozialen Gerechtigkeit. Die, die dies öffentlich proklamieren würde, stünde unter hohem Rechtfertigungsdruck. Was nun das Prinzip der sozialen Gerechtigkeit für Fragen des Mindestlohns, der Höhe der Sozialleistungen oder einer gesetzlichen Mindestrente konkret bedeutet, wird zu einer finanztechnischen Diskursübung von Spezialisten, denen »normale Bürgerinnen und Bürger« kaum folgen können. Die ökonomischen und politischen Bastionen der »Beitragssatzstabilität«, der »Schuldenbremse«, der »Senkung der Staatsausgaben« werden dabei eigenartig tabuisiert. Dass eine bestimmte Form der Wirtschafts-, Steuer- und Arbeitsmarktpolitik ursächlich ist für ein eklatantes Defizit an sozialer Gerechtigkeit, dass die Rentenpolitik eine gravierende Entwicklung der Altersarmut produziert, das alles bleibt, als ökonomische »Notwendigkeiten« deklariert, dem kritischen Diskurs weitgehend entzogen. Mit anderen Worten: Die Debatte über die Utopie der sozialen Gerechtigkeit wird utopisch eingegrenzt. Sie bleibt eingezäunt in ein klar abgestecktes Gelände, um keinen »Flurschaden« in der gesamten Landschaft anzurichten.

Diese Mechanismen der Einzäunung eines utopischen Projekts greifen gegenwärtig in das Gebiet der »Inklusion«. Dem Ziel nach verfolgt Inklusion die Umsetzung der UN-Behindertenrechtskonvention (BRK), eine »Übereinkunft der Vereinten Nationen über die Rechte von Menschen mit Behinderung«. Im März 2007 wurde diese von Deutschland unterzeichnet und ist seit 2009 als innerstaatliches deutsches Recht in Kraft gesetzt. Ihr zentrales Anliegen ist die Wegbereitung zur ungehinderten gesellschaftlichen Teilhabe aller Menschen mit Behinderung. Es geht darum, den »vollen und gleichberechtigten Genuss aller Menschenrechte und Grundfreiheiten durch alle Menschen mit Behinderung zu fördern, zu schützen und zu gewährleisten« (Artikel 1). Beabsichtigt ist die Herstellung von »Chancengleichheit« auch für Menschen mit Behinderung (Artikel 3). Was das bedeutet und wie es praktisch auszusehen hat, wird gegenwärtig über soziale, universitäre und politische Fachkreise hinaus intensiv diskutiert. Allerdings trägt das nicht unbedingt zur Klärung von Begriff und Inhalt der Inklusion bei. Die Projektionen, die mit diesem Begriff verbunden sind, variieren vielfältig. In der Schulpolitik wird das Thema mit einer gewissen geradezu technisch anmutenden Kennziffermentalität inseriert. Man spricht hier gerne von »Inklusionsquoten«. Sonderpädagogik und Psychologie beschreiben hingegen wesentlich filigraner Inklusion als interaktiven, gruppendynamischen Prozess. Heribert Prantl geht eher demokratietheoretisch an die Sache heran und bezeichnet Inklusion als eine Realvision von der, wie er meint, »wir noch weit entfernt sind« (Prantl 2014: 73). Die Soziologie, namentlich sind hier Niklas Luhmann, Armin Nassehi, Martin Kronauer oder Rudolf Stichweh zu nennen, halten das Gegenüber von Inklusion und

Exklusion für eine gesellschaftliche Konstruktion, die in ihrer populär gehandelten Schlichtheit kritisch zu betrachten ist. Folglich gewinnt man den Eindruck, dass diese Debatte den Weg von der »Unkenntnis zur Unkenntlichkeit« beschritten hat (Hinz 2014: 15). Die Probleme, die sich gerade wegen des utopischen, teilweise recht unkonkreten Charakters dieses Begriffs und der Sache ergeben, sind daher detailliert zu beleuchten. Ein »praktisches« Problem ist schon angedeutet: Viele scheinen engagiert vereint in diesem utopischen Gelände. Es sind Behinderten- und Sozialverbände, Pädagoginnen und Pädagogen, Elterninitiativen und sozialrechtlich Kompetente, Leistungserbringer und Kostenträger, Wissenschaftler und Wissenschaftlerinnen. Aber sie sind nicht allein. Überall in diesem utopischen Gelände trifft man auch auf politische Zirkel der Bundes-, Länder- und Kommunalpolitik. Und der Eindruck, der sich zunehmend verfestigt, ist, dass deren Präsenz einem maßgeblichen Ziel geschuldet ist: Sie wollen das utopische Gelände abstecken, einzäunen und letztlich kontrollieren. Der utopische Gehalt der Inklusion ist daher geradezu gefährlich. Er verleitet utopisch genügsamere Zeitgenossen der öffentlichen Hand – natürlich bei grundsätzlichem Verständnis für alle inklusionspolitischen Anliegen – frühzeitig dazu, den Utopiegehalt des Gegebenen für gesättigt zu erklären, mehr sei eben nicht »realistisch«. Die technisch-finanzielle Ebene dieser Auseinandersetzung ist bereits an vielen Stellen aufgebrochen. Die Forderungen vieler Sozialverbände und Behindertenrechtsorganisationen nach erheblichen öffentlichen Investitionen für das Bildungssystem, die Gestaltung der Sozialräume, öffentlich geförderte Arbeit, Kultur und soziale Dienstleistungen trifft auf eine kühle und scheinbar unangreifbare Finanzierungslogik. In keinem der Aktionspläne der Bundesländer zur Umsetzung der Behindertenrechtskonvention fehlt der Hinweis auf den Finanzierungsvorbehalt des Haushaltsrechts. Mit Blick auf die öffentliche Verschuldung und die Schuldenbremse des Fiskalpaktes, so muss man kritisch folgern, ist schon jetzt klar, dass diese »Landesaktionspläne« zur Inklusion einen reichlich eingeschränkten Aktionsradius haben. Dabei kalkulieren viele Kämmerer der öffentlichen Kassen nicht etwa Mehrausgaben ein, sondern spekulieren auf Einsparungen. Die Schließung von Förderschulen ermöglicht die Einsparung von finanziell aufwändigen Schulfahrdiensten und von sonderpädagogischem Fachpersonal. Die Abschaffung von Werkstätten für Menschen mit Behinderung, ihre Integration in Erwerbsarbeit, entlastet die öffentliche Hand, insbesondere die Kommunen. Auch der Abbau von stationärer Versorgung zugunsten betreuter Wohngruppen lässt auf Kostenreduktion hoffen. Das alles ist schon jetzt in Kostenstellenplanungen der öffentlichen Haushalte als perspektivische Einsparung vermerkt. Wie sollte da die öffentliche Hand nicht geradezu zum euphorischen Inklusionsbefürworter werden und der Utopie der Inklusion kräftig das Wort reden? Eine gute Idee, die auch noch billig zu haben ist. Das Dilemma ist: Diese Maßnahmen sind allesamt fachlich durchaus diskussionswürdig, wenn es um die Fragen geht, wie gesellschaftliche Teilhabe von Menschen mit Behinderung qualitativ verbessert und gesichert werden kann. Aber diese Klärung ist im Sinne des von der BRK geforderten Selbstbestimmungsrechts von Menschen mit Behinderung selber vorzunehmen. Welche Art der Bildung, welche Form der Arbeit oder Tätigkeit und welche Wohnkultur Menschen mit Behinderung eingehen wollen, kann nicht per Verordnung mit dem inklusionspolitischen Rezeptblock der Kostenträgerseite verschrieben werden. Vielfach aber wird die Diskussion über und nicht mit Menschen mit Behinderung geführt, und der Kostensenkungsdruck ist doch zu offensichtlich das bewegende Motiv vieler Inklusionsbefürworter der öffentlichen Hand. Das wird nicht immer geschickt kaschiert durch das so ehrenwerte Leitmotiv, man wolle nun mit aller Kraft einem Menschenrecht auf gesellschaftliche Teilhabe dienstbar sein. Hinzu kommt das spannungsreiche Verhältnis zwischen Utopie und Realität, das zumindest dann gegeben ist, wenn im utopischen Übergriff Inklusion als vollzogen definiert wird, ohne die Utopieresistenz der Realität zu beseitigen. So ist beispielsweise die Kritik am System der Förderschulen, vor allen Dingen an der relativ hohen Zahl von Kindern und Jugendlichen, die in ihnen beschult werden, grundsätzlich berechtigt. Aber die Utopie des Projekts »eine Schule für alle« legitimiert noch nicht die Schließung der Förderschulen. Die Entbehrlichkeit von Förderschulen kann nur Ergebnis der realen Veränderung des Regelschulsystems sein. Und ihre Schließung kann nicht ohne Folgen für die Gestaltung des dreigliedrigen Schulsystems einfach postuliert werden. Die Einlösung eines derartigen »utopischen Projekts« ist hoch anspruchsvoll oder aber sie strandet im Diffusen (vgl. Speck 2011). Das alles zeigt an, wie schwierig es ist, wenn man sich auf eine gemeinsame Utopie einlässt, eine Idee, die alle verbindet, ohne sich vorher über die Vermeidung von konkreten Folgen und Nebenfolgen zu verständigen. Ein Grund mehr, sich kritisch mit dem utopischen Charakter der BRK auseinanderzusetzen.

Die hohe Moralität der Inklusionsdebatte birgt noch eine weitere Gefahr: Ihr Abheben auf eine fast schon metaphysische Ebene immunisiert gegen Kritik! Der geballte moralische Druck dieses Menschenrechtsdiskurses belegt gesellschaftstheoretische Anfragen an das Inklusionskonstrukt gelegentlich kategorisch mit dem Makel feindseliger Gesinnung. Dennoch muss gefragt werden, ob der Gebrauch von Begriffen wie »Teilhabe« oder »Chancengleichheit« in diesem Diskurs nicht allzu oft einer gewissen Naivität und Kritikabstinenz unterliegt, ohne diese Begriffe auch nur ansatzweise inhaltlich geschärft zu reflektieren. So muss, wer von Inklusion redet, logischerweise die Existenz von Exklusion voraussetzen. Die theoretischen Grundannahmen der in der Praxisdiskussion üblichen Semantik von »Inklusion und Exklusion« scheinen aber keineswegs konsequent geklärt und durchdacht zu sein. Es muss auch theoretisch Rechenschaft darüber gegeben werden, was denn die inhaltlichen Kriterien für die Definition von Exklusion und Inklusion sind. Wenn man schon meint, eine solche Grenzziehung bestimmen zu können, dann ist auch die Frage zu beantworten, wo sie denn »verläuft«, diese Grenze zwischen »drinnen« und »draußen«. Weder ist dieses Konstrukt legitimiert, noch ist geklärt, wem diesbezüglich die Klärungskompetenz in Sachen Grenzziehung zusteht. Also, wer ist wann und aufgrund welcher Maßstäbe überhaupt legitimiert zu definieren, dass Menschen aus der Gesellschaft »exkludiert« oder auch nicht mehr »exkludiert« sind? Der Luzerner Soziologe Rudolf Stichweh hat zu Recht darauf hingewiesen, dass es bei der Konnotation von Inklusion und Exklusion ein hierarchisches Gefälle gibt. Exklusion hat den Charakter der Illegitimität, die sich besonders aus der Vorstellung speist, dass Menschen im Stadium der Exklusion sich außerhalb der Gesellschaft befinden (vgl. Stichweh 2009: 36f.). Die meist kreisförmig visualisierte Vorstellung von Gesellschaft, in der die Punkte außerhalb des Kreises die Exkludierten darstellen, bewirkt, dass »Exklusionen« oder besser Ausgrenzungen im »Innenkreis« der Gesellschaft keiner Thematisierung mehr bedürfen. Die Gesellschaft schottet sich so auf elegante Weise von der kritischen Wahrnehmung der in ihr produzierten Prozesse der Ausgrenzung ab. Das hier transportierte Gesellschaftsbild lässt völlig außer Acht, welche Brüche, Ungleichheiten und sozialen Verwerfungen schon jetzt »innerhalb« dieser Gesellschaft produziert werden. Sie tritt in diesem Bild als »unproblematische Einheit« auf, was nichts anderes produziert als ihre eigene Mystifizierung (Kronauer 2010: 20). Inklusion wird dann quasi zum sakralen Akt der

Vergesellschaftung, und die »Zugehörigkeit« zur »Gemeinde« der Inkludierten verkommt zur inhaltsleeren Metapher für Teilhabe und Wohlfahrt. Die Unzulässigkeit dieser Identifikation ist vielfach belegt: So bedeutet Inklusion beispielsweise im Regelschulsystem noch längst nicht, eine schulische Schlüsselqualifikation zu erlangen, die aber für die gesellschaftliche Teilhabe immer wieder als das zwingend zu passierende Eintrittstor beschrieben wird. Und die Teilnahme am Arbeitsmarkt führt noch längst nicht zu einem Leben jenseits von Armut oder Angewiesenheit auf Sozialleistungen und ist auch nicht stetig garantiert. Letztlich kann der »Vollzug von Inklusion« in Erfahrungen von Ausgrenzung umschlagen, wenn die Leistungsanforderungen im System den individuellen Fähigkeiten nicht entsprechen. Inklusion hebt eben nicht die gesellschaftlichen Selektions- und Sanktionsmechanismen auf (vgl. Wansing 2012: 393). Die Debatte über Inklusion bleibt damit im Mainstream eigenartig unberührt von den kritischen Überlegungen zu gesellschaftlichen Mechanismen der Ausgrenzung. Wenn man schon im dichotomen Bild von »drinnen« und »draußen« verbleiben will, dann wäre jene Gesellschaft derer, die »drinnen« sind und zur Teilhabe einladen, kritisch danach zu befragen, ob ihr Innenleben so gastfreundlich und attraktiv ist, dass man dieser Einladung gerne folgt. Im hierarchischen Gefälle von Exklusion und Inklusion wird also der Raum der Inklusion gleichsam »heilig« gesprochen. Allein die Zugehörigkeit zu diesem Raum herzustellen, ist schon ein Akt der guten Tat, der keinerlei Legitimation mehr bedarf. Inklusion erschöpft sich damit formal auf diesen Akt der Aufnahme, ohne dass geklärt ist, welche normativen Vorstellungen sich hinter diesem Inklusionsvollzug verbergen. Denn natürlich unterliegt eine solche Vorstellung von Inklusion auch Normen, nach denen Inklusion als vollzogen definiert wird. Diese Normierungen spiegeln eine hierarchische Struktur machtvoller Instanzen, deren Definitionshoheit nicht frei ist von ökonomischen Interessen. Nun wäre die Dramaturgie dieses Inklusionsgeschehens und der inszenierten Semantik von Inklusion und Exklusion wesentlich unspektakulärer, wenn man redlich reflektieren würde, dass auch die sogenannte Exklusion Phänomene des gesellschaftlichen Innenlebens bezeichnet. Es geht hier keineswegs um alles oder gar nichts. Räume, die sich als nischenhafte Exklusionssphären jenseits der breiten Korridore der Inklusionspaläste platzieren, könnte man auch als innergesellschaftliche »Schonräume« verstehen, die sich der zentralen Funktionslogik einer auf Leistung und Konkurrenz gegründeten Gesellschaft entziehen. Ihre Illegitimität wäre durchaus zu bestreiten, zumal dann, wenn sie als selbstbestimmte Räume derer eingefordert würden, die sich einem gewissen Lebensstilmainstream verweigern. Die Rede von Inklusion und Exklusion birgt zudem stigmatisierendes Potenzial. Wenn jemand unter die Maßgabe politischer Inklusionsbestrebungen fällt, dann ist er mindestens latent mit der stigmatisierenden Vorstellung konfrontiert, er sei aus der Gesellschaft »exkludiert«, selbst wenn dies nicht mit seiner Selbstwahrnehmung übereinstimmt. Folglich müsste er sich stillschweigend zufrieden geben, wenn er endlich in den Innenkreis der Gesellschaft aufgenommen, seine »Inklusion« vollzogen ist, was immer das auch für negative Auswirkungen auf seine Lebensqualität hat. Zum Realitätstest des inklusiven Denkens gehört also seine theoretische Bestandskraft. Ohne eine kritische Analyse der gesellschaftlichen Mechanismen der Ausgrenzung arbeitet die Inklusionsdebatte den bestehenden ordnungspolitischen Kräften unkritisch und legitimatorisch zu. Man könnte auch sagen: Die Debatte um Inklusion ist politisch sehr willkommen, denn sie bietet der Politik die Möglichkeit, bestehende Ausgrenzungsdynamiken gesellschaftlicher Realität auszublenden. Die Inklusionslyrik des politischen Mainstream meistert die Paradoxie, gesellschaftliche »Räume« zum Aufenthalt anzupreisen, für die gleichzeitig reihenweise Menschen die Aufenthaltslizenz entzogen wird.

Der historische Ort der Umsetzung der BRK fällt eigenartig zusammen mit Zeiten der internationalen Finanz-, Banken- und Staatsverschuldungskrisen. Die Schuldenbremse quer über alle öffentlichen Haushalte, das Spardiktat bezüglich der Neuverschuldung von Bund und Ländern und der geforderte Abbau des enormen Schuldenstandes bringen die Politik in eine eigenartige Verlegenheit. Sie gerät anscheinend in eigener Sache zunehmend in Erklärungsnot. In bislang ungewohnter Weise haben Diskussionen zu Kredit-, Bürgschafts-, Kapital- und Zinsfragen, zu Rettungsschirmen und Fiskalpakten die medialen Kernthemen der politischen Performance dominiert. Das wirft immer wieder die Frage nach der Distanz der Politik zur Finanzwelt auf. Die Rede von der Alternativlosigkeit politischer Beschlüsse wird zwar selbstbewusst vorgetragen, wirksam begegnen kann sie der Frage, ob inzwischen nicht das »Ende der Politik« (Segbers 2011) erreicht sei, aber nicht. Wenn also politische Entscheidungen sich derart alternativlos darstellen, wenn der Sachzwang des finanzpolitisch Gebotenen so eindeutig erscheint, was, so die Frage, macht Politik noch zur Politik? Die These vom Ende der Politik verkennt die Sache. Politik ist, anders als man denkt, durchaus handlungsfähig und handelt, wenn auch nicht so, wie manche enttäuschten Mahner es sich wünschen. Politik ist durchaus aktiv, indem sie zum Beispiel die Finanzmarktakteure nicht nur lange hat aktiv gewähren lassen, sondern die Deregulierung ihrer Aktivitäten mit gesetzlichen Regelungen gestützt hat. Im Gegensatz zu dieser »Deregulierungsregelung« wird sie hingegen nahezu hyperaktiv regulativ, wenn es darum geht, die ökonomischen Sachzwänge eins zu eins an die Zivilgesellschaft weiterzugeben. Die Logik der Schuldenbremse tritt derart massiv auf, dass jede Kappung von Sozialleistungen, jeder Rückzug der Länder von Finanzierungsvorhaben im sozialen Sektor, jede Minderung der Leistungen im Rahmen der kommunalen Daseinsvorsorge als alternativloser Vollzug eines ökonomischen Gesetzes deklariert werden kann.

Was liegt näher, als sich in dieser Situation auf das Gelände der Utopie zu begeben? Insofern kommt der Politik durchaus gelegen, dass sie sich als Promoter der Inklusion in Szene setzen kann. Die ordnungspolitischen Grundpfeiler bleiben. Die angebots-, wettbewerbs- und wachstumsorientierte Sparpolitik feiert weiterhin Konjunktur, nicht nur in Deutschland, sondern als Mainstream auch in der Europäischen Union. Die wachsende gesellschaftliche Ungleichheit, zunehmende Altersarmut und prekäre Beschäftigungsverhältnisse en masse werden nicht mehr ernsthaft parlamentarisch diskutiert. Aber die Inserierung der Inklusion in Deutschland in vielen Landesaktionsplänen und einem nationalen Aktionsplan scheint der Politik zu bescheinigen, dass das Herz doch am rechten Fleck ist und dass sie noch offen ist für utopische Anliegen. Man kann auch formulieren: Inklusion bietet der Politik die vorzügliche Möglichkeit, utopische Aufgeschlossenheit zu signalisieren bei ansonsten ordnungspolitischer Verhaltensstarre. Sie solidarisiert sich gewissermaßen mit einer zivilgesellschaftlich guten Idee, ist Teil der Idee und kann sich im Lichte von Menschenrechten als deren Wortführer in Szene setzen. Wer also der Politik nur die Pragmatik der aktuellen und Macht austarierenden Entscheidungen vorwirft, übersieht, dass sie sich längst dem Feld der Utopie gewidmet hat. Allerdings ist auch diese Besetzung des utopischen Geländes der ansonsten geltenden ökonomischen Rationalität des gesellschaftlichen Lebens verpflichtet. Die aktive Mitwirkung am Inklusionsdiskurs ist nicht zu verwechseln mit der Bereitschaft, auch nur einen Cent vom Kurs der Einsparungspolitik und einer insgesamt neoliberal ausgerichteten Ökonomie abzurücken. Auch der Diskurs über Inhalt und Praxis der Inklusion bleibt folglich gefangen im Gehäuse dieser dominanten ökonomischen Logik. Sie ist sozusagen der Rahmen einer »obligatorischen Vollinklusion« (Stichweh 2005: 43) ohne Entrinnen.

Damit sind die wesentlichen Kritikpunkte benannt, die einer allzu leichtfertigen Rede von einer inklusiven Gesellschaft und demzufolge einer zu einfachen und »billigen« Vorstellung über ihre Praxis begegnen wollen. Sie sind also mehrfach anzusetzen: Erstens bezogen auf den Trend, Inklusion, im herkömmlichen Verständnis gedacht, als menschenrechtliches Einsparmodell umsetzen zu wollen. Es wird also zu fragen sein, wie ernsthaft und mit welchen Mitteln denn diese Inklusionspraxis gesellschaftlich in die Tat umgesetzt werden soll. Was wird geplant beispielsweise im Bereich der Bildungs- und der Arbeitsmarktpolitik? Welche finanziellen Mittel sollen zur Verfügung gestellt werden? Anders gefragt: Wie sehen die Niederungen der Politik aus, wenn sie die Höhenflüge der BRK verlässt, das gedruckte Menschenrechts-Papier zur Seite legt und sich an die inklusionspolitische Arbeit macht? Zweitens bezieht sich die Kritik auf die unreflektierte Programmatik einer Inklusionsvorstellung, die die pure »Teilhabe« an den Hauptinstanzen gesellschaftlicher Sozialisation, nämlich Bildung und Arbeit, zum inklusionspolitischen Saturierungspegel quotiert. Die Kritik an jener uniformen Vorstellung von Teilhabe gilt auch dem Tatbestand, dass sie oftmals Menschen mit Behinderung zugedacht wird und nicht immer auf ihre je konkrete Zustimmung und Einwilligung abzielt. Damit verbunden soll drittens gefragt werden nach der Attraktivität der »Inklusionsräume«, nach dem Innenleben der Gesellschaft, von dessen Qualität die Politik offensichtlich so überzeugt zu sein scheint. Die gegenteilige Erkenntnis, dass vielen Menschen für diese Räume bereits die Aufenthaltsgenehmigung entzogen wurde, gibt weitere Fragen auf: Welchen abstrusen »Containervorstellungen« über Inklusion unterliegt der Mainstream der Debatte, und in welche Systeme und welche Funktionen soll eigentlich »inkludiert« werden? Inklusion scheint ja nicht Angebot, sondern eher Norm dieser Gesellschaft zu sein, zumindest, wenn man den Faktor Erwerbsarbeit mit seiner normierenden Sogkraft als Zentrale dieser »Inklusionsräume« betrachtet. Dass es jedenfalls jenseits der Debatte über die BRK mit »Inklusion« immer auch um die Einbindung in diese generelle, das gesellschaftliche Leben allumfassende Logik geht, die keine »Exklusion« toleriert, ist offensichtlich. Inwieweit sollte nun in Folge der BRK eine andere Logik zur Anwendung kommen, wenn es um gesellschaftliche Teilhabe von Menschen mit Behinderung geht?

Wenn man den Begriff der Inklusion für gesellschaftliche Transformationsprozesse überhaupt sinnvoll und kritisch verwenden will, dann meint er nicht den »Einschluss« in Bestehendes, sondern den Zusammenschluss von Vielfalt. Dann ergeben sich aus derartigen Inklusionsprozessen auch Veränderungen des gesellschaftlichen Gefüges und der zentralen ökonomischen Funktionslogik der Gesellschaft. Der politischen Verfassung obliegt bei einem solchen Inklusionsverständnis die Aufgabe, den gesellschaftlichen Subjekten »die für ein im vollen Sinne gutes menschliches Leben notwendigen Bedingungen zur Verfügung zu stellen«, die allen die Möglichkeiten bieten, »in einer Weise tätig zu sein, die konstitutiv für ein gutes menschliches Leben ist« (Nussbaum 1999: 90). Bedingungen zu schaffen, heißt aber Freiräume herzustellen und nicht präskriptiv den Raum dieser Möglichkeiten eines guten Lebens statisch zu definieren. Die Herstellung dieser Freiräume zur Gestaltung der Lebenswelt im eigenen Sinne, nach eigener Maßgabe ohne Zugriff eines normierenden Fremdzwangs, wäre eine Form der Inklusion, die in hohem Maße der autonomen Selbstbestimmung unterliegt und auch Menschen mit Behinderung Wahlfreiheit eröffnet. Inklusion in diesem Sinne, qualitativ als Befähigung zu einem guten Leben gedacht, setzt wesentlich elementarer an. Es geht dann um selbstbestimmte Räume der Geborgenheit in menschlichen Beziehungen, in räumlicher Umgebung, in einem als sinnvoll erachteten sozialen und kulturellen Kontext. Eine Gesellschaft mit einem in diesem Sinne inklusiven Anspruch hinterfragt daher auch das Zentrum ihrer normierenden Logik, die besonders durch ihre Konzentration auf den Faktor Erwerbsarbeit konfiguriert wird. Die neuen Logiken sind dann jeweils Ergebnis der ergänzenden Partizipation von Menschen, die sich möglicherweise gerade aufgrund ihrer Behinderung dieser Logik der Erwerbsarbeitszentrierung verweigern. Ein inklusives Gesellschaftsprojekt dieser Art hieße, eine auf Leistung und Konkurrenz gründende Gesellschaftsorganisation, wie sie bereits im Bildungssystem ihre Sozialisierungserfolge feiert, wenigstens teilweise in Frage zu stellen und sie ansatzweise neu zu gestalten. Inklusion, kritisch gedacht und radikal gestaltet, würde dieser Gesellschaft in der Tat ein neues, ein verändertes Gesicht und eine neue Zentrierung geben. Die *Normalisierung* des Alltags von Menschen mit Behinderung im Sinne ihrer uneingeschränkten Teilhabe am gesellschaftlichen Leben heißt nicht, dass die *Normierun-*

gen dieser Gesellschaft, insbesondere der Lebenswelt von Kindern und Jugendlichen, einfach übernommen werden (vgl. Kelle/Mierendorff 2013). Empathie, Entschleunigung, Solidarität, Konkurrenzreduktion, Toleranz und eine Lebensführung ohne primär ökonomische Rationalität, das sind nur einige Aspekte einer inklusiveren Gesellschaft, die auch die Normen des gesellschaftlichen Lebens nicht ungeschoren lassen. Es wird sich zeigen, dass die Konsequenzen dieser »Utopie«, wenn sie real werden soll, möglicherweise nicht ganz im Sinne all derer sind, die jetzt so beherzt das Wort Inklusion im Munde führen.

2. Politik von ganz oben – Landung im Diffusen

Inklusion – wissen Sie, was gemeint ist?

»Wissen Sie, was Inklusion bedeutet?« Diese Frage wurde in einem Kurzfilm mehreren Bewohnerinnen und Bewohnern einer westfälischen Einrichtung der Behindertenhilfe gestellt. In ihren Antworten variierten Grundtöne einer gewissen Ratlosigkeit: »Weiß ich nicht, kenne ich nicht, nie gehört.« Eine Wette: Das Ergebnis einer entsprechenden Umfrage, gerichtet an die diffuse Laufkundschaft auf den Marktplätzen dieser Republik, würde zu keinem signifikant anderen Ergebnis führen. Mit anderen Worten: Begriff und Sache der Inklusion haben immer noch relativ exklusive Bedeutung. Sie sind weder allgemein bekannt noch allgemein verständlich. Und der überwiegende Teil der Menschen mit Behinderung, für die und zum Wohle derer jenes Zauberwort in naher Zukunft seine konkrete, politisch-magische Kraft entfalten soll, kann nur rätseln: »Weiß ich nicht, kenne ich nicht, nie gehört.«

Unter vielen sozial- und bildungspolitischen Akteuren, sei es in Organisationen von Menschen mit Behinderungen, in Parteien, Sozialverbänden, in Kultur und Wissenschaft findet hingegen eine leidenschaftliche Debatte über den richtigen Weg zur inklusiven Gesellschaft statt. Auch wenn unter ihnen keineswegs eindeutig geklärt ist, was denn nun mit Inklusion gemeint ist und welche konkreten Forderungen aus ihr resultieren, so hat man teilweise das Gefühl, dass dieser Eifer von hoher moralischer Qualität geleitet ist. Ähnlich wirken auch die Worte der ehemaligen Bundesministerin für Arbeit und Soziales, Ursula von der Leyen, im Vorwort zum Nationalen Aktionsplan der Bundesregierung unter dem Titel »Unser Weg in eine inklusive Gesellschaft«: »Wir wollen in einer Gesellschaft leben, in der alle Menschen mitmachen können.« (Unser Weg 2011: 3) Das klingt irgendwie gut. Eine Aussage mit visionärem Klang. Das erinnert an fröhliche Kinderspiele an einem sonnigen Sommernachmittag: Alle sollen mitspielen, keiner darf »draußen« bleiben. Also: Eine Mitmachgesellschaft für alle! Eine Gesellschaft, in der alle irgendwie dabei sind! Allerdings bleiben bei genauerer Analyse dieses Satzes erste Fragen nicht aus: Wer ist denn dieses »Wir«, die Ministerin und ihr Haus, die Bundesregierung, die regierenden Parteien oder auch die Opposition? Oder will gar die Gesellschaft, dass alle mitmachen? Und wer nun auch immer will, dass alle mitmachen sollen, was heißt das dann für diejenigen, die vielleicht gar nicht mitmachen wollen? Wobei gleich weiter zu fragen ist: Mitmachen, wobei denn? Die Ex-Arbeitsministerin bringt ihre inklusionspolitischen Prioritäten nur wenige Zeilen später auf den Punkt. Das klingt dann vielleicht doch nicht mehr ganz so visionär und einladend: »›Dabei sein und mitmachen‹ bezieht sich auf alle Lebenslagen und gesellschaftlichen Bereiche. Ein zentraler Punkt ist die Teilhabe am Arbeitsleben. Arbeit stärkt das Selbstvertrauen, ist sinnstiftend, schafft Kontakte und Freundschaften.« (Ebd.) Nun müsste man doch weiter fragen, oder besser, man müsste diejenigen fragen, die bereits an diesem Arbeitsleben teilhaben. Können sie das uneingeschränkt unterschreiben, dass ihre Arbeit das Selbstvertrauen stärkt, dass sie sinnstiftend ist, Kontakte und Freundschaften schafft? Oder bewirkt Arbeit nicht für viele Menschen in manchen oder auch in allen Punkten genau das Gegenteil? Zumindest ist kritisch anzufragen, ob hier nicht ein normatives Werturteil durchschlägt, das vom bildungsbürgerlichen Hochsitz so manche Niederung der prekären Arbeitswelt übersieht.

Wir stoßen hier auf einen typischen Beleg für die Inklusionsargumentation. Sie bemüht das »Drinnen« und »Draußen«, das »Mitmachen« und »Zuschauen«. Eine Gesellschaft, in der alle mitmachen, das ist, einfach formuliert, scheinbar das utopische Projekt der Inklusion. Die mangelhafte Konkretheit dieser Utopie macht ihren Charme aus, aber eben auch ihre unverbindliche Unbestimmtheit. Die Metapher vom »Mitmachen« wirkt unmittelbar attraktiv. Sie bemüht eine »Makroebene der umfassenden Gesamtgesellschaft« (Wansing 2012: 381), der alle zustimmen können, weil keiner genau weiß, was konkret gemeint sein soll und wer davon wie betroffen ist. Erst die Offenlegung, dass es sich bei dem Mitmachen primär um Arbeit handelt, genauer gesagt, der weite und funktional sehr differenzierte Bereich der Erwerbsarbeit gemeint ist, lässt hellhörig werden. Denn zutreffend ist, dass diese Art des Mitmachens und das dadurch angestrebte Mithalten in der Gesellschaft auch vielen Menschen ohne Behinderung schon jetzt nicht gelingen. Tatsache ist, dass dieses Mitmachen keineswegs ein freudiges und freiwilliges Agieren aller Mitmachenden ist. Für nicht wenige ist es ein aus Not geborenes Agieren, um nicht völlig an den Rand gedrängt zu werden, nicht der Armut gänzlich zu verfallen und nicht dem Kreis jener anzugehören, die auch von politischer Seite immer wieder als die arbeitslosen, anstrengungslosen »Schmarotzer« der Nation bezeichnet werden.

Aus dieser Gesellschaft werden reihenweise durch den Faktor Erwerbsarbeit Menschen von der gesellschaftlichen Teilhabe ausgeschlossen. Sei es, dass ihre Arbeit nicht vor Armut schützt, sei es, dass sie zu denen gehören, denen der Zugang zur Erwerbsarbeit verwehrt ist. Ausgrenzung ist also ein wesentliches Merkmal des Aktionsfeldes, in dem mitgemacht werden soll. Inklusion wird für ein System angepriesen, das eben nicht nur Freude vermittelt, sondern auch geprägt ist von Konkurrenz, Erfahrungen des Scheiterns, der Armut und der Ausgrenzung. Wenn die Bedingungen dieses Systems nicht passgenau auf Menschen mit Behinderung zugeschnitten werden und »Normalitätserwartungen« nicht verändert werden, bleibt das System »an hochselektive Zugangskriterien gebunden, die sich im globalisierten wirtschaftlichen Wettbewerb weiter verschärfen. Menschen (mit Beeinträchtigungen) ›auf der *gleichen* Basis mit anderen‹ (BRK) in den Arbeitsmarkt einzubeziehen (Inklusion), bedeutet eben auch, sie den *gleichen* marktgesteuerten Selektionen, Zumutungen und (Neben-)Wirkungen von Erwerbsarbeit auszusetzen.« (Wansing 2012: 393) Die Gesellschaft, in die hinein zum Mitmachen eingeladen wird, hält Dynamiken und Prozesse vor, die zur massenhaften Ausgrenzung führen. Das gilt für den Bereich der Bildung, für den Arbeitsmarkt, und das gilt mit wachsender Tendenz auch für Menschen im Alter. Der stetige Anstieg der Erwerbsminderungsrente ist für letzteres nur ein Beleg.

So wirft ein einziger Satz einer Ministerin Fragen über Fragen auf, die es zu beantworten gilt. Nur ist noch nicht klar, ob das Verstehen, also die Beantwortung der Fragen, auch zwingend zum Mitmachen führt. Es könnte auch das Gegenteil eintreten: Dass das genaue Verstehen manche der Menschen mit Behinderung dazu geneigt sein lässt, nicht oder wenigstens nicht all das mitmachen zu wollen, was sie mitmachen sollen. Es könnte durchaus denkbar sein, dass das Verstehen auch Zaudern,

Zögern, Widerstand und Protest auslöst, weil zwischen dem Begreifen einer Sache und dem Verfolgen derselben immer noch die Fähigkeit des Menschen steht, kritisch zu denken. Ein unkritisches »Mitmachen« sollte auch die Politik niemandem unterstellen, sicher auch nicht Menschen mit Behinderung. Es geht eben nicht nur um das Mitmachen, sondern auch um das Mitdenken. Es geht nicht nur um Aktion, sondern auch um Reflexion. Und die Erfahrung lehrt, dass Vorsicht geboten ist, wenn in politischen Zirkeln zu schnell klar zu sein scheint, was die Gesellschaft denken, wollen und – vor allen Dingen – tun soll.

Völkerrecht heisst nicht unbedingt, dass das Recht beim Volk ankommt

Um verstehen zu lernen, ist es wichtig, zunächst einmal die Quelle zu bewerten, auf die die Inklusionsdebatte, der Nationale Aktionsplan und die zahlreichen Landesaktionspläne Bezug nehmen. Gemeint ist also das am 13. Dezember 2006 durch die Generalversammlung der Vereinten Nationen verabschiedete »Übereinkommen der Vereinten Nationen über die Rechte von Menschen mit Behinderung«. Diese sogenannte Behindertenrechtskonvention (BRK) ist Ergebnis eines Umdenkungsprozesses. Denn auch in den Vereinten Nationen wurde Behinderung als ein eher sozialpolitisches oder gar medizinisches Thema verortet. Folglich lag das zuständige Ressort in der Kommission für Soziale Entwicklung oder bei der Weltgesundheitsorganisation (vgl. Degener 2006: 104). Die Forderung nach einer verbindlichen Menschenrechtskonvention ist fünf großen Nichtregierungsorganisationen von Menschen mit Behinderung zu verdanken, die letztlich dazu führte, dass die Generalversammlung 2002 einen »Ad-hoc-Ausschuss für ein umfassendes und integrales Übereinkommen zum Schutz und zur Förderung der Rechte und Würde von Menschen mit Behinderung« (ebd.: 105) einsetzte. Vertreter und Vertreterinnen von NGOs, überwiegend Organisationen von Menschen mit Behinderung, wirkten maßgeblich an der Redaktionsarbeit mit, ganz nach dem Motto »nothing about us without us« (ebd.: 110). Folglich ist es, wie eine ihrer Mitautorinnen meint, bei dieser Erklärung gelungen, dass sie nicht »von Stellvertreterprofessionen«, sondern »von Organisationen der Behindertenbewegung selbst errungen wurde« (Degener 2009: 275). Im Kern hat diese Konvention den umfangreichen Katalog der Menschenrechte, die in der Europäischen Menschenrechtskonvention Niederschlag gefunden haben, auf Menschen mit Behinderung zugeschnitten. Sie markiert damit »einen Wendepunkt zum menschenrechtlichen Modell von Behinderungen« (Masuch 2011: 246).

Obwohl es damit gelungen ist, dass der Text entscheidend aus der Sicht derer verfasst ist, um deren Recht es in der BRK geht, bleibt es ein Text der Vereinten Nationen. Er kommt gewissermaßen von »ganz oben«. Die BRK erklärt im ersten ihrer fünfzig Artikel: »Zweck dieses Übereinkommens ist es, den vollen und gleichberechtigten Genuss aller Menschenrechte und Grundfreiheiten durch alle Menschen mit Behinderungen zu fördern, zu schützen und zu gewährleisten und die Achtung der ihnen innewohnenden Würde zu fördern.« Ihre allgemeinen Grundsätze werden in Art. 3 entfaltet. Danach geht es unter anderem um die Achtung der jedem Menschen innewohnenden Würde, um seine Autonomie und Freiheit, um die Nichtdiskriminierung, um die »volle und wirksame Teilhabe an der Gesellschaft«, die Chancengleichheit und – mit Blick auf die Kinder mit Behinderung – um die Achtung vor den sich entwickelnden Fähigkeiten und »ihres Rechts auf Wahrung ihrer Identität«.

Entsprechend weit sind auch in der Behindertenrechtskonvention die gesellschaftlichen und politischen Felder aufgeführt, um deren diskriminierungsfreie Ausgestaltung es geht: Das betrifft unter anderem die volle und barrierefreie Teilhabe an allen Lebensbereichen, das heißt die öffentliche Verkehrs- und Infrastruktur, die Schulen und die öffentlichen Einrichtungen und Dienste (Art. 9), die uneingeschränkt gleichberechtigte Anerkennung von Menschen mit Behinderung als Rechtssubjekte (Art. 12), die persönliche Freiheit und Sicherheit sowie die Freiheit von Folter, Ausbeutung, Gewalt und Missbrauch (Art. 14-16), den Schutz der Unversehrtheit der Person (Art. 17), das Recht auf Freizügigkeit und den Erwerb oder Wechsel einer Staatsangehörigkeit (Art. 18), die freie Wahl des Aufenthaltsortes und der Art der Wohnform (Art 19), das Recht auf Bildung, insbesondere durch Gewährleistung eines integrativen Bildungssystems auf allen Ebenen (Art. 24), das Recht auf Arbeit (Art. 27), das Recht auf ein Höchstmaß an Gesundheit und auf »gerechte und günstige Arbeitsbedingungen, einschließlich Chancengleichheit und gleichen Entgelts für gleichwertige Arbeit« (Art. 27), und das Recht auf Teilhabe am politischen, öffentlichen und kulturellen Leben (Art. 29-30). Im Schlussteil der Konvention wird ausdrücklich fixiert, dass die unterzeichnenden Staaten sich verpflichten, die innerstaatliche Durchführung der Konvention zu überwachen. Mindestens alle vier Jahre ist ein Bericht über den Stand der Umsetzung vorzulegen, der von einem unabhängigen, internationalen Ausschuss geprüft werden soll.

Die Konvention steht in der Tradition der Menschenrechtsentwicklung, angefangen von der amerikanischen Unabhängigkeitserklärung von 1776 über die Erklärung der Menschenrechte durch die französische Nationalversammlung 1789 bis zur Erklärung der Menschenrechte durch die Vereinten Nationen 1948, kurz nach dem zweiten Weltkrieg (vgl. Wienberg 2013: 169). Mit der BRK wird auch die Willensbildung markiert, Menschen mit Behinderung endlich verbindlich als Bürgerrechtssubjekte anzuerkennen. Das ist eine enorme historische Errungenschaft. Nur ein grober Blick in die Historie zeigt, dass das über Jahrhunderte keineswegs selbstverständlich war. Menschen mit Behinderung erfuhren bis in die frühe Neuzeit, dass sie aus dem gesellschaftlichen Leben ausgeschlossen und in Armen-, Zucht- oder Arbeitshäusern eingesperrt wurden. Diese brutale Form der »*Exklusion*« wurde im Zuge der Entwicklung der Psychiatrie und den ersten »Heilanstalten« in Deutschland von einer »*Separation*« abgelöst, die die Betroffenen wenigstens von ihren Ketten befreite und ihnen in entsprechenden Anstalten ein Mindestmaß an gesundheitlicher Versorgung, Nahrung und Hygiene zukommen ließ. Die Zahl der in solchen »Heilanstalten« untergebrachten Personen stieg allerdings von 18.000 im Jahr 1865 auf 240.000 im Jahr 1913 an und war unter anderem auch Ergebnis einer staatlichen »Irrenüberwachung« (ebd.: 175). Diese nahm immer brutalere Formen an. »Geisteskrankheit« wurde zunehmend mit Gemeingefährlichkeit gleichgesetzt. Die Verwahrung dieser Menschen in Anstalten wurde einem ökonomischen Kosten-Nutzen-Kalkül unterzogen, das in den Hungerzeiten während und nach dem Ersten Weltkrieg den Ruf nach »Freigabe der Vernichtung lebensunwerten Lebens« eröffnete. Der Neuropathologe E. Hoche verwies bereits 1920 darauf, dass der »Aufwand pro Kopf und Jahr für Pflege der Idioten [...] 1300 M betrug«, daher ließe sich »leicht ermessen, welches ungeheure Kapital in Form von Nahrungsmitteln, Kleidung und Heizung dem Nationalvermögen für einen unproduktiven Zweck [sic!] entzogen wird« (ebd.: 177). Die Forderung nach Vernichtung der »Ballastexistenzen« läutete die Phase der »*Extinktion*« ein: Auslöschung des »lebensunwerten Lebens« zunächst durch Zwangssterilisation und Kastration, durch Verhungernlassen und schließlich durch die massenhafte Vernichtung von mehreren Hunderttausend Menschen durch das Euthanasieprogramm des Naziregimes. Das sind in aller Kürze bilanziert wohl die perversesten Gräuel, die je an Menschen mit Behinderung vollzogen wurden.

Im Nachkriegsdeutschland wurde die zunächst aufkommende Renaissance des Separationsparadigmas betrieben, und bis Ende der 1950er Jahre war die Bettenzahl in den Anstalten wieder auf gut 100.000 angestiegen. Menschenunwürdige Zustände mit beengten Schlafsälen von teilweise zwanzig Betten, zugleich der einzige Aufenthaltsort, kein Speiseraum, kein Tagesprogramm, alle alltäglichen »Aktivitäten« in einem Raum, Personalmangel, miserable hygienische Bedingungen und schließlich zu hohe Medikamentierung, so oder ähnlich waren die Zustände in fast jeder der deutschen Anstalten. Die Veröffentlichung dieser Situation durch die Psychiatrie-Enquete, die der Deutsche Bundestag 1971 eingesetzt hatte, schreckte auf. Die alsbald einsetzende Reform der Psychiatrie war maßgeblich inspiriert durch das skandinavische »Normalisierungsprinzip«, dem es nicht darum ging, dass »Behinderte zu ›normalisieren‹ seien, sondern ihre Lebenswelt solle so normal wie möglich gestaltet werden.« Aus diesem Normalisierungsprinzip resultierte »die Formel der ›Integration durch Normalisierung der Hilfen‹«, womit die »*Integration*« geboren war, die »über 40 Jahre hinweg das dominierende fachliche und sozialpolitische Paradigma der Versorgung von Menschen mit Behinderungen in Deutschland werden sollte« (Wienberg 2014: 102). Die Psychiatrie-Reform der kommenden Jahre und Jahrzehnte bewirkte konzeptionelle, räumliche und zielgruppenbezogene Differenzierung. Behandlung und Wohnheim wurden getrennt, Dezentralisierung, Ambulantisierung und Deinstitutionalisierung hießen die konzeptionellen Leitbegriffe. Die Zahl der Tageskliniken stieg ebenso an wie sich das Fachpersonal vervielfachte. Aktuell werden in der Behindertenhilfe fast 40 Prozent ambulant unterstützt, diese Quote lag zu Beginn der 1980er Jahre bei fast null.

Diese Kategorisierung des gesellschaftlichen Umgangs mit Menschen mit Behinderung in historische Phasen der *Exklusion, Separation, Extinktion, Integration* und schließlich der *Inklusion* ist sicher eine Hilfskonstruktion, die in dieser Trennschärfe nicht durchgängig zutrifft. Aber sie deutet doch zweierlei an: zum einen, wie wenig selbstverständlich und wie historisch jung der Anspruch auf die rechtsbasierte Gleichstellung von Menschen mit Behinderung und ihre vollumfängliche Teilhabe am gesellschaftlichen Leben ist. Und zum anderen vermittelt diese historische Kategorisierung etwas von dem Hintergrund für das Bewusstsein vieler Inklusionsbefürworter, in einem qualitativ wirklich neuen Zeitalter bürgerlicher Freiheitsrechte für Menschen von Behinderung angekommen zu sein. Aber noch ist dieses Zeitalter allenfalls eingeläutet. Inklusion ist für viele eben eine noch uneingelöste Utopie, sie ist immer noch ein »Nicht-Ort«, ein »U-Topos«. Sie hat in vielen gesellschaftlichen Bereichen noch keine eindeutig greifbare Realität. So ist allenfalls eine grobe Zielgerade angezeigt, der Weg dahin aber kaum schon angetreten. Die Barrieren zur Umsetzung der BRK sind einerseits rechtlicher Natur und betreffen die Frage nach den aus der BRK resultierenden, individuell einklagbaren Rechtsansprüchen. Sie haben aber auch eine nicht unwesentliche finanzielle Dimension. Das erklärt, dass scheinbar im Grundsatz verbundene Inklusionsbefürworter nicht nur sehr unterschiedliche Vorstellungen darüber haben, was genau gemeint ist, wenn von Inklusion die Rede ist, sondern vor allem, wie teuer das Gemeinte sein darf und wer die Kosten zu tragen hat. Die vermeintliche Einigkeit im Grundsätzlichen ist zwar kein Mittel zur Konfliktvermeidung, aber die Konfliktkultur geht nicht ins Grundsätzliche, sondern bewegt sich auf der finanziellen Ebene der Kostenerstattung. Die rechtliche Dimension wird strittig diskutiert mit Blick auf die Tatsache, dass die BRK durch ein Ratifizierungsgesetz seit März 2009 in Deutschland als innerstaatliches Recht in Form eines Bundesgesetzes in Kraft gesetzt ist. Es hat allerdings keinen Verfassungsrang. Das verstärkt die grundsätzliche Frage, welche subjektiven Rechte Menschen mit Behinderung vor deutschen Gerichten unter Berufung auf diese Behindertenrechtskonvention einklagen können (vgl. Masuch 2011: 247). Denn ein völkerrechtlicher Vertrag verpflichtet zwar die Staaten, die ihn unterzeichnen, ihn auch zu befolgen. Aber welche konkreten Rechtsansprüche für Menschen mit Behinderung aus dem Völkerrechtsvertrag erwachsen, darüber entscheidet die Klarheit, mit der im Vertrag diese Rechtsansprüche garantiert werden. Diese Klarheit aber ist vernebelt. Das heißt: Wenn die Rechtsgrundlage für konkret justiziable Anwendbarkeit nicht geschaffen wird, dann verbleibt eine »Konvention als völkerrechtlicher Vertrag gleichsam in der abgesonderten Sphäre des Internationalen« (ebd.: 251). Dann klingen Menschenrechtssätze deshalb so schön, weil sie zu nichts verpflichten und nichts kosten! So verwundert es denn auch nicht, dass die Bundesregierung in einer »Denkschrift« zum Übereinkommen der Vereinten Nationen auf diesen Vorbehalt deutlich verwiesen hat. Dort heißt es:

»Mit der Ratifizierung werden die Staatsverpflichtungen zur Erreichung des beschriebenen Ziels, der Verwirklichung aller Menschenrechte und Grundfreiheiten, begründet. Diese Staatsverpflichtungen müssen in innerstaatliches Recht überführt werden. Subjektive Ansprüche begründet das Übereinkommen nicht. Sie ergeben sich erst aufgrund innerstaatlicher Regelung.« (Denkschrift 2008: 48)

Ob, wann und wie nun diese Überführung in innerstaatliches Recht vonstattengeht, darüber darf gerätselt werden. Die BRK schlägt aber auch selber eine Brücke in den Nebel. In Artikel 4 Absatz 2 dehnt sie die Verpflichtung der Staaten zur Verwirklichung der »wirtschaftlichen, sozialen und kulturellen Rechte« von Menschen mit Behinderung auf eine unbestimmte Zeitachse aus. Es gehe darum, »Maßnahmen« zu treffen, »um nach und nach die volle Verwirklichung dieser Rechte zu erreichen«. »Maßnahmen«, das klingt rechtlich ebenso unbestimmt, wie »nach und nach« zwar eine progressive Entwicklung anzeigt, allerdings ohne auch nur den geringsten Grad der zeitlichen Präzision. Die juristisch Gelehrten diskutieren inzwischen, inwieweit aus der Geltung der BRK auch die unmittelbare Anwendung resultiert, also ob das Völkerrecht auch im Volk ankommt. Sie diskutieren ebenso, welche Problematik es juristisch bedeutet, wenn die Aussagen der BRK vielfach keine »ausreichende Bestimmtheit« vorweisen. Und sie streiten darüber, wie durch die konkrete Anwendung durch Entscheidungen der Sozialgerichte in Einzelfällen bereits Rechtsklarheit hergestellt ist. Wer Juristen kennt, weiß, dass diese Auseinandersetzung dauern kann. Während also nun die juristische Fachwelt um Rechtsklarheit ringt, sind allerorten bereits hochglanzpolierte »Aktionspläne« von Bund und Ländern gedruckt. Nicht ohne Stolz verkündet der Landesbehindertenbeauftragte des Landes NRW, Norbert Killewald, in seinem Geleitwort zum Landesaktionsplan in NRW unter dem Titel »Eine Gesellschaft für alle« vom Juli 2012: Damit sei ein »erster Aufschlag auf dem Weg zur inklusiven Gesellschaft« gemacht und die Arbeit fange »nun richtig an« (Die Landesregierung 2012). Was heißt das? Was genau ist gemeint mit dieser Arbeit, wenn rechtlich so wenig eindeutig geklärt ist, welche Schritte der Inklusion mit welchen Rechten und mit welchen finanziellen Ansprüchen seitens der Betroffenen versehen sind? Und was tut die Politik? Worin sieht sie ihre Arbeit? Ein genauer Blick lohnt sich.

Inklusion als Kulturleistung

In seinem Vorwort zum Aktionsplan der Landesregierung NRW spricht der Arbeitsminister Guntram Schneider von einem »Perspektivwechsel«, einem »Leitbildwechsel«, der Maßnahmen initiiert, mit denen konkretes politisches Handeln »von der Integration zur Inklusion« eingeleitet werden soll (ebd.). Das klingt geradezu nach der Ankündigung einer neuen historischen Epoche, die im Sinne des Fortschrittdenkens natürlich immer als überlegen gegenüber dem Vorherigen, als Steigerung auf dem Pfad geschichtlich wirksamer Optimierung des gesellschaftlichen Lebens verstanden wird (vgl. Rapp 1992). Die Integration ist geschafft, vollendet und zugleich überwunden zugunsten des Anbruchs eines neuen Stadiums der Geschichte, des Stadiums der Inklusion. Das dürfte wohl diejenigen zutiefst verwundern, die ihre gesellschaftliche Integration noch keineswegs als gelungen betrachten, die auch nach der hundertsten Bewerbung immer noch an der Integration in den Arbeitsmarkt scheitern oder die als Flüchtlinge auch nach Jahren immer noch einen ungesicherten Aufenthaltsstatus haben. Worauf sie seit Jahren hingestrebt haben, die Integration in die Gesellschaft, das ist nun historisch überholt, veraltet, das Zeitalter der Integration ist überwunden. Wer zu spät kommt, den bestraft eben das Leben.

Aber auf welche Weise setzt sich nun diese neue Epoche durch? Wie kann dieses neue Zeitalter seine konkrete Gestalt annehmen? Die Antwort des Arbeitsministers bleibt schillernd: Zwar betont er zu Recht, dass Inklusion nur gelingen könne, wenn sie als »gesamtgesellschaftliche Herausforderung« begriffen werde, die letztlich »eine neue Kultur inklusiven Denkens und Handelns« unter »Beteiligung der Menschen mit Behinderung an allen Fragen, die sie betreffen«, zum Ziel habe. Fragt man aber weiter nach den daraus resultierenden Effekten, die durch den Aktionsplan erreicht werden sollen, so stößt man auf weiche Indikatoren: Der Aktionsplan soll »Aufmerksamkeit« erregen, »Impulse für neue Ideen und Diskussionen« geben und das »Verständnis und Interesse« für die »vielen Beeinträchtigungen, mit denen viele Menschen, Nachbarn, Freunde und Fremde« leben, wecken. Was heißt das? Statt Maßnahmen anzukündigen, die sich beispielsweise auf die inklusionsorientierte Gestaltungspraxis der Arbeitsmarkt- oder der Bildungspolitik im Rahmen des landespolitischen Aktionsradius beziehen, findet der Minister hier nur sehr zaghafte Worte. Sie scheinen eher von sensibilisierender Absicht geleitet zu sein und richten sich diffus appellierend an die Zivilgesellschaft. Ein politischer Aktionsplan, der primär »Aufmerksamkeit« erregen, »Verständnis und Interesse« wecken will, wirkt doch sehr verhalten. Man hat den Eindruck, Inklusion wird hier als eine Art Kulturleistung definiert, die eigenartig losgelöst ist von politischen Konkretionen. Das hat Gründe. Die verbale Zurückhaltung ist letztlich der Tatsache geschuldet, dass jede Zusage konkreter politischer Maßnahmen finanzielle Konsequenzen hätte, die ausdrücklich nicht gewollt und eingegangen werden. Stattdessen heißt es unter dem Stichwort »Finanzierungsvorbehalt« an späterer Stelle: Es stehen »alle Maßnahmen des Aktionsplans unter dem Vorbehalt verfügbarer Haushaltsmittel« (Die Landesregierung 2012: 30). Das Inklusionsprogramm, die utopische Perspektive der neuen Gesellschaft, einer Gesellschaft für alle, in der alle mitmachen können, steht also unter einem schnöden Vorbehalt: der Finanzierbarkeit.

Aufwändiger formuliert, aber nicht anders gemeint, heißt es im Nationalen Aktionsplan: »Neben einer Bestandsaufnahme fasst der Nationale Aktionsplan die Ziele und Maßnahmen der Bundesregierung zur Umsetzung der UN-Behindertenrechtskonvention in einer Gesamtstrategie für die nächsten zehn Jahre zusammen, die auf der Grundlage der Eckwerte für den Finanzplan bis 2015 im Rahmen der zur Verfügung stehenden Haushaltsmittel finanziert werden.« (Unser Weg 2011: 23) Man achte auf die Feinheiten: Eine auf vier Jahre gewählte Bundesregierung verweist auf einen zeitlichen Gestaltungsraum von zehn Jahren und stellt jeden Umsetzungsschritt unter die Regie verfügbarer Haushaltsmittel. Erstens lehrt die Erfahrung, dass solche zaghaft angekündigten Zeithorizonte in der politischen Praxis um ein Mehrfaches gestreckt werden. Zweitens aber wird an späterer Stelle noch darauf einzugehen sein, wie seriös denn im Rahmen der internationalen Finanzkrise, des Fiskalpaktes und der Schuldenbremse über frei werdende Mittel spekuliert werden kann. Nur jetzt schon so viel: Verfügbarkeit von Haushaltsmitteln ist das Letzte, das einem dazu einfällt.

Eher drängt sich schon jetzt der Eindruck auf, dass nicht nur finanzielle Mehraufwendungen im Rahmen inklusionspolitischer Maßnahmen gescheut werden, sondern das Thema Inklusion von manchen Kostenträgern der öffentlichen Hand als eine willkommene Legitimation zur Kürzung von Haushaltspositionen genutzt wird. Im Verschiebebahnhof von ungeklärten Refinanzierungsfragen werden dabei fantasievoll Gleise abgerissen und Schilder mit der Aufschrift »nicht zuständig für anstehende Reparaturen« im sozialen Netz aufgestellt.

Bruchlandungen der Bildungspolitik

Ein anschauliches Beispiel dafür ist die Politik des Landschaftsverbands Rheinland, der zuständig ist für Maßnahmen der sogenannten Eingliederungshilfe für Menschen mit Behinderung. Schon lange klagen diese überörtlichen Sozialhilfeträger über steigende Ausgaben für Menschen mit Behinderung und dabei sind sie Sprachrohr der Kommunen, die diese Aufwendungen über ein Umlagesystem finanzieren. Zum August 2014 hat der Landschaftsverband die Zahlung für integrative Kindertagesstättengruppen weitgehend eingestellt, da »Integrative Gruppen« gegen das Inklusionsprinzip verstießen. Betroffen ist davon die in gut 1.000 Gruppen mit 15.000 Kindern stattfindende Arbeit von ca. 2.000 Therapeutinnen und Therapeuten, die in den Kindertagesstätten ihre Leistungen vom Landschaftsverband finanziert erbringen. Seit Jahren ist dies ein vorbildliches Modell zur Gewährleistung eines fachlich gestützten Konzepts für ein gemeinsames Lernen und Zusammenleben von Kindern mit und ohne Behinderung. Der Landschaftsverband verweist auf die Zuständigkeit der Krankenkassen, bei denen fortan die Eltern einen Antrag auf therapeutische Unterstützung stellen sollen. Ob die Kassen ihrerseits diese Zuständigkeit gleichermaßen so definieren, in welchem Umfang in diesem Fall dann Anträge genehmigt werden und wie auf dieser Grundlage der Einzelfallentscheidung wiederum eine verlässliche Personalplanung mit therapeutischen Fachkräften gewährleistet werden kann, sind Fragen, die vor allen Dingen die empörten Eltern und die Einrichtungen bewegen.

Die sogenannte »Offene Ganztagsgrundschule« in NRW ist ein weiteres inklusionspolitisches Konfliktfeld. Sie dient im Grundsatz der verlässlichen Unterbringung und pädagogischen Begleitung von Kindern am Nachmittag, insbesondere, um die Vereinbarkeit von Familie und Beruf zu stärken. Es handelt sich dabei nicht um eine Pflichtaufgabe der Kommune, sondern um eine freiwillige Leistung. Der Konflikt entzündet sich an der Frage der Zuständigkeit, wenn es um die Finanzierung eines begleitenden Integrationshelfers innerhalb des »offenen Ganztags« für Kinder mit Behinderung geht. Denn die Eingliederungshilfe sieht nach

Meinung der Kommunen hier im Rahmen des Achten und des Zwölften Sozialgesetzbuches (§ 35a SGB VIII und § 54 Abs. 1 Satz 1 SGB XII) lediglich die Zuständigkeit und gesetzliche Pflicht, im Falle eines positiv beschiedenen Antrags der Eltern von Kindern mit Behinderung einen Integrationshelfer für den Zeitraum des Schulbesuchs zu stellen. Dieser Rechtsanspruch gelte aber nicht für den »freiwilligen« Nachmittag. Die Kommunen erklärten sich dafür ebenso wenig zuständig wie das Land. Es sollte zwar eine Lösung gefunden werden, diese aber dürfe, so die Schulministerin, für das Land keine zusätzlichen Kosten verursachen. Bitter dazu der Kommentar einer berufstätigen Mutter mit einem behinderten Kind, es könne doch wohl nicht sein, dass mit dem Ende der letzten Unterrichtsstunde der Anspruch auf Inklusion entfalle. Inzwischen hat das Landessozialgericht in NRW entschieden, dass sich der Anspruch auf Leistungen der Eingliederungshilfe auf alle Maßnahmen bezieht, die geeignet sind, die Schulfähigkeit des Kindes zu verbessern. Das betrifft also auch den Besuch des »offenen Ganztags«, auch wenn dieser keine schulpflichtige Veranstaltung darstellt (vgl. Beschl. v. 20.12.2013, AZ L 9 SO 429/13).

Diese Beispiele zeigen, dass gegenwärtig in der inklusionspolitischen Debatte das Streitthema Bildung dominiert. Was die Bildungspolitik anbelangt, so deuten die diesbezüglichen Wasserstandsmeldungen über die Umsetzungspraxis eher auf eine Sturmflut des Protests hin, insbesondere von Eltern und breiten Teilen der Lehrerschaft. Ein maßgeblicher und in mehreren Bundesländern erhobener Kritikpunkt ist die eklatant defizitäre Personalausstattung im Bereich der Sonderpädagogik an den Regelschulen mit Inklusionsanspruch.

So hat der Berliner Inklusionsbeirat gegen die Stimmen der Eltern- und Behindertenvertreter einen Beschluss gefasst, nach dem für jede Klasse drei Stunden sonderpädagogischer Förderbedarf pro Woche ausreichend sei. Darüber hinaus solle es einen Pool mit 300 Sonderpädagogen geben, um für Kinder mit schweren Behinderungen zusätzliche Förderstunden ableisten zu können. Die Bemessungsgrundlage für diese zusätzlichen Stunden ist ebenso unklar wie die Beantwortung der viel gravierenderen Fragestellung, woher denn diese sonderpädagogischen Lehrkräfte gegenwärtig kommen sollen, denn der diesbezügliche Markt ist knapp (vgl. Angst vor Personalnot 2013). Hinzu kommt, dass eine derart pauschalierte und knappe Bemessung von drei Förderstunden für die bisher erfolgreichen Integrationsschulen zu einem Abzug von Teilen des bestehenden Personalbestandes führt. So etwa verliert die Fritz-Karsen-Gemeinschaftsschule in Britz bei dieser »Grundausstattung« drei Sonderpädagogen (Schulleiter schimpfen über Inklusion 2013).

Ähnlich stellt sich die Situation in Norddeutschland dar. In Schleswig-Holstein wurde zwar eine Stunde mehr sonderpädagogischer Förderbedarf als in Berlin im Schulgesetz verankert, der auch bei Lernverzögerung um zwei Stunden erweitert werden kann. Aber die Klagen der Gewerkschaft Erziehung und Wissenschaft (GEW) über diese pädagogische Ausstattungsqualität klingen ähnlich: »Wenn wir die Schulen nicht besser ausstatten, fahren wir die Inklusion an die Wand, noch bevor sie überhaupt richtig begonnen hat«, so die Kreisvorsitzende der GEW aus Segeberg, Sabine Duggen (Ohne mehr Lehrer bleibt die Inklusion auf der Strecke 2013). Die Forderung nach mehr sonderpädagogischem Fachpersonal sei unverzichtbar, allerdings stellt sich auch in Schleswig-Holstein die Frage, woher dieses Personal rekrutiert werden soll. Der »Markt ist leer«, so einer der sonderpädagogischen Kenner der Szene. Und selbst wenn die 1.000 zusätzlichen Lehrkräfte zur Verfügung stünden, die die GEW landesweit fordert, steht der finanziell erhebliche Mehraufwand konträr zur Verschuldungssituation des Landes und dem Diktat, jährlich Stellen im öffentlichen Dienst abzubauen (Mangel an Fachkräften 2013). Selbst der Landesbeauftragte für Menschen mit Behinderung, Ulrich Hase, spricht von ›Inklusionsverlierern‹ (Ohne mehr Lehrer bleibt die Inklusion auf der Strecke 2013), und der schleswig-holsteinische Elternverein sieht einen doppelten Negativeffekt angesichts dieser desolaten Startsituation: Die Kinder, um deren Inklusion es gehe, leiden, und gleichzeitig führt die pädagogische Gesamtsituation und die Überforderung vieler Lehrkräfte dazu, dass die Bildungschancen der Kinder ohne Behinderung beeinträchtigt werden (vgl. Mangel an Fachkräften 2013).

Auch das in Niedersachsen zum 1. August 2013 in Kraft getretene Schulgesetz bietet den Eltern das Recht, ihre Kinder mit Behinderung auf eine Regelschule zu schicken, wenn auch mit lediglich zwei Stunden wöchentlicher Förderung an den Grundschulen, die wiederum auf Antrag um bis zu fünf Stunden aufgestockt werden können (vgl. Wie viel anders ist normal? 2013). Allerdings gilt diese Wahlfreiheit offenbar nur für Kinder, die beim Sprechen, im Verhalten und mit dem Lernen Probleme haben. Kinder mit Körperbehinderung sind offenbar von dieser Freiheit ausgenommen. Denn die Kosten für die entsprechende barrierefreie Renovierung der Gebäude, die Einrichtung von Fahrstühlen, Rampen und geeigneten Toiletten sind der Politik zu aufwändig (vgl. ebd.).

Abgesehen davon ähneln die Klagen von Eltern, Lehrerverbänden, der GEW und der politischen Opposition denen in den anderen Bundesländern. Bei nur zwei Stunden geregeltem Förderbedarf kann für die Kinder keine verlässliche Bindung an eine sonderpädagogische Lehrkraft entstehen. Die aber ist aus fachlicher Sicht bei Kindern mit Behinderung noch unverzichtbarer, um Vertrauen zu gewinnen. Und Vertrauen ist eine elementare Grundlage für erfolgreiche Lerneffekte. Sonderpädagogen müssen von Regelschule zu Regeschule fahren, um ihren Stundeneinsatz, angepasst an den wöchentlich sich ändernden individuellen Förderbedarf, flexibel zu gestalten. Wenn sie nicht da sind, ist das Stammpersonal der Regelschule auf sich selbst gestellt, nicht selten sonderpädagogisch unqualifiziert und folglich in Klassen von teilweise 30 Kindern völlig überfordert. Inklusionsverlierer sind nicht nur die Kinder, sondern auch die Lehrkräfte. Eine derart planlose und gegenüber pädagogischen Ansprüchen weitgehend ignorante Politik führt dazu, dass das Wort Inklusion aus Sicht vieler Lehrkräfte keine gesellschaftliche Utopie, sondern eher ein erschreckendes schulpolitisches Experiment mit desaströsen Nebenfolgen bezeichnet.

Das bevölkerungsreichste Bundesland, Nordrhein-Westfalen, hat sich mit dem 9. Schulrechtsänderungsgesetz unter Rot-Grün der bildungspolitischen Umsetzung der Behindertenrechtskonvention verschrieben. Es ist zum 1. August 2014 in Kraft getreten. Auch hier zeichnet sich eine Welle der Empörung und Klage ab. Für die Schließung von Förderschulen und die Umsetzung eines inklusiven Regelschulsystems wird ausdrücklich der Schulträger (Kreise) für zuständig erklärt. Folglich enthält sich das Gesetz auch jeglicher Vorgabe über die konkrete Umsetzung und die erforderliche Infrastruktur (z.B. barrierefreie Gebäude). Ausdrücklich heißt es daher: »Das Land macht weder für den Schulbereich im Allgemeinen noch speziell mit Blick auf den Ausbau des Gemeinsamen Lernens auf dem Weg zu einem inklusiven Schulsystem verbindliche Vorgaben zur Größe, zur baulichen Beschaffenheit oder zur Ausstattung von Schulen. Personelle Auswirkungen sind für die Schulträger nicht zu erwarten, weil der Gesetzesentwurf keine Vorgaben für das von ihnen zu stellende Personal vorsieht.« (Landtag Nordrhein-Westfalen 2013: 6) Die Strategie ist eindeutig: Die Regelungshoheit über die konkrete Umsetzung einer inklusiven Schulpolitik wird auf die örtliche Ebene der Schulträger delegiert. Da das Land diesbezüglich keinerlei Vorgaben macht, greift nach dieser Logik auch nicht das sogenannte »Konnexitätsprinzip«, nach dem das Land die Finanzierung leisten muss, wenn es den Kommunen neue Aufgaben überträgt. Im Gesetzesentwurf heißt es unmissverständlich: »Zum anderen ist eine gesetzliche Regelung verbindlicher, den Vollzug prägender Anforderungen/Standards (etwa zur räumlichen Situation oder Assistenzpersonal) nicht vorgesehen. Eine solche Regelung wäre jedoch die Voraussetzung für eine Aufgabenänderung im Sinne des KonnexAG.« (Ebd.: 5)

Wie, mit welchen Standards und mit welchem individuellen Förderbedarf inklusives Lernen gestaltet wird, unterliegt folglich der Klärung durch die örtlichen Schulträger beziehungsweise die Schulaufsichtsbehörde. »Auf Antrag der Eltern entscheidet die Schulaufsichtsbehörde über den Bedarf an sonderpädagogischer Unterstützung und die Förderschwerpunkte.« (Ebd.: 18) Von landespolitischer Seite wurde dies nicht weiter quantifiziert und über die aus diesem Gesetz resultierenden Kosten beabsichtigte es lediglich, perspektivisch mit den kommunalen Spitzenverbänden zu verhandeln. Die Opposition bemängelt, dass das Gesetz damit auch keinen wirklichen Rechtsanspruch auf inklusive Bildung enthalte. Zwar wird ein grundsätzliches Recht auf den Besuch einer Regelschule verankert, aber die Landesregierung vermeide es, dafür Sorge zu tragen, dass mindestens »eine geeignete allgemeine Schule in zumutbarer Entfernung als Lernort angeboten wird« (Landtag Nordrhein-Westfalen 2013a: 3). Der Landesvorsitzende des Lehrerverbands Bildung und Erziehung (VBE), Udo Beckmann, fordert, dass jede Klasse, die inklusiv unterrichtet wird, »einen Sonderpädagogen braucht«. Dazu würden 7.000 weitere Fachkräfte benötigt, die das Land finanzieren müsse (Lehrerverband ruft 2013).

Für diese und ähnlich Rufe, die letztlich allesamt von hohem Respekt vor der pädagogischen Herausforderung der Inklusion geleitet sind, bleiben die politischen Ohren in der Regel verschlossen, es sei denn, der Druck wird zu groß. Das scheint in NRW der Fall zu sein. Denn inzwischen ist der Streit zwischen den kommunalen Spitzenverbänden und dem Land vorab beigelegt und eine Finanzierung für die zusätzlichen Aufwendungen in Höhe von 175 Millionen Euro, verteilt auf die kommenden fünf Jahre, zugesichert. Ob das reicht, bleibt fraglich, und welche Mittel das Land an anderer Stelle abziehen muss, um dennoch die Auflage der Schuldenbremse zu erfüllen, wird sich zeigen.

Inklusion meint einen kompletten Systemwechsel

Warum verzichten die Eltern nicht allesamt auf diese inklusionspolitischen Experimente, zumindest dann, wenn wie in NRW das Förderschulnetz differenziert über Jahre ausgeprägt worden ist? Im Grunde sind sie in einem Dilemma: Der Mainstream der Meinungsbildung favorisiert den Inklusionsgedanken aus nachvollziehbaren Gründen. Denn der Theorie der »geschonten Räume«, also der gesonderten Pädagogik von Kindern mit Behinderung an gesonderten Lernorten, haftet immer auch der Geschmack der Stigmatisierung dieser Kinder an. Aber diese Stigmatisierung endet nicht einfach durch den Übergang in die Regelschule. Durch die Bildung von »Inklusionsklassen« in den Regelschulen, die sich durch die Aufnahme von »Inklusionskindern« auszeichnet, wird vielfach die Stigmatisierung innerhalb des Klassenverbandes auf »der Ebene des einzelnen Kindes« fortgesetzt (Oehme/Schröder 2014: 126).

Die Problematik ist nicht leicht zu lösen: »Kategorisierungen«, auch medizinisch-diagnostischer Art, laufen immer Gefahr, stigmatisierend zu wirken. Gleichzeitig sind sie Voraussetzung zur Gewährung von medizinischer, therapeutischer oder assistierender Hilfeleistung. Sie ist passgenau auf die jeweilige Beeinträchtigung auszurichten, um »Teilhabe« zu ermöglichen. Zudem sind auch entsprechend differenzierte pädagogische Vermittlungsprozesse gefordert. »Besonderheit«, welcher Art auch immer, lässt sich nicht normativ oder moralisch durch einen egalitären Bildungs- und Leistungsanspruch ignorieren. Sie ist recht verstanden sogar ein wesentlicher Bestandteil von Pädagogik (vgl. Winkler 2014: 118). Die Heterogenität der Schülerschaft ist schon jetzt Merkmal des Regelschulsystems. Kinder und Jugendliche mit emotionalen Verhaltensauffälligkeiten, mit Aufmerksamkeitsdefiziten und minderen Leistungserfolgen sitzen zusammen mit denen, die hoch motiviert und leistungsorientiert sind, also dem Bild vom »guten Schüler« – überwiegend sind es Schülerinnen – entsprechen (Diefenbach 2010: 263f.). Das setzt differenzierte Lernprozesse voraus, überfordert aber auch nicht selten das Personal und produziert selbst innerhalb der Schülerschaft »Selektionswünsche« (Ziebarth 2013: 57), die pädagogisch ernst genommen werden müssen. Sie sind auch ohne Inklusion bereits Schulrealität, wofür die Kultur des Mobbing bezeichnend ist. Michael Winkler von der Friedrich-Schiller-Universität in Jena bemerkt dazu nicht ohne Provokation: »Die Debatte um Inklusion nimmt die sozialpsychologischen Mechanismen der Ausgrenzung nicht ernst. Soziale Gruppen versichern sich ihrer Existenz, indem sie jene abgrenzen, die als nicht zugehörig bezeichnet werden. Schulklassen tun dies regelmäßig, Sportvereine und ihre Fanvereinigungen leben davon, [...] Inklusion und Identität stehen in heikler Spannung.« Daher könne sich »Inklusion als ein grausames Experiment erweisen«, wenn sie meint, sie könne diese »Psychologie der Ausgrenzung aushebeln« (Winkler 2014: 110).

Auf die bestehenden Ausgrenzungsmechanismen im Regelschulsystem, die Mechanismen der »inneren Selektivität« (Oelkers 2013: 44) wird an späterer Stelle noch einzugehen sein. Dazu zählt nicht nur die primär leistungsbasierte Separierung der Schülerschaft im Rahmen des dreigliedrigen Schulsystems, die auffällig Schüler aus sozial randständigem Milieu und mit Migrationshintergrund benachteiligt. Es geht auch generell um den selektierenden »Umgang« mit der sogenannten »Risikoschülerschaft« (Wevelsiep 2012: 376f.), einer Mixtur aus Ritalinempfehlung, Sanktionierung, Schuljahreswiederholung bis zum Schulverweis.

Der Bochumer Pädagoge Christian Wevelsiep beschreibt die anstehenden Herausforderungen mit Blick auf die bereits bestehende Praxis, Schüler und Schülerinnen, die einen gezielten Lernerfolg der Klasse durch mangelhafte Disziplin und fehlende Unterordnung unter die Leistungsorientierung stören, aus dem Unterricht auszuschließen. Er diagnostiziert hier einen »Kontrollwiderspruch«. Es komm hier zu einem »gravierenden Widerspruch zwischen inklusivem Anspruch und dem Anspruch disziplinarischer Effektivität«. Das Lehrpersonal sehe

> »sich vor die Aufgabe gestellt, dass ihre Schule im Sinne der Aufrechterhaltung von Ordnung und hoher Leistungsergebnisse in der Allgemeinheit positiv wahrgenommen wird. Um diese Funktionsvorgabe zu erfüllen, werden unter anderem Schülerinnen und Schüler mit Störverhalten vom Schulbesuch ausgeschlossen. Dies entspricht öffentlichen Meinungen, in denen der Schulausschluss verhaltensschwieriger Schülerinnen und Schüler massiv gefordert wird.« (Ebd.: 378)

Ein inklusiver Bildungsanspruch hebt die erwähnten Selektions- und Exklusionsmechanismen nicht einfach auf, zumal ihr Vollzug indirekt auch aus den Reihen der Elternschaft erwartet wird. Wenn inklusive Bildung den Effekt hervorbringt, dass das Lehrpersonal überfordert zu sein scheint und Lernerfolge der Klassen retardieren, führt das zu harscher Kritik der Eltern, die durch diese Form des gemeinsamen Lernens die weitere Schulkarriere ihrer »normalen« Kinder gefährdet sehen. Andererseits befürchten auch Eltern von Kindern mit Behinderungen, dass ihre Kinder durch den Besuch der Regelschule mit einem nur halbherzig eingelösten Inklusionsanspruch unzureichend gefördert werden.

Dass gerade das deutsche Schulsystem mit seiner Dreigliedrigkeit ein ausgesprochen leistungsorientiertes, konkurrenzbasiertes und letztlich (für die »Verlierer«) stigmatisierendes System ist, spielt in der Inklusionsdebatte keine sonderlich prominente Rolle. Im Gegenteil, ausdrücklich wehren sich manche der Inklusionsbefürworter gegen die Vermengung einer Kritik an der Strukturfrage des dreigliedrigen Schulsystems mit der Forderung nach Abschaffung des »Sonderschulwesens für behinderte Menschen als segregierendes System« als eine davon unabhängige Frage (Deutsches Institut für Menschenrechte 2011: 6). Und die Kultusministerkonferenz erklärt lapidar: »Die Behindertenrechtskonvention macht keine Vorgaben darüber, auf welche Weise gemeinsames Lernen zu realisieren ist. Aussagen zur Gliederung des Schulsystems enthält die Konvention nicht.« (Kultusministerkonferenz 2010: 4) Diese Abspaltung der bildungspolitischen Inklusionsdebatte von den Prozessen der Ausgrenzung innerhalb des dreigliedrigen Schulsystems ist typisch für einen Inklusionsformalismus, der nur die Einbindung aller Schülerinnen und Schüler in das Regelschulsystem fordert. Die Ausgrenzungen innerhalb des Systems, in das die Inklusion vollzogen werden soll, werden dabei nicht thematisiert. »Ob sich eine Entwicklung zu mehr inklusiver schulischer Bildung zukünftig« aber »tatsächlich als präventive Strategie gegen soziale Ausgrenzung am Arbeitsmarkt erweisen wird, insofern auf formaler Ebene das Merkmal Förderschule als Anlass für mögliche Diskriminierungen unsichtbar wird, bleibt abzuwarten« (Wansing 2012: 391). Ein kritischer Blick in die gesellschaftliche Wirklichkeit, also den »Inklusionsraum«, in den eingeladen wird, hieße auch danach zu fragen, wo und für wen denn schon jetzt schulbedingte »Exklusionen« auch ohne eine Behinderung tägliche Erfahrung sind, und wo und auf welche Weise wir schon jetzt im bestehenden Bildungssystem eines G8-Turbo-Rhythmus systematisch Bildungsverlierer produzieren (vgl. Quenzel/Hurrelmann 2010). Wer sollte nicht Verständnis für die Eltern haben, die mit gutem Recht auch Fragen an dieses Schulsystem stellen, in das sie auf Druck der öffentlichen Meinung ihre Kinder geben. Und wer sollte nicht Verständnis haben für die Lehrerinnen und Lehrer, die schon jetzt das

Gefühl haben, dass der Druck im Schulkessel dermaßen erhitzt ist, dass sie an den Rand ihrer Kräfte kommen.

Selbst euphorische Befürworter der Bildungsinklusion, wie der namhafte Bildungsökonom Klaus Klemm, bezweifeln inzwischen, dass die Schulpolitiker die Umsetzung eines inklusiven Bildungssystems wirklich ernsthaft verfolgen. Trotz einer Steigerung der Inklusionsquote im Regelschulsystem im Zeitraum von 2009 bis 2013 von 18,4 auf 25 Prozent ist die Zahl der Schülerinnen und Schüler in den Förderschulen nahezu konstant geblieben, da die Zahl der Kinder mit sonderpädagogischem Förderbedarf insgesamt angestiegen ist (vgl. Inklusion in Deutschland, Pressemeldung 18.03.2013). Auf einen Grund für diesen Anstieg verweist die Barmer GEK in ihrem Arztreport 2013. Danach ist allein die Zahl der Kinder und Jugendlichen im Alter von 0 bis 19 Jahren, bei denen eine AD(H)S-Problematik diagnostiziert wurde, zwischen 2006 und 2011 um gut 40 Prozent auf 4,14 Prozent angestiegen (vgl. Barmer GEK Arztreport 2013: 16). Woraus die konstante Beharrungskraft des Systems der Förderschulen im Einzelnen resultiert, darüber darf man spekulieren. Tatsache ist, dass im Rahmen der föderalen Zuständigkeit der Länder für die Bildungspolitik völlig unterschiedliche Inklusionsquoten, eine massiv abweichende Anerkennungspraxis von jeweiligem Förderbedarf, eine differierende Bewertung der Förderschulen und insgesamt auch große Unterschiede in der Ausgestaltung des pädagogischen Know-hows in den Inklusionsschulen vorliegen (vgl. Bertelsmann Stiftung 2013). Der Pädagoge Peter Wachtel, einer derjenigen, die diese föderale Misere dezidiert kennen, resümiert dazu:

> »Es gibt Länder, die bereits schulgesetzgeberisch eindeutig auf der Grundlage der Konvention tätig geworden sind, Länder, die solche Gesetzesänderungen demnächst planen, sowie Länder, die aktuell keinerlei Veränderungen vornehmen wollen und dieses mit der bereits vorhandenen Inklusivität ihrer Schulen begründen. [...] Dem Veränderungsdruck durch die Konvention und der Entwicklungsdynamik stehen aber weiterhin die Beharrungskräfte der Institutionen in den Ländern, die gewachsenen Strukturen und die vertrauten Traditionen des pädagogischen Gestaltens und Handelns entgegen.« (Wachtel 2014: 39)

Das alles minimiert nicht gerade die Verunsicherung von Lehrkräften und Eltern. Wenig verlässlich für die Eltern ist wohl auch der Tatbestand, dass die Inklusionsquote mit steigender Bildungsstufe immer mehr abnimmt. Besuchen immerhin durchschnittlich im Bundesgebiet 67,1 Prozent der Kinder mit Behinderung eine integrative Kindertagesstätte, so sinkt dieser Inklusionsanteil deutlich in den Grundschulen auf knapp 40 Prozent ab und verflacht in der Sekundarstufe I auf gut 20 Prozent. Dazu bilanziert Klemm: »Ein Teil der Kinder, die im Elementarbereich gemeinsam mit Kindern ohne sonderpädagogischen Förderbedarf betreut werden, erfährt beim Eintritt in die Schule, nicht zur großen Mehrheit zu gehören. Beim Übergang in die weiterführenden Schulen wird wiederum einem beachtlichen Teil deutlich gemacht, nicht länger zur großen Gruppe der übrigen Schülerinnen und Schüler zu gehören.« (Bertelsmann Stiftung 2013: 6) Dies mag auch ein Beleg dafür sein, dass hier die »Systemdifferenz« zu Buche schlägt zwischen der in Kindertagesstätten immer noch gängigen »Förderung des einzelnen Kindes und einem Denken [...], das sich an standardisierten und curricular geordneten Leistungen orientiert«, wie es in der Sekundarstufe üblich ist (Winkler 2014: 114).

Klemm selber hatte in einer Vorläuferstudie darauf hingewiesen, dass – selbst wenn die Mittel der derzeitigen Förderschulen weitgehend zu den Regelschulen umgeschichtet würden – für eine solide Inklusionspolitik im Schulbereich bundesweit noch ca. 9.300 zusätzliche Lehrkräfte gebraucht würden. Das entspräche einem jährlichen Mehrkostenvolumen von 660 Millionen Euro, wobei dies nur die reinen Personalkosten betrifft und nicht etwa die Mehraufwendungen für die Gestaltung barrierefreier Schulgebäude, Vorhaltung von Therapie- und Rückzugsräumen, sanitäre Installationen, didaktisches Material und Kosten für die erforderliche Fort- und Weiterbildung des Lehrpersonals (vgl. Bertelsmann Stiftung 2011: 13ff.). Allein für alle Kommunen in NRW schätzt Klemm auf der Basis exemplarischer Berechnung für die Stadt Krefeld und den Kreis Minden-Lübbecke für die nächsten drei Jahre die Investitionskosten auf deutlich mehr als 100 Millionen Euro (vgl. Klemm 2014). Das Land müsste weiter 850 Millionen aufbringen (vgl. Gutachten 2014). Immerhin bewegt sich die Landesregierung in NRW durch ihr jüngstes Zugeständnis gegenüber den kommunalen Spitzenverbänden im Rahmen dieser Bedarfserhebung.

Auffallend an diesen Studien ist jedoch ihre ökonomische Perspektive. Eine qualitative pädagogische Betrachtung, beispielsweise wie groß Lerngruppen maximal sein sollten, wenn Bildungsinklusion nicht zum Desaster und zur völligen Überforderung auch des Lehrpersonals verkommen soll, ist dort nicht vorgenommen. Beeindruckend ist dagegen das Konzept der integrativen Berliner Fläming Grundschule. An ihr arbeiten multiprofessionelle Teams mit pädagogischen, sonderpädagogischen und psychotherapeutischen Kompetenzen. Einzelarbeit mit Schülerinnen und Schülern, begleitende Elternarbeit, Supervision für die Fachkräfte, vorbeugende Kleingruppenarbeit mit Schülerinnen und Schülern, die emotionale und soziale Probleme aufweisen, das sind nur kurz beschrieben die Ressourcen, Methoden und hochqualitativen Kompetenzen, die anzeigen, welches Know-how angesagt wäre, wenn man inklusiv beschulen will. Einer ihrer Therapeuten beschreibt die Herausforderungen folgendermaßen:

»Wir mussten lernen, wie wir für Kinder mit Sehbehinderungen die optische Gestaltung des Unterrichtsmaterials aufbereiteten (Beleuchtung, Vergrößerungen etc.). Wir experimentierten mit unterrichtlichen Anforderungen bei der Arbeit mit Kindern mit Hörbeeinträchtigungen, und einige Kolleginnen erlernten die Gebärdensprache. Wir lernten, Kinder zu wickeln, zu füttern und ihnen nötige Medikamente zu verabreichen. Wir lernten, Kinder beim Sterben zu begleiten und den Tod als notwendiges Thema der Pädagogik einer Großstadtgrundschule zu verstehen. Aber schon bei diesen Auseinandersetzungen wurde oft genug deutlich, dass pädagogisches Wissen, auch bereichert um sonderpädagogische Kompetenzen, keine ausreichenden Antworten auf dringende Alltagsfragen liefern konnte. Vieles berührte persönliche Bereiche der verschiedenen Beteiligten. So gelang beispielsweise eine fruchtbare Bewältigung der Thematik sterbender Kinder nur durch sehr tiefgehende persönliche Reflexionen der jeweils eigenen Vorstellungen vom Tod und seinen Zusammenhängen. Auch betreffen manche körperlich-pflegerischen Verrichtungen an schwer behinderten Kindern andere Lernvorgänge als das bloße Erlernen von Handgriffen. Der Umgang mit Speichelfluss oder Bronchialschleim beispielsweise kann bei verschiedenen Menschen höchst unterschiedliche Bewältigungs- und Abwehrprozesse auslösen. [...] Es gab alltägliche Belastungen, in denen sich keine pädagogische Routine einstellte.« (Ziebarth 2013: 52f.)

Wenn man diese ehrliche und schonungslose Bilanz aus der Praxis auf sich wirken lässt und sich vor diesem Hintergrund großer Teile der »inklusionspolitischen« Diskussion vergegenwärtigt, dann wird wohl deutlich: Wir sind noch lange nicht bei wirklich pädagogischen Fragstellungen angekommen, sondern halten uns eher im Vorfeld finanzpolitischer Zuständigkeitsfragen auf. Es ist noch viel zu wenig »im allgemeinen Bewusstsein verankert, dass sich mit ›Inklusion‹ eine pädagogische [...] Praxis verbindet«, die »den höchsten Qualitätsstandards genügen muss« (Deutsches

Institut für Menschenrechte 2011: 4). Die dazu erforderlichen gesellschaftlichen Aufwendungen sind sicher vordergründig finanzieller Art. Sie bilden sozusagen die conditio sine qua non. Insofern ist zutreffend, was bereits der amerikanische Psychologe Julian Rappaport in den frühen 1980er Jahren bemerkte: »Having rights but no resources and no services available is a cruel joke.« (»Rechte zu haben, aber über keine Mittel und Leistungen zu verfügen, ist ein grausamer Scherz.« Rappaport 1981: 13)

Aber die geforderten Aufwendungen betreffen auch die Bereitschaft zur Umgestaltung der inneren Logik der gesellschaftlichen Systeme. Es geht an Geist und Buchstabe der BRK vorbei, wenn gemeint wird, Inklusion vollziehe sich so, dass Menschen mit Behinderung gefördert und ermutigt werden, im bestehenden System »mitzumachen«. Der Gedanke der gesellschaftlichen Teilhabe als »Einschluss« von Menschen mit Behinderung in ein ansonsten gleichbleibend beharrendes System gesellschaftlicher Wirklichkeit ist ein Fehlschluss. Die so oft erwähnte Lebensweise in akzeptierter Vielfalt, von der in den Inklusionsbroschüren so viel zu lesen ist, heißt auch: dass Lebensweisen »der Gesellschaft« weniger uniform werden, dass diktierte Zielgeraden der Lebensführung ihre Dominanz verlieren, dass Leistungs- und Effizienzkalküle ihren imperativen Charakter einbüßen und dass Menschen ohne Behinderung auch von denen mit Behinderung lernen, anstatt dass nur Menschen mit Behinderung lernen, sich in die Lern- und Lebensweise der anderen einzufügen. Die Frage ist, ob sich, wie der renommierte Pädagoge Peter Wachtel meint, der Bundestag und die deutschen Unterzeichner überhaupt dieser Tragweite der BRK bewusst waren. Zu vermuten ist eher, dass sie nicht realisieren: Inklusion zielt auf einen kompletten Systemwechsel (vgl. Wie viel anders ist normal? 2013: 8). Die Pädagoginnen und Pädagogen der Berliner Fläming Grundschule haben das offenbar verstanden.

3. Alle sollen mitmachen

Inklusion an der Ladentheke

Wer soll nun eigentlich »inkludieren«, also Prozesse der Inklusion befördern oder diese verantworten? Die Frage nach dem handelnden Subjekt der Inklusion kann umfassender kaum beantwortet werden, als es in der Fülle der diesbezüglichen »Aktionspläne« in Bund und Ländern der Fall ist. Handelndes »Subjekt« ist *die* Gesellschaft. Immer wieder wird variantenreich darauf hingewiesen, dass Inklusion ein gesamtgesellschaftlich zu verantwortender Prozess, »eine gesamtgesellschaftliche Aufgabe« ist. (Unser Weg 2011: 9) Sie realisiere sich letztlich im Alltag, genauer gesagt, »an der Ladentheke, am Arbeitsplatz, im Restaurant und in der Wohneinrichtung, in der viele Menschen mit Behinderungen leben. Deshalb könne Inklusion nur gelingen, wenn sich gerade Verbände, Unternehmen, Sozialeinrichtungen, Stiftungen und andere Akteure der Zivilgesellschaft an der praktischen Umsetzung der UN-Behindertenrechtskonvention beteiligen und eigene Aktionspläne als Handlungsrahmen formulieren.« (Ebd.: 10) Bei so viel Aufruf zum Aktionismus bis zur Ladentheke muss man nun umgekehrt fragen, worin denn die Aktion derer besteht, die diesen aktivierenden Appell an die Zivilgesellschaft richten. Also, was macht die Politik?

Die Antwort fällt bescheiden aus: Die Bundesregierung richtet eine »Internet-Plattform« ein, die die guten Beispiele inseriert. Sie stößt diesen Aktivierungsprozess an, indem sie einen »gesellschaftlichen Diskurs« organisiert (ebd.: 10). In NRW nennt man das »Inklusionskampagne«, »Dialog-Veranstaltungen« und »Kreativ-Werkstätten«. Die Politik schreibt zudem Preise aus, zum Beispiel den »Jakob-Muth-Preis für inklusive Schulen« (ebd.: 13) auf Bundesebene oder wie in NRW, aber ähnlich in anderen Bundesländern, den »Inklusionspreis der Landesregierung« (Die

Landesregierung 2012: 41). Dazu gesellt sich eine Vielzahl von Netzwerken und Gremien, Beiräten und Arbeitsgruppen, die analysieren, prüfen, begutachten und resümieren sollen, in welchen gesellschaftlichen Bereichen inklusionspolitische Defizite festzustellen sind. Politik handelt also unter Einsatz möglichst geringer finanzieller Mittel gezielt invasiv: Sie begibt sich offenbar in die vornehme Rolle, diesen Prozess der Inklusion zu »moderieren«. Sie inseriert Beispiele, sie motiviert und animiert den Wettbewerb der Ideenanbieter, belobigt Gewinner, bietet Vernetzungsräume und kultiviert sich bei alledem selbst als der maßgebliche Regisseur einer gesellschaftlichen Mobilisierung.

Appelle an die Gesellschaft klingen gut und kosten nichts

Eine prominente Rolle bei der Fokussierung der politischen »Aktivitäten« spielt daher bezeichnenderweise immer wieder Artikel 8 der BRK, in dem die unterzeichnenden Staaten sich dazu verpflichten, »in der gesamten Gesellschaft, einschließlich auf der Ebene der Familien, das Bewusstsein für Menschen mit Behinderung zu schärfen«. Offensichtlich ist diese Mobilisierung des gesellschaftlichen Bewusstseins ein beliebter Schauplatz politisch motivierter Aktivitäten. Ihn zu bespielen kostet nichts. Der von Minister Schneider erwähnte gesellschaftliche Perspektiv- und Leitbildwechsel, der einzusetzen habe, wird zum preiswerten Fokus landespolitischer Aktivität.

Es ist nicht grundsätzlich zu kritisieren, wenn bezüglich der Inklusion von einem neuen gesellschaftlichen Leitbild gesprochen wird. Ein Leitbild beispielweise in einem Unternehmen besagt ja, dass eine Grundorientierung der unternehmerischen Strategie gesucht wird. Ist dieses Leitbild entwickelt, dann werden in der Folge alle maßgeblichen binnenorganisatorischen und außenwirksamen Prozesse des Unternehmens an diesem Leitbild ausgerichtet. Das Leitbild gibt einem Unternehmen Vergewisserung, und das Unternehmen entscheidet in der Regel, seinen eigenen Ressourceneinsatz selbstverpflichtend an diesem Leitbild zu orientieren. Es verfügt allerdings nicht über den Ressourceneinsatz anderer Unternehmen.

Die politischen Aktionspläne aber – so der Eindruck – fordern das Leitbild der Inklusion maßgeblich für externe zivilgesellschaftliche Prozesse ein, wenn man so will also für andere, ohne sich selbst diesbezüglich auf den eigenen finanziellen Ressourceneinsatz zu verpflichten. Damit wird die Sache, um die es hier gehen soll, zur Frage der zivilgesellschaftlichen »Haltung« umdefiniert. Und sie wird damit auch entpolitisiert. Der Hinweis ist berechtigt, dass die Anliegen der BRK auch eine kulturelle Verankerung brauchen. Das alltägliche Miteinander von Menschen mit und ohne Behinderung ist in Deutschland nicht die Normalität. Ohne gelebte Praxis in den gesellschaftlichen Handlungsbezügen und ohne ein zivilgesellschaftliches Agreement des selbstverständlichen Miteinanders von Menschen mit und ohne Behinderung, kann das, was mit Inklusion gemeint sein soll, sicher nicht zur Normalität werden. Aber das kann Politik nicht ersetzen, sondern nur ergänzen. Es ist dem ehemaligen Verfassungsrichter Ernst-Wolfgang Böckenförde bezüglich seiner Ausführungen zur Verhältnisbestimmung von Staat und Gesellschaft zuzustimmen, dass die »Realisierung der geistigen und ethischen Gehalte des Staates [...] nicht mit der staatlichen Organisationseinheit ein für allemal, gewissermaßen von selbst gegeben« ist. Insofern ist diese Realisierung oftmals darauf angewiesen, dass politisches und staatliches Agieren »bei den einzelnen und in der Gesellschaft Widerhall findet in einem lebendigen Engagement für die allgemeinen, d.h. allen gemeinsamen Angelegenheiten« (Böckenförde 2006: 223). Diese Realisierung setzt folglich auch politische, rechtliche und finanzielle Rahmensetzungen voraus, die dann durch gesellschaftliche Akzeptanz und Aktivität mit Leben gefüllt werden. Aber diese Form der gesellschaftlichen Mobilisierung durch den Staat kann und darf politische und gesetzliche Rahmensetzungen nicht kompensieren, sondern muss sie komplettieren. Die Aufgaben der Landes- und Bundespolitik besteht in der Verabschiedung von Gesetzen, der Sicherung von Grundlagen für die Entfaltung des zivilgesellschaftlichen Lebens, in der Sicherung von Rechtsansprüchen, in der Vorhaltung der öffentlichen Daseinsvorsorge etc. Es geht *auch* um »Maßnahmen der Bewusstseinsbildung« und um die »Verinnerlichung des Inklusionsprinzips im Denken und Handeln sowie in den Einstellungen der verantwortlichen Menschen in der Politik, im Staat und in der Gesellschaft« (Die Landesregierung 2012: 38). Aber der Verantwortungsbereich einer Landes- oder Bundesregierung erschöpft sich sicher nicht darin, diese »Maßnahmen der Bewusstseinsbildung« vorzunehmen oder auf irgendwelche »Einstellungen« hinzuwirken. Ihre Aufgabe ist es, die strukturellen, organisatorischen, finanziellen und institutionellen Barrieren abzubauen, die der Umsetzung der BRK im Wege stehen.

Wenn also Inklusion, wie sie allgemein verstanden wird, perspektivisch eine »Hardware« bekommen soll, eine sozial, zivilgesellschaftlich, wirtschaftlich, sozialräumlich und sozialrechtlich unterlegte Realität der politischen Verhältnisse werden soll, sind strukturelle, gesetzliche und finanzielle Fakten zu schaffen. Aber da, wo nun das eigentliche »Aktionsfeld« der Politik ansetzt, bleibt sie sehr zurückhaltend und widmet sich erst einmal auf Länderebene den sogenannten Normprüfungsverfahren. Diese sollen, wie es im Landesaktionsplan von NRW heißt, »umfassend und systematisch« prüfen, »ob die Rechtsnormen mit den sich aus der UN-Behindertenrechtskonvention ergebenden Anforderungen kompatibel sind« (ebd.: 51). Unter anderem soll auch geprüft werden, inwieweit die BRK Regelungen enthält, die »subjektive Rechte für Menschen mit Behinderungen enthalten, also Rechte, die justiziabel« sind (ebd.: 55). Die Spannbreite dieses Prüfungsverfahrens reicht von Verordnungen über barrierefreie Dokumente und Informationstechnik bis zu Politikfeldern wie der Landesbauordnung, dem Schulgesetz, dem Landespflegegesetz, dem Wohn- und Teilhabegesetz, dem Kinderbildungsgesetz, der Förderung barrierefreien Wohnraums, der frühkindlichen Bildung, der Arbeit und der Qualifizierung und lässt kaum einen Bereich der öffentlichen Daseinsvorsorge und der landespolitischen Zuständigkeit aus, wenn – wie erwähnt – auch alle Maßnahmen unter dem Vorbehalt des haushalterisch Machbaren stehen. Das Prüfen ist wohl die leichteste Übung. Die deutsche Bürokratie ist darin sehr erprobt. Man darf gespannt sein, welche rechtlichen, strukturellen und finanziellen Konsequenzen aus den Ergebnissen resultieren werden.

Auch im Bundesaktionsplan werden zwölf politische Handlungsfelder genannt, die inklusionspolitisch zu bearbeiten seien. Die »Matrix« der abgesteckten Aktionsfelder, über deren Inklusionsdefizite eine »indikatorengestützte Berichterstattung« erfolgen soll, um auf der »Basis belegter Fakten« (Unser Weg 2011: 11) eine Politik für Menschen mit Behinderung zu entwickeln, umfasst: Arbeit und Beschäftigung, Bildung, Prävention, Rehabilitation, Gesundheit und Pflege, Kinder, Jugendliche, Familie und Partnerschaft, Frauen, ältere Menschen, Bauen und Wohnen, Mobilität, Kultur und Freizeit, gesellschaftliche und politische Teilhabe, Persönlichkeitsrechte, internationale Zusammenarbeit (vgl. ebd.: 34ff.). Es ist lohnend, wenigstens an einem Beispiel genauer hinzusehen, was gemeint ist, um zu bewerten, von welcher Art und Güte diese inklusionspolitische »Bearbeitung« ist.

Ein inklusionsfreundlicher Arbeitsmarkt?

Entsprechend der von Ursula von der Leyen ausdrücklich favorisierten Rolle der Erwerbsarbeit werden Arbeit und Beschäftigung auch an erster Stelle des nationalen Inklusionsprojekts genannt. Liest man den Koalitionsvertrag der neuen Bundesregierung, so findet sich diese Thematik ebenso prominent, allerdings innerhalb des relativ kleinen Absatzes über »Menschen mit und ohne Behinderung«. Unter der Überschrift: »Inklusiven Arbeitsmarkt stärken«, heißt es dort:

»Zentrales Element der sozialen Inklusion ist eine aktive Arbeitsmarktpolitik. Wir wollen die Integration von Menschen mit Behinderungen in den allgemeinen Arbeitsmarkt begleiten und so die Beschäftigungssituation nachhaltig verbessern. Dazu gehört auch die Anerkennung und Stärkung des ehrenamtlichen Engagements der Schwerbehindertenvertretungen. In den Jobcentern muss ausreichend qualifiziertes Personal vorhanden sein, um die Belange von Menschen mit Behinderungen zu erkennen, fachkundig zu beraten und zu vermitteln. Arbeitgeberinnen und Arbeitgeber sollen sensibilisiert werden, um das Potential von Menschen mit Behinderungen zu erkennen und sie zu beschäftigen. Gemeinsam mit den Sozialpartnern werden wir u.a. im Rahmen der Inklusionsinitiative für Ausbildung und Beschäftigung die Anstrengungen für die berufliche Integration von Menschen mit Behinderung erhöhen. Wir wollen den Übergang zwischen Werkstätten für Menschen mit Behinderung und dem ersten Arbeitsmarkt erleichtern. Rückkehrrechte garantieren und die Erfahrungen mit dem ›Budget für Arbeit‹ einbeziehen.« (Deutschlands Zukunft 2013: 110f.)

Zunächst einmal fällt auf, was hier unter »aktiver Arbeitsmarktpolitik« verstanden wird. Der Begriff galt ursprünglich einer besonders von der SPD favorisierten Rolle des Staates. Dieser sollte aktiv durch öffentliche Investitionen, öffentlich geförderte Beschäftigung und Steuersenkung für die Unter- und Mittelschicht den Arbeitsmarkt möglichst stark lenken. Der Begriff taucht hier zwar noch auf, allerdings wird er umdefiniert zu einem harmlosen »Begleiter« der »Menschen mit Behinderung in den allgemeinen Arbeitsmarkt«. Konkret wird dazu lediglich die Stärkung des

Qualifikationsniveaus der Jobcenter als Instrument aufgeführt. Das erweckt den Eindruck, als sei die desolate Integrationsrate von Menschen mit Behinderung in den ersten Arbeitsmarkt primär ein Problem der Begleitung, der Beratung oder, wie später erwähnt, der mangelhaften »Sensibilität« von Arbeitgebern und Arbeitgeberinnen.

Die genannte »Inklusionsinitiative für Ausbildung und Beschäftigung« wird auch im Bundesaktionsplan als ein »zusätzliches Programm« angezeigt, das mit einem Volumen von 100 Millionen Euro ausgestattet werde (Unser Weg 2011: 37). Der in Klammern versehene Hinweis, »Mittel aus dem Ausgleichsfonds«, verrät allerdings den Eingeweihten, dass es sich dabei keineswegs um zusätzliche Mittel handelt. Es sind Gelder aus einem Fonds, der nach dem Neunten Sozialgesetzbuch (§ 78 SGB IX) unter anderem zur »Förderung der Einstellung und Beschäftigung schwerbehinderter Menschen auf Arbeitsplätzen« dient. Er wird vom Bundesministerium für Arbeit und Soziales lediglich verwaltet. Dieser Ausgleichsfonds speist sich aus der Ausgleichsabgabe, die diejenigen Unternehmen leisten müssen, die der Beschäftigungspflicht von Menschen mit Behinderung nicht in gesetzlich vorgeschriebener Höhe (mindestens fünf Prozent der Beschäftigten) nachkommen. Das Aufkommen aus dieser Abgabe wird von den Integrationsämtern und der Bundesagentur für Arbeit für die Förderung des Arbeits- und Ausbildungsangebots genutzt, der Rest fließt in den Ausgleichsfonds (vgl. Bäcker u.a. 2008: 207). So müssen die Integrationsämter 20 Prozent der zufließenden Mittel der Ausgleichsabgabe an den Ausgleichsfonds abführen.

Das Projekt der Inklusionsinitiative wird aus dem noch hohen Kassenbestand des Ausgleichsfonds aus dem Jahr 2011 (knapp 300 Millionen Euro) finanziert und hat eine Laufzeit von insgesamt acht Jahren (2011 bis 2018). Es geht also um 12,5 Millionen Euro pro Jahr (vgl. Deutscher Bundestag 2012: 27). Unter anderem sollen davon Berufsorientierungen für schwerbehinderte Schülerinnen und Schüler gestärkt, bundesweit 1.300 Ausbildungsplätze im Laufe von fünf Jahren geschaffen, Eingliederungszuschüsse für Arbeitsplätze älterer Menschen finanziert und die Inklusionskompetenz bei den Handwerks- sowie den Industrie- und Handelskammern erweitert werden (vgl. ebd.: 37).

Diese »Inklusionspolitik« hat nicht nur ausgesprochen bescheidenen und symbolischen Projektcharakter. Ihre Aufwendungen werden auch finanziert aus den Abgaben derjenigen Unternehmen, die – kontraproduktiv zum Inklusionsgedanken – nicht einmal die bestehenden sozialgesetzlichen Auflagen der Beschäftigungsquote von Menschen mit Behinderung erfüllen. Die Rolle des Bundesministeriums besteht lediglich darin, den bestehenden Fonds zu verwalten, ohne eigene Mittel einzubringen. Die Verwendung von Mitteln wird gespeist aus einer alt bekannten und sozialgesetzlich seit langem gesicherten Abgabepraxis und wird nun unter einem neuen Logo »Inklusion« als Innovation inseriert. Das Wesen dieser Abgabe besteht nun gerade darin, dass ihre Mittel sich den Inklusionsdefiziten der Unternehmen, also den nicht besonders behindertenfreundlichen Verhältnissen am Arbeitsmarkt, verdanken. Noch paradoxer geht es eigentlich nicht.

Was die »Erfahrungen mit dem ›Budget für Arbeit‹« anbelangt, von denen der Koalitionsvertrag spricht, so sind diese auf reichlich dünnem Eis. Das »Budget für Arbeit« ist zu unterscheiden vom sogenannten »Persönlichen Budget«. Letzteres hat seine gesetzliche Grundlage im § 17 Abs. 2 bis 4 des Neunten Sozialgesetzbuches (SGB IX) in Verbindung mit der Budgetverordnung. Danach wird es »von den beteiligten Leistungsträgern trägerübergreifend als Komplexleistung erbracht«. Sie erstreckt sich auf alle Leistungen, die der Teilhabe, bezogen auf »alltägliche und wiederkehrende Bedarfe«, dienen, umfasst Geldleistungen oder Gutscheine und gilt auch für »Leistungen der gesetzlichen Krankenversicherung, der sozialen Pflegeversicherung, der Unfallversicherung und der Hilfe zur Pflege« (Welke 2014: 42). Insgesamt aber gilt, dass das »Persönliche Budget« nicht höher sein darf als die Summe der einzelnen Leistungen. Es liegt eher darunter und lässt für die öffentliche Hand Kosteneinsparungen erwarten. Die Gewährung des »Persönlichen Budgets« ist Ergebnis eines aufwändigen, trägerübergreifenden Bedarfsfeststellungsverfahrens, an dem der Budgetnehmer beteiligt ist und eine Person der Wahl hinzuziehen kann. Die schließlich abgeschlossene Zielvereinbarung gilt in der Regel für zwei Jahre, danach soll ein erneutes Bedarfsfeststellungsverfahren aufgenommen werden.

Die Zahlen der Inanspruchnahme des »Persönlichen Budgets« sind aus unterschiedlichen Gründen auf sehr niedrigem Niveau und betrafen laut prognos AG im Jahr 2010 bundesweit gerade einmal 1,8 Prozent der Empfängerinnen und Empfänger der Eingliederungshilfe, das waren gut elftausend Personen (vgl. Bundesministerium für Arbeit und Soziales 2012: 8). Die Stärke des Systems des »Persönlichen Budgets« liegt sicher in der erweiterten Selbstbestimmung der Budgetnehmer/-innen auf der Grundlage eines transparenten und abgestimmten Verfahrens der Leistungserbringer, was sich auch an der Nutzerzufriedenheit von 88 Prozent der Budgetnehmer/-innen zeigt (vgl. ebd.: 44). Allerdings überwiegen offenbar die Schwächen: So fehlt es oftmals an einer »flächendeckenden Struktur zur Budgetberatung«, die Beratungsleistung selber wird mit Blick auf den Kostendeckel eingepreist, und die trägerübergreifende Kooperation ist mangelhaft, was sich auch in der Verfahrensdauer widerspiegelt. Insbesondere in Rheinland-Pfalz wird das System zudem dadurch ausgehebelt, dass das »Budget gar nicht als echte Geldleistung an den/die Budgetnehmer/in« ausgekehrt wird, »sondern mittels einer Abtretungserklärung des/der Budgetnehmer/in die Mittel [...] gleich an den Leistungserbringer« weitergereicht wird (Welke 2014: 47). Damit wird die ursprüngliche Idee, dem/der Budgetnehmer/in mehr Souveränität und Selbstbestimmung einzuräumen, auf entmündigende Art konterkariert. Dass in der Rechtssprechungsdatenbank Juris allein »136 Einträge zum Persönlichen Budget« zu finden sind, zeigt, wie konfliktträchtig eine schöne Idee dem Kampf um die Kostensenkung zum Opfer fällt (ebd.: 48).

Das »Budget für Arbeit« zielt anders als das »Persönliche Budget« weder auf die Verbindung trägerübergreifender Leistungen noch auf die Bewilligung einer Geldsumme für die Betroffenen. Es verfolgt vielmehr das Ziel, »die starren Grenzen der Bewilligung der Leistungen zur Teilhabe am Arbeitsleben für voll erwerbsgeminderte Personen [...] zu lockern und Leistungen zur Teilhabe am Arbeitsleben in eine Unterstützungsleistung und/oder Lohnkostenzuschüsse auf dem ersten Arbeitsmarkt umzugestalten« (ebd.: 44). Der bewilligte Betrag wird in Form einer Lohnkostensubvention in das Bruttoentgelt einer sozialversicherungspflichtigen Beschäftigung eingebracht und in der Regel nicht unmittelbar an den/die Budgetnehmer/in ausgezahlt. Die Höhe des Budgets wird zwischen dem Antragsteller und dem Sozialhilfeträger ausgehandelt und liegt höchstens bei 70 Prozent des Arbeitgeber-Bruttogehaltes, in Rheinland-Pfalz und Hamburg bei maximal 900 Euro. Bislang nicht länderübergreifend einheitlich geregelt ist ein Rückkehrrecht in die Werkstatt für den Fall, dass der immer nur auf zwei Jahre abgeschlossene Vertrag nicht verlängert wird.

In der Praxis verhindert die zu gering bemessene Unterstützungsleistung, dass viele Menschen dieses Budget gegen den Arbeitsplatz in der Werkstatt tauschen (vgl. ebd.: 45). Laut Bundesagentur für Arbeit sind die Zahlen der bewilligten »Budgets für Arbeit« bundesweit zwischen 2008 und 2010 von 211 auf 439 Zugänge angestiegen. Ein solcher »Anstieg« ist vor dem Hintergrund eines derartigen Niedrigniveaus der absoluten Zahlen zu relativieren, besser noch zu ignorieren (vgl. Bundesministerium für Arbeit und Soziales 2012: 12f.)!

Es ist angesichts dieser Bilanz zutreffend, wenn Ursula von der Leyen meint, dass »schwerbehinderte Menschen [...] mehr Beschäftigungschancen auf dem allgemeinen Arbeitsmarkt« brauchen. Sicher zählt dazu auch die Aktivierung von inländischem Fachkräftepersonal, zu dem auch Menschen mit Behinderung gehören könnten (vgl. Unser Weg 2011: 36). Aber was resultiert daraus für die Politik? Die Probleme, dass sich erstens der Arbeitsmarkt nicht sonderlich aufnahmefreudig verhält, wenn es um Menschen mit Behinderung geht, und dass zweitens die meisten Menschen mit Behinderung sehr zurückhaltend sind, den Übergang von den Werkstätten in den allgemeinen ersten Arbeitsmarkt zu wagen, sollten mehr Nachdenklichkeit provozieren. Es bleibt festzuhalten: Längst gesicherte Budgets aus einem Ausgleichsfonds als Inklusionsmittel anzupreisen, ist politische Kosmetik. Eine solche »Aktionsanzeige« ist wohl das Papier nicht wert, auf dem sie gedruckt ist.

Werkstätten – lieber den Spatz in der Hand

Eine ausgesprochen umstrittene Frage ist die nach der Funktion und Legitimation der Werkstätten für behinderte Menschen (WfbM). Bundesweit gibt es zurzeit etwa 700 Werkstätten mit rund 280.000 Plätzen. Nach § 136 des Neunten Sozialgesetzbuches ist die WfbM eine Einrichtung zur Eingliederung von Menschen mit Behinderung in das Arbeitsleben und ihre Zielgruppe sind Personen, die »wegen der Art der Schwere der Behinderung nicht, noch nicht oder nicht wieder auf dem allgemeinen Arbeitsmarkt beschäftigt werden können«.

Ihre Aufgabe besteht darin, diesem Personenkreis eine »angemessene berufliche Bildung zu einem ihrer Leistung angemessenen Arbeitsentgelt« anzubieten und »zu ermöglichen, ihre Leistungs- oder Erwerbsfähigkeit zu erhalten, zu entwickeln, zu erhöhen oder wiederzugewinnen«. Ausdrücklich heißt es zudem: »Sie fördert den Übergang geeigneter Personen auf den allgemeinen Arbeitsmarkt durch geeignete Maßnahmen« (§ 136 SGB IX).

Insbesondere dieser Eingliederungsfunktion in den ersten Arbeitsmarkt werden die Werkstätten nicht gerecht. Die Quote liegt bei unter einem Prozent. Radikale Anhänger fordern mit Bezug auf Artikel 27 der BRK (»das gleiche Recht von Menschen mit Behinderung auf Arbeit«) die Preisgabe aller »Sonderwelten« für Menschen mit Behinderung und somit die Schließung aller Werkstätten. Die überörtlichen Sozialhilfeträger der Eingliederungshilfe stellen in den Raum, fünf Prozent aller Werkstättenbeschäftigten seien fehl platziert (vgl. Bundesverband evangelischer Behindertenhilfe 2008: 17).

Eine differenzierte Bewertung der Behindertenwerkstätten ist begründet. Man muss sicher Anfragen stellen, beispielsweise hinsichtlich der relativ niedrigen Entgeltregelung. Sie beinhaltet einen gesetzlich vorgeschriebenen Grundbetrag von zurzeit 75 Euro, der die Basis für einen leistungsabhängigen Steigerungsbetrag bildet, ergänzt um ein zusätzliches Arbeitsförderungsgeld in Höhe von 26 Euro. Nach Angabe der Bundesregierung verdiente ein Werkstattbeschäftigter im Jahr 2011 monatlich durchschnittlich rund 180 Euro, abzüglich der Verrechnung mit anderen Hilfeleistungen, zum Beispiel für die gegebenenfalls erforderliche Wohnheimunterbringung (vgl. Bundesarbeitsgemeinschaft Werkstätten 2014). Diese niedrige Bezahlung wird politisch mit dem vergleichsweise geringen Produktivitätsniveau und zusätzlich erforderlichen Aufwendungen für pädagogische und therapeutische Begleitung begründet. Die Kritik der Bundesarbeitsgemeinschaft der WfbM richtet sich genau gegen diese verengte Sichtweise auf die Produktivität. Sie fordert wenigstens eine Zahlung in Höhe des am Existenzminimum orientierten Sozialhilfesatzes (vgl. ebd.).

Die aus dem Ausgleichsfonds durch die Bundesregierung an die Bundesagentur weiter geleiteten Mittel für die »Förderung der Einstellung und Beschäftigung schwerbehinderter Menschen« sind bemerkenswerter Weise in den Jahren zwischen 2007 und 2011 kontinuierlich von gut 115 Millionen auf 68 Millionen gesunken. Das bedeutet jedoch nicht, dass eine entsprechende Steigerung der Integrationsquote von Menschen mit Behinderungen zu verzeichnen wäre. Diese Bilanz ist eher dem paradoxen Umstand geschuldet, dass Unternehmen, die Aufträge an die WfbM vergeben, die Rechnungen mit der Ausgleichsabgabe saldieren können. Das Neunte Sozialgesetzbuch regelt dazu in § 140: »Arbeitgeber, die durch Aufträge an anerkannte Werkstätten für behinderte Menschen zur Beschäftigung behinderter Menschen beitragen«, können 50 Prozent des entsprechenden Rechnungsbetrages solcher Aufträge »auf die Ausgleichsabgabe anrechnen.« Es besteht also für solche Unternehmen keinerlei finanzieller Anreiz, Menschen mit Behinderung in eine sozialversicherungspflichtige Beschäftigung aufzunehmen. Sie erteilen Aufträge an die Werkstätten und können die Kosten zu einem guten Teil auf die Ausgleichsabgabe anrechnen, ohne auf sozialversicherungspflichtige Arbeit zurückgreifen zu müssen.

Es ist darüber hinaus auch grundsätzlich problematisch, dass für die Maßnahmen der Leistungen zur Teilhabe am Arbeitsleben unterschiedliche Kostenträger zuständig sind. So werden die Kosten für die Werkstätten überwiegend von den Kommunen beziehungsweise den kommunalen überörtlichen Sozialhilfeträgern, in NRW den Landschaftsverbänden, finanziert. Die einzige Hürde, die ein Anwärter für einen Werkstattplatz nehmen muss, ist die im § 53 SGB XII verankerte. Diese Person muss »wesentlich in ihrer Fähigkeit« eingeschränkt sein, »an der Gesellschaft teilzuhaben«. Das wiederum meint, dass sie nicht in der Lage ist, mindestens drei Stunden täglich zu arbeiten und damit als erwerbsfähig zu gelten. Darüber wiederum entscheidet letztlich auf der Basis eines Gutachtens der WfbM die Agentur für Arbeit. Im Falle der erklärten Arbeitsfähigkeit nach dem Zweiten Sozialgesetzbuch würde dies aber bedeuten, dass die Kommunen finanziell entlastet wären, weil die Aufwendungen für den Hartz-IV-Regelsatz und die Eingliederungsmaßnahmen in den ersten Arbeitsmarkt von der Bundesagentur für Arbeit finanziert und lediglich die Kosten für die Unterkunft von den Kommunen getragen werden. Man darf anfragen, wieso die Agentur für Arbeit die Erwerbsfähigkeit bescheinigen sollte, wenn dadurch das Bundesbudget derart belastet wird, zumal es auf Bundesebene erklärte Politik ist, diese Aufwendungen deutlich zu senken.

Die Vertreter der Werkstätten weisen deutlich darauf hin, dass nicht die Werkstätten zu kritisieren seien, sondern der Arbeitsmarkt. Dessen »Leistungsanforderungen« und »geringe Aufnahmefähigkeit«, sein »Bedarf an anpassungsfähigen Arbeitskräften und die Abnahme von Hilfstätigkeiten« verhindern letztlich, »dass alle Menschen mit Behinderung am allgemeinen Arbeitsleben teilhaben können« (Bundesverband evangelischer Behindertenhilfe 2008: 18). Damit stoßen sie an den Kern des Problems, das aber systemkonform ist und daher keinen Anlass für moralische Einwürfe bietet. In der Tat gibt der Arbeitsmarkt inzwischen immer weniger Raum für unqualifizierte oder gemindert leistungsfähige

Personen (vgl. Bogai u.a. 2014). Die Produktivitäts- und Leistungsverdichtung in vielen Berufsfeldern gehorcht dabei dem Gesetz der optimalen Ausnutzung der Produktivkräfte und steht im Rahmen internationaler Marktkonkurrenz im Rennen um die geringsten Lohnstückkosten und höchsten Renditen. Der Arbeitsmarkt ist kein moralisches Subjekt und schon gar nicht die Instanz, um einem gesellschaftsutopischen Entwurf der Inklusion von Menschen mit Behinderung ein Spielfeld zu eröffnen, auf dem nach Regeln gespielt werden soll, die die Marktregeln verletzen. Ob mit oder ohne Behinderung, jeder Beschäftigte hat die Leistung zu erbringen, die in diesem System abverlangt wird. Es ist eine Illusion zu meinen, dass ohne staatliche Steuerung und ohne finanzielle Mittel der Beschäftigungsförderung Menschen mit minderer Produktivität eine Chance auf Eingliederung in den Arbeitsmarkt hätten. Das muss nicht zwingend für Menschen mit Behinderung gelten. Ihre Arbeitsmarktintegration wird aber genau denselben Regeln unterworfen, und insofern wirkt das Anforderungsprofil des Arbeitsmarktes letztlich auch selektierend, weil es darüber bestimmt, welche Menschen mit Behinderung für den Arbeitsmarkt von Interesse sind und welche nicht. Die Suche nach zusätzlichem Erwerbstätigenpotenzial im Zuge des Fachkräftemangels ist dabei gegenwärtig der entscheidende Motor.

Interessanterweise hat die »Aktion Mensch« Ende 2013 eine Studie unter dem Titel »Chancen und Barrieren für hochqualifizierte Menschen mit Behinderung« herausgegeben. Sie erklärt im Vorwort: »Wir wollen, dass Menschen mit Behinderung als das gesehen werden, was sie sind: Mitarbeiterinnen und Mitarbeiter mit individuellen Stärken, die zur Vielfalt und zum wirtschaftlichen Erfolg der Unternehmen beitragen können und wollen.« (Niehaus/Bauer 2013: 3) Der Fokus dieser Pilotstudie ist auf die sieben Prozent der studierenden Menschen mit Behinderung gerichtet, deren Vermittlungsfähigkeit in Zeiten des Fachkräftemangels viel zu wenig beachtet werde und es insofern gelte, »die Leistungsfähigkeit dieser Zielgruppe noch stärker herauszustellen«. Hochqualifizierte Menschen mit Behinderung würden viel zu wenig »als inländische Fachkräfteressource berücksichtigt« (ebd.: 7). Trotz der im Demografiebericht 2011 des Bundesministeriums des Inneren formulierten Einsicht, dass es »in dieser Gruppe noch ungenützte Fachkräftepotenziale« gäbe, zeige sich im »Gesamtbild, dass Menschen mit Behinderung als inländische Fachkräfteressource nicht so durchgängig und konsequent in den Blick genommen und benannt werden wie beispielsweise Frauen oder ältere

Arbeitnehmerinnen und Arbeitnehmer« (ebd.: 24). Das Anliegen ist klar: Es soll aufgeklärt werden über die tatsächliche und nutzbar zu machende Leistungsfähigkeit jener akademisch gebildeten Menschen mit Behinderung, die in der Tat proportional eine höhere Arbeitslosenquote aufweisen als Akademiker ohne Behinderung. Dagegen ist im Grundsatz nichts einzuwenden, aber bezeichnend ist das selektive, systemkonforme Interesse, die produktive Verwertbarkeit jener Menschen für die Arbeitsprozesse anzupreisen. Diese Ambivalenz wird auch von den Autoren der Studie wenigstens an einer Stelle angedeutet, wenn es heißt: »Angemerkt werden muss, dass es nicht darum geht, hier Menschen allein als Humankapital und Wirtschaftsressource darzustellen. Gerade die Aspekte der Nutzbarkeit und Planbarkeit sind in der Debatte um die Teilhabe am Erwerbsleben kritisch zu reflektieren.« (Ebd.: 25) Aber der Geist dieser Studie ist genau von dieser anpreisenden Verzweckung und Nutzbarkeit getragen. Es geht nicht darum, die Leistungsanforderungen selber kritisch zu bewerten oder auch eine grundsätzliche Kritik an dem Widerspruch zwischen Inklusionsphilosophie und der Realität des Arbeitsmarktes zu üben. Die Studie ist der Versuch der Anbiederung an die Verwertbarkeitslogik des Arbeitsmarktes, und diese geschieht um den Preis der selektiven Fokussierung auf die universitäre Elite.

Bezeichnend an den Auseinandersetzungen über die Inklusion in den Arbeitsmarkt, wie sie beispielsweise von den Verbänden der Werkstätten geführt werden, ist ihr zivilgesellschaftlicher Ort. Ordnungspolitisch bleibt alles beim Alten, und von Berlin wird lediglich ein Inklusionsduft verstreut, der nichts kostet und nichts bewirkt. Auf der unteren Ebene aber streiten sich die kommunalen Kostenträger, die Leistungserbringer, die Behindertenfachverbände und die Inklusionsbefürworter teilweise mit moralischen Vorhaltungen über den legitimen Weg der Inklusion. So lange »Inklusion« rhetorische Attitüde bleibt und zur politischen Kosmetik verkommt, mit der man meint, einen gesellschaftlichen Umbruchprozess gestalten zu können, bei dem gleichzeitig alle Eckpfeiler der Gesellschaft keinen Millimeter weichen, ist die Bruchlandung dieses utopischen Projekts prognostizierbar. Eine derartig rhetorisch animierte Mobilisierung der Gesellschaft landet perspektivisch im inklusionspolitischen Nirwana.

Der Zielkonflikt, der im Streit um die Werkstätten zu Tage tritt, geht viel tiefer als auf den ersten Blick ersichtlich. Die Leistungsnorm des Erwerbsarbeitssystems, der schon jetzt viele Menschen ohne eine Behinderung nicht standhalten, ist gnadenlos. In diesem System herrscht nicht die Hoheit von Menschenrechten, sondern die der Gewinnerzielung. Zunehmend eingeforderte Flexibilität, Verdichtung von Arbeit, Mobilität und die Bereitschaft, alle privaten Belange den betrieblichen Interessen nachzuordnen, sind Mechanismen, die reichlich in der Ökonomie und Soziologie beschrieben sind. Inklusion klingt zwar wie das Versprechen von großer Freiheit, aber wenn alles beim Alten bleibt, bedeutet sie letztlich, »im Getriebe des globalisierten« Kapitalismus anzukommen, in dem »eine gnadenlose Konkurrenz um Geld, Macht und Status herrscht« (Keup 2011: 2). Dieser Konkurrenzkampf entlässt schon jetzt diejenigen, die ihm nicht mehr gewachsen sind. Anders gesagt: Wenn gegenwärtig eine gesellschaftliche Instanz eindeutig benannt werden kann, in der nicht nur Inklusion verhindert, sondern Ausgrenzung laufend praktiziert wird, dann ist es der Arbeitsmarkt.

Und raus bist du – Exklusionen im Inklusionszeitalter

Wie paradox darf Politik eigentlich sein, ohne dafür haftbar gemacht zu werden? Da wird einem »inklusionsfreundichen Arbeitmarkt« hochglanzinseriert das Wort geredet. Da werden Peanuts zur Stärkung der Sensibilisierung von Mitarbeitern der Jobcenter als arbeitsmarktpolitischer Beitrag zu Inklusion verkauft. Und da werden gleichzeitig durch dasselbe Ministerium knallharte Fakten gegen Menschen in Langzeitarbeitslosigkeit geschaffen. Gemeint ist die sogenannte »Instrumentenreform« im Rechtskreis des Zweiten Sozialgesetzbuches. Im Juni 2010 hat die Bundesregierung diesbezüglich ein umfangreiches Spar- und Kürzungsprogramm beschlossen. Die Fördermittel zur Vermittlung von Menschen in Langzeitarbeitslosigkeit in eine öffentlich geförderte Beschäftigung, die sogenannten Eingliederungstitel, sind allein von 2010 bis 2012 um fast 50 Prozent reduziert worden, von 5,7 Milliarden Euro auf 3,1 Milliarden Euro (vgl. Ausgaben der Leistungen nach dem SGB II 2013). Davon betroffen sind überwiegend Menschen mit mehrfachen Vermittlungshemmnissen. Ihre Förderung durch »Ein-Euro-Jobs« oder durch Arbeitsverhältnisse mit einem maximal 75-prozentigen Lohnkostenzuschuss (Leistungsminderungsausgleich) an den Arbeitgeber war für viele die letzte Brücke in den ersten Arbeitsmarkt.

Die massive Streichung der Eingliederungstitel hat zu einem rapiden Rückgang dieser Beschäftigungsverhältnisse geführt. Die Zahl der Maßnahmen ist um mehr als 50 Prozent rückläufig. Bei der Förderung von Arbeitsverhältnissen wurde die ursprünglich unbegrenzte Förderungszeit auf maximal 24 Monate reduziert. Im § 16e Abs. 4 des Zweiten Sozialgesetzbuches hieß es ursprünglich: »Die Förderdauer für den Beschäftigungszuschuss beträgt bis zu 24 Monate. Der Beschäftigungszuschuss soll anschließend ohne zeitliche Unterbrechung unbefristet erbracht werden, wenn eine Erwerbstätigkeit auf dem allgemeinen Arbeitsmarkt ohne eine Förderung [...] voraussichtlich innerhalb von 24 Monaten nicht möglich ist.« Für die begleitende Qualifizierung, die bei diesem Personenkreis ausgesprochen hilfreich und erforderlich war, wurde monatlich ein Zuschuss von bis zu 200 Euro gezahlt. Auch dieser Zuschuss ist ersatzlos gestrichen worden. Im Ergebnis hat das dazu geführt, dass nicht nur die Zahl der Langzeitarbeitslosen, die seitdem diese Maßnahme in Anspruch genommen haben, sondern auch die Zahl der aufnehmenden Unternehmen, die eng mit den begleitenden Qualifizierungsträgern zusammengearbeitet haben, massiv eingebrochen ist.

Die Mittel der Bundesanstalt für Arbeit, so monierte auch der Bundesrechnungshof, werden zunehmend nur noch für leicht vermittelbare Personen verwendet. Entsprechend schreibt er in seinem Bericht:

»Der Bundesrechnungshof hält es für nicht sachgerecht, dass die Bundesagentur ihre Ressourcen überwiegend für die ›guten Risiken‹ einsetzt. Aus unserer Sicht begünstigt das Zielsystem der Bundesagentur ›Creaming‹ [...] In der Folge konzentrieren sich – verständlicherweise – alle geprüften Agenturen auf Kunden mit besseren Integrationschancen, weil sie mit diesen ihre Ziele leichter erreichen können. Dieses Vorgehen läuft dem gesetzlichen Auftrag einer verstärkten vermittlerischen Unterstützung von Personen, deren berufliche Eingliederung voraussichtlich erschwert sein wird, zuwider.« (Bundesrechnungshof 2012: 28)

Während politisch Inklusion als ein Projekt der Arbeitsmarktintegration für Menschen mit Behinderung öffentlich publik gemacht wird, bleiben gleichzeitig massiv Menschen in Langzeitarbeitslosigkeit ihrer desolaten Lebenssituation überlassen. Eine halbherzig praktizierte Inklusion läuft also als Parallelprojekt »light« zur gleichzeitig massenhaft praktizierten Ausgrenzung von Menschen in Langzeitarbeitslosigkeit. Ursula von der Leyen verkaufte als ehemalige Arbeitsministerin »großzügig« vermeintliche Mehraufwendungen in Höhe von jährlich 12,5 Millionen Euro aus dem Topf der Bundesagentur für Arbeit als inklusionspolitische Innovation. Gleichzeitig ist sie verantwortlich dafür, dass die gleiche Finanzquelle um Milliarden Euro gedrosselt wurde, insbesondere durch Reduzierung des steuerfinanzierten Zuschusses der Bundesregierung an die Bundesanstalt für Arbeit in Höhe von knapp sechs Milliarden Euro allein seit 2010.

Es sind ja nicht nur Hunderttausende von Menschen in Langzeitarbeitslosigkeit, die erleben müssen, dass sie politisch und gesellschaftlich abgeschrieben und dass ihnen hilfreiche Wege zur Arbeitsmarktintegration versperrt sind. Gegenwärtig verlieren zudem mehr Menschen durch Arbeit ihre Arbeitsfähigkeit und werden mit dem Burnout-Siegel versehen, schwerbehindert in die Erwerbsunfähigkeit abserviert, als umgekehrt Menschen mit Behinderung der Einstieg in dieses System gelingt.

Dass auf dieser Basis eine arbeitsmarktpolitische Variante der Inklusion nicht gelingen kann, verwundert nicht. Nicht nur, dass letztlich keine finanziellen Mehraufwendungen für das Projekt Inklusion zur Verfügung gestellt werden und diesbezügliche Akzente lediglich minimalistisch auf die Beratungskompetenz in den Jobcentern konzentriert sind. Es kommt auch nicht der Hauch eines kritischen Gedankens darüber auf, was sich am System der Erwerbsarbeit ändern müsste, damit es für Menschen mit Behinderung von einladender Attraktivität ist. Vielleicht ahnen ja viele unter ihnen, dass diese Einladung ins »System« auch ihre Tücken hat.

4. Chancengerechtigkeit – die Lotterie des Sozialstaates wird inklusiv

Schröder, Blair und der neue Sozialstaat

Was ist eigentlich das Ziel der Inklusion? Vordergründig beschrieben geht es um gesellschaftliche Teilhabe. Aber was bedeutet nun gesellschaftliche Teilhabe? Wenn auch diesbezüglich in den Aktionsplänen regelmäßig eine Reihe von Faktoren vom Wohnen über Kultur, öffentliche Infrastruktur, Gesundheit bis hin zur Mobilität genannt wird, so werden ebenso regelmäßig zwei Faktoren in besonderer Weise fokussiert: Bildung und Arbeit. Daraus ließe sich nun naheliegend folgern, dass Inklusion dann gelungen ist, wenn Menschen mit Behinderung einen Schulabschluss erhalten und Eingang in das Erwerbsleben in Form einer versicherungspflichtigen Beschäftigung gefunden haben. Die Aufgabe des Staates bestünde dann darin, diese beiden Faktoren mit allen nur denkbaren Mitteln sowohl finanzieller Art als auch bezogen auf die infrastrukturellen Ressourcen zu gewährleisten. Solche Ankündigungen oder Strategien sucht man jedoch vergeblich sowohl im Nationalen Aktionsplan als auch in den Landesaktionsplänen.

Stattdessen ist, passend zu der bislang zu bilanzierenden »Finanzausstattung« des Inklusionsprojekts, immer wieder davon die Rede, dass »Chancen« hergestellt werden müssen. Das entspricht auch einem der Grundsätze der BRK in Artikel drei, wenn es dort unkommentiert in aller Kürze heißt, einer der allgemeinen Grundsätze dieses Übereinkommens sei »die Chancengleichheit«. Und der Bundesaktionsplan formuliert: »Es geht um gleichberechtigte Teilhabe am politischen, gesellschaftlichen, wirtschaftlichen und kulturellen Leben, um Chancengleichheit in der Bildung« und »um berufliche Integration«. (Unser Weg 2011: 8) Der

Staat schafft also nur die Startrampe für das gleichberechtigte »Rennen«. Laufen, durchhalten, das Ziel erreichen muss jeder und jede selber. Das Monopol zu definieren, was genau die Präparationen und Vorfeldbedingungen sind, die staatlicherseits herzustellen sind, damit die gegebene Chance auch ergriffen und in reale Teilhabe umgesetzt wird, liegt offenbar bei der Politik. Das dabei hintergründig wirksame Staatsverständnis hat sich seit den 1990er Jahren entwickelt und einen programmatischen Wandel erlebt.

Mit besonders prominenter Schubkraft haben sich Ende der 1990er Jahre der damalige Bundeskanzler Gerhard Schröder und der englische Premierminister Tony Blair in die Diskussion eingebracht. Das sogenannte Schröder-Blair-Papier mit dem Titel »Der Weg nach vorne für Europas Sozialdemokraten« (Der Weg 1999) war offenbar inspiriert von dem Gedanken, dass die europäische Sozialdemokratie sich als »neue Mitte« einer veränderten Gesellschaft auch mit der Kompetenz zur wirtschaftlichen Dynamisierung zu öffnen habe. Mit Blick auf die vermeintliche Milieuverfestigung von Menschen in Sozialhilfebezug wird in diesem Papier einer zu stärkenden Mündigkeit aller Bürger das Wort geredet: »In der Vergangenheit wurde die Förderung der sozialen Gerechtigkeit manchmal mit der Forderung nach Gleichheit im Ergebnis verwechselt. Letztlich wurde damit die Bedeutung von eigener Anstrengung und Verantwortung ignoriert.« (Ebd.: 2) Erwerbsarbeit wird in dem Schröder-Blair-Papier in guter sozialdemokratischer Tradition als maßgeblicher Faktor für die gesellschaftliche Teilhabe implizit vorausgesetzt.

Der strukturellen Arbeitslosigkeit müsse durch eine »angebotsorientierte Agenda« begegnet werden (ebd.: 5), etwa durch Körperschaftssteuersenkung und wirtschaftliche Investitionsanreize, durch eine effiziente Gestaltung des öffentlichen Sektors und der öffentlichen Verwaltung, durch Bildungsinvestitionen und durch einen »neuen Unternehmergeist auf allen Ebenen« (ebd.: 4). Der Sozialstaat habe sich auf die institutionellen Rahmenbedingungen für mehr Selbstorganisation zu konzentrieren, um auf diese Weise mehr Chancengerechtigkeit und mehr Befähigungskultur für alle Bürger zu produzieren. Diese Abkehr von einem Versorgungsstaat und Hinwendung zu einem Mobilisierungsstaat wird dabei in besonderer und ausführlich formulierter Weise auf das Verhältnis zwischen dem Staat und den von staatlichen Transferleistungen Abhängigen bezogen. Hier gelte es für den Staat, nicht länger »passiver Versorger der Opfer« zu sein (ebd.: 11). Vielmehr müsse er für den Einzelnen aktivierend die Möglichkeit bieten, »seine eigenen Potentiale zu entwickeln« (ebd.: 1). Die »Bedeutung von eigener Anstrengung und Verantwortung« dürfe nicht länger ignoriert werden (ebd.: 2), was konkret bedeutet, dass unter »Beachtung des Grundsatzes, dass Rechte gleichzeitig auch Pflichten bedingen«, Langzeitarbeitslose auch selber die Möglichkeit ergreifen, sich »wieder in den Arbeitsmarkt zu integrieren« (ebd.: 12). Dem Staat komme insofern nur noch die Rolle des hintergründigen Dirigenten zu: »Der Staat soll nicht rudern, sondern steuern«. (Ebd.: 4)

»Befähigung zur Übernahme von Eigenverantwortung« und »Befreiung von sozialstaatlicher Bevormundung«, so lauteten die kommentierenden Erläuterungen aus den Reihen der SPD. Diese Gegenüberstellung von bevormundender Sozialstaatlichkeit einerseits und einer notwendigen Befreiung von sozialstaatlicher Bevormundung andererseits hat eine eigentümliche Neudefinition von Sozialstaat eingeführt. Sie meint, Freiheit nur jenseits sozialstaatlichen Handelns verorten zu können. Das heißt: Freiheit ist dann gegeben, wenn zum Beispiel Menschen in Armut möglichst »frei« von staatlichen Zuwendungen bleiben können, um ihnen die Erfahrung von Bevormundung zu ersparen. Der Sozialstaat wird also zum Freiheitsgaranten, indem er Transferleistungen als Entmündigungsgeld definiert. Alle Aktivierungsimperative an die Betroffenen, sich in den Arbeitsmarkt zu integrieren, sind also diesem neuen Freiheitspathos geschuldet. Dabei spielt es keine Rolle, ob diese Appelle überhaupt Sinn machen und ob nicht die Struktur des Arbeitsmarktes jede Aussicht auf einen Arbeitsplatz versperrt. Der alte Sozialstaatsgedanke, dass Freiheit zur gesellschaftlichen Teilhabe erst durch sozialstaatliches Handeln wenigstens teilweise eröffnet wird, ist inzwischen ins Antiquariat eines vormodernen Zeitalters katapultiert.

Die Schonräume schwinden

Es bleibt zu fragen, welche Art der Eigenverantwortung in dieser Gedankenmatrix Menschen mit Behinderung zugedacht wird. Es bleibt auch zu fragen, ob die Befreiung von einer vermeintlich bevormundenden Sozialstaatlichkeit gegenüber Menschen mit Behinderung zukünftig vergleichbar bedrängende Effekte der »Emanzipation« hervorbringt, wie sie gegenwärtig Millionen von Menschen in Arbeitslosigkeit durch den Appell zur Selbstaktivierung erfahren. Wenn der Staat sich selbstgenügsam zurückzieht und meint, ausreichend Chancen vergeben zu haben, dann fällt die Beweislast der Chancenverwirklichung auf diejenigen zurück, die diese »Chancen« erhalten, aber vermeintlich ungenutzt haben verfallen lassen. Wer diese großzügig vergebenen Chancen nicht nutzt, keine Bereitschaft zeigt, sich im Interesse des Gemeinwohls zur Arbeit aktivieren zu lassen, der erfährt als arbeitsloser Mensch heute, dass er nicht nur moralisch diskreditiert, sondern auch finanziell mit Sanktionen belegt wird. Dabei spielt es letztlich keine Rolle, ob die Chance wirklich reell war, eine Überprüfungsinstanz fehlt. Es genügt, dass der Status an sich für illegitim erklärt wird. Arbeitslos zu sein ist eine Art Humandefizit. Das ist auch Teil der Realität jener Gesellschaft, die die Einladung, in ihr mitzumachen, an Menschen mit Behinderung hochglanzpoliert inseriert.

Es gibt zumindest Anlass zur Nachdenklichkeit, wenn man folgende Passage im Bundesaktionsplan liest und auf sich wirken lässt:

> »Die Bundesagentur für Arbeit, die Jobcenter und Integrationsämter nehmen bei der Integration behinderter und schwerbehinderter Menschen in das Arbeitsleben eine wichtige Rolle ein. Die Förderung der Teilhabe am Arbeitsleben ist ein Schwerpunkt der Arbeitsmarktpolitik. Neben den finanziellen Leistungen stehen dabei vor allem die Beratung, Unterstützung und Vermittlung von arbeitsuchenden Menschen im Vordergrund.« (Unser Weg 2011: 36)

Dass diese Strategie nicht ganz uneigennützig ist, sondern, auch im Zuge des entstehenden Fachkräftemangels einer gewissen wirtschaftlichen Rationalität verpflichtet ist, deutet sich an:

> »Schwerbehinderte Menschen brauchen mehr Beschäftigungschancen auf dem allgemeinen Arbeitsmarkt: Denn selbst so positive Arbeitsmarktentwicklungen wie derzeit erreichen sie oft nicht hinreichend oder häufig zu spät. Das betrifft vor allen Dingen ältere schwerbehinderte Menschen, unter ihnen oftmals Frauen. Sie sind doppelt so häufig arbeitslos wie gleichaltrige nichtbehinderte Menschen, obwohl sich die allgemeine Arbeitslage verbessert hat. Gleichzeitig sieht sich Deutschland infolge der demografischen Entwicklung mit einem künftigen Rückgang der Zahl der Erwerbspersonen konfrontiert. Deshalb wird die Bundesregierung ein Konzept zur Fachkräftesicherung vorlegen, das unter anderem die Aktivierung des inländischen Fachkräftepotentials vorsieht. Zu diesen zählen auch Menschen mit Behinderungen.« (Ebd.: 36f.)

Behinderte Menschen brauchen mehr Beschäftigungschancen, und Deutschland braucht mehr Erwerbspersonen. So harmonisch wird hier die Inklusionspolitik mit dem Bedarf des Arbeitsmarktes verknüpft. Aber selbst wenn man unterstellt, dass viele Menschen mit Behinderung sich dieser Erwerbsperspektive gerne verschreiben würden, wirklich begehbare Brücken werden politisch für diesen Weg nicht gebaut. Stattdessen ergehen nackte Forderungen, ergänzt um Appelle an Unternehmen und Sensibilisierungslyrik für Mitarbeitende der Jobcenter. Zusätzlich wird ein diffuser atmosphärisch-moralischer Druck aufgebaut, der sich gegen die Werkstätten als falsche »Schonräume« richtet und damit auch gegen betreuende Eltern, die ihre Kinder in eine Werkstatt vermitteln. Der Druck richtet sich gegen Einrichtungen der Behindertenhilfe, die vermeintlich nur ihre »Pfründe« sichern wollen. Letztlich richtet er sich gegen alle vermeintlich inklusionsresistenten Widerständigkeiten derer, die aus angeblich falscher Bevormundungsmentalität heraus den Weg von Menschen mit Behinderung in den ersten Arbeitsmarkt verhindern wollen. Und das, obwohl doch Arbeit, wie die Ministerin meint, »Selbstvertrauen«, »Sinnstiftung«, »Kontakt« und »Freundschaften« vermittele. Die Utopie der Inklusion erweist sich in hohem Maße als zweckmäßig und maßregelnd zugleich. Zweckmäßig, weil sie dem Fachkräftemangel neues Potenzial eröffnet, maßregelnd, weil ihre politischen Befürworter diejenigen bedrängen, die sich diesem Zweckmäßigkeitsdenken nicht ohne weiteres fügen wollen.

Oder ist das alles ganz falsch verstanden? Soll es doch darum gehen, dass hier nur ein Angebot erweitert werden soll? Soll doch letztlich nur die Freiheit eingeräumt werden, dass jeder Mensch mit Behinderung sich selber für oder gegen einen Arbeitsplatz entscheiden kann? Und soll ihm auch selber überlassen bleiben zu entscheiden, ob er »Selbstvertrauen«, »Sinnstiftung«, »Kontakt« und »Freundschaften« auch jenseits und ohne Arbeit findet? Dann wäre jene zweckrationale Verknüpfung von Inklusion und Arbeit lediglich als ein freies Angebot zu verstehen und legitim.

Nun lehrt die Erfahrung der Hartz-IV-Politik der letzten zehn Jahre, dass ein von der Gesellschaft gemachtes Angebot, wenn es abgelehnt wird, durchaus als ein das Gemeinwohl schädigendes Verhalten moralisiert und diskreditiert werden kann. Auch hier fing alles an mit den sich selbst euphorisierenden Worten einer Politik, die meinte, für alle Mitglieder der Gesellschaft ein Angebot machen zu können. Ein Angebot von Chancen, das abzulehnen allerdings durchaus mit Konsequenzen für jene undankbaren Bürgerinnen und Bürger verbunden sein sollte.

Ein Bewegungsangebot – die Moral der Selbstaktivierung ist inklusiv

Die Bundestagsabgeordneten Katrin Göring-Eckardt und Thea Dückert formulierten im Mai 2003 programmatisch:

»Bündnis 90/Die Grünen wollen die AGENDA 2010 umsetzen und vor allem fortentwickeln. Wir wollen mit der AGENDA 2010 ein neues Verständnis des Sozialstaates aufbauen. Der Sozialstaat der Zukunft begründet ein neues Verständnis von Gerechtigkeit und das richtige Verständnis von Solidarität und Freiheit, von Eigenverantwortung und Gemeinsinn. Wir wollen einen aktivierenden Sozialstaat, einen, der die Menschen nicht zur Passivität verurteilt, der sie nicht ausschließt und zu unmündigen Empfängern von staatlichen Alimentationen macht. Uns geht es um Teilhabe und Zugänge für alle zu den wichtigen gesellschaftlichen Gütern Arbeit und Bildung. Es ist Aufgabe des Sozialstaates, jedem und jeder die Chance auf ein menschenwürdiges Leben zu gewährleisten. Die Gewährung des soziokulturellen Existenzminimums ist die Voraussetzung sozialstaatlichen Handelns. Sie ist aber nicht das Ziel. Ziel ist es, jedem und jeder seine und ihre Chance aufzuzeigen und zu eröffnen: die Chance, die zu ihr passt und die sie in ihrer Lebenssituation gerade braucht. Eine Chance geben heißt: Jeder und jede wird aktiv und bekommt ein Angebot: Vermittlung, Unterstützung und persönliches Coaching durch das Job-Center. Dieses Angebot ist ein Bewegungsangebot. Es bietet die Möglichkeit, weiterzukommen. Es bietet die Chance, ein selbstbestimmtes Leben zu führen. Und es ist zugleich ein Angebot der Einzelnen an die Gesellschaft: Ich mache mit, ich bewege mich, ich entwickle mich für und mit dem Ganzen, denn jede und jeder, der und die kann, soll einen Beitrag für die Gesellschaft leisten. Ein Angebot für jeden meint Chance und Pflichten zugleich, Verantwortung für das eigene Leben wahrzunehmen und für die Gesellschaft.« (Göring-Eckardt/Dückert 2003: 1)

Das neue »Verständnis des Sozialstaates« verleiht der Beziehung zwischen Individuum und der Gesellschaft eine veränderte Relation: Wo einst die Gesellschaft den öffentlichen Schutz des Individuums gewährleistet hat oder, im aktivierungskonformen Parteijargon formuliert, Menschen zu »unmündigen Empfängern von staatlichen Alimentationen« gemacht wurden, »soll nun individuelle Risikovorsorge im gesellschaftlichen Interesse« Einzug halten (Lessenich 2009: 95). »Die Gesellschaft konstituiert sich [...] als Kollektivsubjekt, das gemeinwohlkompatibles Handeln der Subjekte einklagt – und das sich im Umkehrschluss gegen jene Individuen schützen und verteidigen muss, die der Gesellschaft Risiken auferlegen.« Mit anderen Worten: »Untersozialisierte, d.h.: arbeitsunwillige, risikopräparationsverweigernde, aktivierungsresistente Subjekte erscheinen in diesem Kontext als eine Bedrohung des Sozialen – ökonomisch als Investitionsruinen, wie politisch und moralisch, als Normabweichler und Solidaritätsgewinnler.« (Ebd.: 95)

Das hier zum Zuge kommende Sozialstaatsverständnis meint letztlich, wie der Jenaer Soziologe Stephan Lessenich scharfsinnig kommentiert, keineswegs den lediglich im Hintergrund steuernden, neoliberalen Staat. »Der ›neoliberale‹ Sozialstaat ist in höchstem Maße aktivisch mit der Produktion sozialverantwortlicher Subjekte beschäftigt«. Er ist nicht von einer neoliberalen, sondern von einer »*neosozialen* Gouvernementalität« geprägt (ebd.: 84). Er erfindet das Soziale schlichtweg neu und konstituiert die Gesellschaft als ein Kollektivsubjekt, das stark regulativ das sozialkompatible Handeln aller gesellschaftlichen Subjekte kontrolliert (vgl. ebd.: 85). Die finanziellen Aufwendungen können dabei eher minimalistisch verbleiben, denn sie werden kompensiert durch die selbstaktivierenden Aufwendungen derer, die dem Gemeinwohl zur Last liegen. Diese Mechanik stößt zudem, wenn sie gut medial vermittelt wird, auf eine breite gesellschaftliche Akzeptanz, die wenig Toleranz für diejenigen aufbringt, die »essen« wollen, ohne zu arbeiten. Das gilt schon jetzt für Menschen in Langzeitarbeitslosigkeit. Wie lange wird diese Toleranz noch bleiben gegenüber denen, die eine Behinderung haben, aber durchaus, so das Kalkül, einer Arbeit nachgehen könnten?

Ein Leben mit Behinderung erfährt in unserer Gesellschaft eine Reihe von materiellen, sozialen, kulturellen und wirtschaftlichen Nachteilen. Die Leistungen der Eingliederungshilfe dienen diesem Nachteilsausgleich. Sie werden auf der Rechtsbasis des Zwölften Sozialgesetzbuches für Menschen mit Behinderung erstattet und haben sich innerhalb der letzten 15 Jahre auf eine Summe von jährlich 13,3 Milliarden Euro verdoppelt (vgl. Kosten für die Eingliederungshilfe explodieren 2012). Der Kostensenkungsdruck wird allerorten von den Kommunen beklagt. Sie klagen gegenüber den Leistungserbringern der Behindertenhilfe, letztlich aber gegenüber den Betroffenen selber. Erwerbsarbeit wird also angepriesen als das Rezept, um einerseits Effizienzkalküle der öffentlichen Hand einzulösen und andererseits für eine möglichst große Gruppe von Menschen mit Behinderung die durch Arbeit finanzgestärkte Teilhabe am gesellschaftlichen Leben selbstbestimmt zu ermöglichen. Wer allerdings als Mensch mit Behinderung zu diesem Rezept der Integration in den ersten Arbeitsmarkt greift und wer dabei sogar zu den gut Verdienenden gehört, erfährt auf ernüchternde Art und Weise, was Subsidiarität, also die Verpflichtung zur Selbsthilfe, bedeutet. Denn die Ansprüche auf die Finanzierung der Eingliederungsleistungen werden mit den Einkommens- und Vermögensverhältnissen eines Menschen mit Behinderung und seiner Familie verrechnet. Nach dem Zwölften Sozialgesetzbuch (§§ 82ff.) wird detailliert geprüft, welche Leistungen danach von dem Betroffenen selber zu erbringen sind. Viele Verbände der Leistungserbringer oder auch der Verein von Juristinnen und Juristen mit Behinderung fordern daher, dass die Einkommenstatbestände unabhängig von der Eingliederungshilfe zu betrachten und, anders als die bisherige Regelung des Sozialrechts es zulässt, zumindest weitgehend nicht anzurechnen sind (vgl. Becker 2014). Folglich wäre auch die im Zwölften Sozialgesetzbuch am Bedürftigkeitsprinzip orientierte Nachrangigkeit der Leistung (§ 2) für die Eingliederungshilfe auf den Prüfstand zu stellen. In der Regel verbleiben nämlich dem Erwerbstätigen, der Anspruch auf Eingliederungshilfeleistung hat, bei Anrechnung seines Einkommens nur noch einige Hundert Euro plus Mietaufwendungen als Selbstbehalt, und das erlaubte Sparguthaben wird restriktiv begrenzt (vgl. Hahn 2013: 3). Erwerbsarbeit schafft eben wohl nicht nur Sinn, Kontakt und Freundschaften. Sie dient auch dem »Gemeinwohl«, denn sie senkt vor allem die Sozialausgaben.

Eine Einladung mit fragwürdigem Charakter

Wieso sollte man meinen, dass Inklusion in *diese* Gesellschaftsdynamik sich außerhalb ihrer inneren Logik vollzieht? Dass Menschen mit Behinderung auch als wirtschaftliche Subjekte betrachtet werden, ist mehrfach erwähnter Kernbestandteil der Grundgedanken der BRK. Es geht auch um die »wirtschaftlichen [...] Rechte« (Art. 4) und sicher auch die begleitenden Pflichten von Menschen mit Behinderung, die es zu entfalten gilt. Schließlich wäre dies nur konsequent, denn die Vermeidung der »Diskriminierung aufgrund von Behinderung« (Art. 4) bedeutet, jede »Unterscheidung, Ausschließung oder Beschränkung aufgrund von Behinderung« (Art. 2) zu vereiteln. Diese wird zwar explizit nur auf das Ausüben der Menschenrechte und Grundfreiheiten bezogen. Inwiefern das Diskriminierungsverbot auch zur gleichen Wahrnehmung von Pflichten anhält, darüber wird logischerweise in einer Konvention der Rechte von Menschen mit Behinderung nichts erwähnt.

Wenn nun Behinderung diffus in Vielfältigkeit aufgeht, dann gehen auch »Schonräume« verloren, dann birgt diese Spur der Egalität auch egalitäre Gleichbehandlung. Die »Erziehung zur Arbeit« scheint dabei das favorisierte Projekt. Nochmals: Nicht, dass Erwerbsarbeit nicht all das vermitteln kann, was ihr so oft unterstellt wird, Sinn, Kontakt, Freundschaft und Selbstvertrauen. Aber sie schafft eben auch vielfältig Anderes und Gegenteiliges. Sie spiegelt in dieser Eigenschaft Herz und Mitte der Gesellschaft, die alle einlädt, in ihr mitzumachen. Aber wie steht es denn genau um diese Mitte? Wie einladend ist dieser Inklusionsraum unserer Gesellschaft? Und wie einladend sind die anderen Inklusionsräume, in die Menschen mit Behinderung zahlreich eintreten sollen, Zimmer für Zimmer?

Es wird der Frage nachzugehen sein, ob denn diese Gesellschaft in jeder Hinsicht so attraktiv ist, wenn sie unkritisch meint, es gäbe nichts Vorzüglicheres, als in ihr »mitzumachen«. Das durch die Inklusionsdebatte inszenierte Bild von einer Gesellschaft, die auf der intensiven Spurensuche ist, auch die letzten »Außenstehenden«, nämlich Menschen mit Behinderung, noch in ihr aufzunehmen, ist nicht stimmig. Es konstruiert ein unbeschädigtes »Innen« und ein irgendwie benachteiligtes »Außen«, und dabei werden die Brüche, sozialen Verwerfungen, Ungleichheiten und Ungerechtigkeiten des »Innenlebens«, an dem Teilhabe ermöglicht werden soll, nicht weiter thematisiert.

Zudem ist die Definition der »uneingeschränkten Teilhabe« sehr fokussiert auf die funktionalen Aspekte Bildung und Arbeit und damit geprägt von einem normativen Werturteil eines »bildungsbürgerlichen Kulturideals« (Winkler 2014: 111). Es identifiziert die Höhe des Bildungsabschlusses mit der Höhe des sozialen Status, es kategorisiert – durchaus hinterfragbar – bildungsferne Milieus, und es definiert Erwerbsarbeit eben auch als die kulturelle Praxis, die über das »Drinnen« und »Draußen« entscheidet. Dass es mit diesen Kulturtechniken von Bildung und Arbeit auch um die »Brauchbarkeit des Einzelnen und seines Kapitals« für die »Grundmechanismen der gesellschaftlichen Reproduktion« geht, ist sicher nicht von der Hand zu weisen (ebd.: 112).

Insofern könnte die Debatte über »Inklusion«, ernsthaft und radikal geführt, eine anspruchsvolle Bewährungsprobe für die nicht behinderte »Mehrheitsgesellschaft« sein, sich selbst kritisch und lernfähig zu hinterfragen bezüglich der inneren Logik des Systems und der Sinnhaftigkeit der Lebensführung ihrer Subjekte. Anders gesagt: Es könnte ja auch sein, dass die Inklusion von Menschen mit Behinderung nicht einfach von *der* Gesellschaft in *die* Gesellschaft vollzogen werden kann, sondern dass sich auch etwas *mit* der Gesellschaft vollzieht, wenn Inklusion etwas ist, was Menschen mit Behinderung *an* der Gesellschaft praktizieren. Insofern birgt Inklusion etwas Verwegenes, sie hat ein geradezu revoltierendes Potenzial.

5. Beschädigte Inklusionsräume

Drinnen und Draussen

Die Auseinandersetzung über die Inklusion zeichnet sich nicht gerade durch eindeutige Klarheit aus, und der Eindruck ist nicht von der Hand zu weisen, dass sich ihr Verlauf auch als Weg von der »Unkenntnis zur Unkenntlichkeit« charakterisieren lässt (Hinz 2014: 15). Das hat sicher eine praktische, handlungsbezogene Dimension. Denn Antworten auf die Fragen wann, durch welche Verordnung, Gesetzgebung und auf welcher finanziellen Basis Schritte der Inklusion vollzogen werden sollen, sind keineswegs einhellig beantwortet und teilweise heftig umstritten. Es wäre aber ein Missverständnis, diese strittigen Aspekte und Unklarheiten lediglich auf einer handlungsbezogenen Ebene zu verorten. Nicht nur wann Inklusion *vollzogen* ist, sondern auch, was Inklusion überhaupt *bedeutet*, was also die theoretischen Grundannahmen der Rede von der Inklusion sind, ist in der Regel nicht geklärt.

Schon die Übersetzung des Begriffs bietet ein naheliegendes räumliches Verständnis von Inklusion als gesellschaftlichen »Einschluss«, oder moderater formuliert, als gesellschaftliche Einbindung an. Den Gegensatz dazu stellt dann der Zustand der Exklusion dar, der gesellschaftliche Ausschluss. Der räumlichen Vorstellung von einem Drinnen und Draußen entsprechen auch die Logiken der Rede von *der* Gesellschaft, die den Prozess der Inklusion betreiben soll, und von *der* Gesellschaft, in der *alle* mitmachen sollen. Man mag zugestehen, dass viele, die im Rahmen der Debatte über die BRK solche Formulierungen benutzen, bei genauerer Nachfrage eine derartig dichotome Vorstellung von Inklusion und Exklusion zurückweisen würden. Aber dennoch sind sie häufig als rhetorische Figuren der Inklusionsdebatte in Gebrauch. Sie vermitteln eine gewisse Dramatik, als stünden Menschen mit Behinderung *jenseits* gesellschaftlicher Teilhabe, als ginge es nun darum, ihnen endlich durch die Einbindung in das Regelschulsystem oder in den ersten Arbeitsmarkt diese Teilhabe zu vermitteln. Inklusion ist dann identisch mit der »einschließenden Teilhabe« an den bestehenden Institutionen, den gesellschaftlich sozialisierenden Instanzen und ihren kulturellen Praktiken.

Die Vorstellung eines »Drinnen« und eines »Draußen« als zwei voneinander separierte Räume ist mehrfach fragwürdig. Ausgeschlossenheit aus sämtlichen gesellschaftlichen Bezügen, also exkludiert aus *der* Gesellschaft zu sein, ist wohl in den seltensten Fällen die soziale Realität selbst derer, die man als sozial benachteiligt, abgehängt, prekarisiert oder als marginalisiert bezeichnet. Solche Fälle hat es gegeben, wie der französische Soziologe Robert Castel darlegt (vgl. Castel 2000). Gemeint sind die arbeits-, recht- und bindungslosen Landstreicher, die Vagabunden des Mittelalters. Sie waren räumlich verdrängt, lebten in jeder Hinsicht fernab gesellschaftlicher Kontexte und waren folglich weder sichtbar noch zugehörig. Die »primitivste und verbreitetste Maßnahme gegen den Vagabunden« bestand »in der *Ausweisung*« (ebd.: 83). Am nahesten kommt dem wohl gegenwärtig noch die Situation von illegalisierten Migranten, denen umfassend Rechte verweigert werden und die nach Möglichkeit auch räumlich wieder in ihre Heimatländer verbracht werden sollen.

Es bleibt überhaupt zu fragen, ob die Gegenüberstellung von Inklusion und Exklusion, wenn man sie theoretisch konsequent durchdekliniert, haltbar ist. Der in München lehrende Soziologe Armin Nassehi bezweifelt die Tauglichkeit des Begriffs Exklusion. Die Vorstellung der Totalexklusion aus der Gesellschaft ist einer »*Container*-Metapher« geschuldet, die völlig widersprüchlich ist, zumal eine »Gesellschaft kein Behälter« ist, »in dem man drin ist oder aus dem man herausfallen kann« (Nassehi 2008: 127). Genau genommen dürften Exkludierte »gar nicht sichtbar sein. Wir dürften von ihnen nichts wissen, denn sie hielten sich in einem Raum auf, der für soziale Systeme letztlich uneinsehbar ist« (ebd.: 123). Es sei denn, man benutzt einen Gesellschaftsbegriff, der nur die »gute Gesellschaft«, die »Mittelstandsgesellschaft« meint, die dann mit sozialpolitischer Definitionsmacht die von »Armut, von unterprivilegierten Lebenslagen oder von begrenzten Partizipationschancen« Ausgegrenzten derart etikettiert. Aber soziologisch betrachtet verhält sich die Sache eher paradox. »Aus soziologischer Perspektive« sind »Phänomene der Armut, der Unterprivilegierung usw.« nicht »als Exklusionsfolgen, sondern als Inklusionsfolgen zu diskutieren« (ebd.: 124). Was diese Menschen erfahren, ist »in hochgradigem Maße dies: Inklusion. Denn es handelt sich um Personengruppen, die die Widerständigkeit des Sozialen, seine Wirkmächtigkeit, seine spezifische Kraft und potentielle Gewaltsamkeit, nicht zuletzt seine Unentrinnbarkeit besonders deutlich zu spüren bekommen.« (Ebd.: 124) Ein von Armut betroffener Mensch »ist keineswegs weniger in das Wirtschaftssystem inkludiert als jemand mit hohem Geldvermögen [...]. Gerade die Inklusion ins Wirtschaftssystem zeigt, dass eine explizite Zahlungsunfähigkeit eine ganz und gar unhintergehbare Form der Inklusion in das Wirtschaftssystem ist.« (Ebd.: 125) Es präsentiert sich geradezu als das Paradebeispiel einer unentrinnbaren, zwangsweisen Inklusion. »Ein prinzipieller Rückzug aus der Wirtschaft ist in der modernen Gesellschaft sehr unwahrscheinlich (und sei es nur, weil das Stückchen Land, auf dem man Eremit sein möchte, einen Preis hat und dieser auch steigen kann).« (Stichweh 2005: 25) Sozialpolitisch ist das Konstrukt der Exklusion durchschaubar als eine Legitimation von disziplinierenden »Inklusionsanstrengungen«, die sich normierend an der kulturellen Praxis der Mittelstandsgesellschaft orientieren. Soziologisch betrachtet sind Begriff und Sache eher eine theoretische Absurdität.

Die dichotome Gegenüberstellung von Inklusion und Exklusion ist auch deshalb zu kritisieren, weil sie die mehrdimensionalen Strukturen und Prozesse gesellschaftlicher Ausgrenzungsmechanismen verkennt, worauf der Berliner Soziologe Martin Kronauer differenziert hingewiesen hat (vgl. Kronauer 2010). Im Rückgriff auf einen der Väter der Soziologie, Georg Simmel, nimmt er dessen Unterscheidung des Drinnen und Draußen auf und folgt ihm in der These, dass sie eben nicht zwei voneinander getrennte Kategorien, sondern in der sozialen Wirklichkeit immer miteinander verbundene sind. Ihr zeitliches Verhältnis ist auch nicht ein Nacheinander. Vielmehr ist es geprägt durch Gleichzeitigkeit. Nicht das »Drinnen *oder* Draußen«, sondern das »Drinnen *und* Draußen« bringt die Beziehung beider Kategorien auf den Begriff (ebd.: 141).

Ausgrenzende Teilhabe

Kronauer erläutert, hilfreich zum besseren Verständnis des Gemeinten, diese Verhältnisbestimmung am Beispiel von Menschen im Status der Langzeitarbeitslosigkeit:

»Langzeitarbeitslose fallen aus den wechselseitigen Sozialbeziehungen heraus, die durch die Institution Erwerbsarbeit vermittelt werden. Für Langzeitarbeitslose, denen keine gesellschaftlich anerkannte Alternative zur Erwerbsarbeit zur Verfügung steht, gilt Simmels Charakterisierung des ›Draußen‹ in aller Schärfe: die sozialen Wechselseitigkeiten, ›Interdependenzen‹, sind gekappt; an ihre Stelle tritt die einseitige Abhängigkeit von der Gesellschaft. [...] Die subjektiven Spuren dieser Ausgrenzung finden sich vor allem in Gefühlen der Nutzlosigkeit, über die Langzeitarbeitslose direkt oder in Bildern sprechen. Aber selbst dieser institutionelle Ausschluss ist nur partiell. Denn der Status des Langzeitarbeitslosen wird allein, wenngleich negativ, bestimmt durch den Bezug auf den Arbeitsmarkt und die Bereitschaft zur Arbeitsaufnahme, auch wenn die Möglichkeit dazu immer fiktiver wird. Nur weil es aus der ›Arbeitsgesellschaft‹ kein Entrinnen gibt, finden die Langzeitarbeitslosen in ihr für sich keinen respektablen Ort. Auch die Arbeitslosigkeit selbst wurde mittlerweile im Sozialstaat institutionalisiert, durch Rechte und Pflichten geregelt. Gerade in ihrer vollständigen Abhängigkeit von der Gesellschaft bleiben die Langzeitarbeitslosen als Ausgeschlossene zugleich ein Teil von ihr, ein Teil des ›Drinnen‹.« (Ebd.: 251f.)

Langzeitarbeitslose sind einerseits von der Arbeitswelt ausgegrenzt, sie sind Menschen *ohne* Arbeit. Andererseits besteht ihre Zugehörigkeit zur Arbeitswelt gerade in dieser negativen und defizitären Definition. Sie sind Menschen ohne *Arbeit*. Sie gelten als beschäftigungsfähig, müssen ihre Arbeitsbereitschaft stetig unter Beweis stellen, haben Auflagen der Agentur für Arbeit zu erfüllen und beziehen schließlich eine Transferleistung, die ersatzweise bis zur Integration in Arbeit sozialrechtlich gewährt wird. Und schließlich: Das Niveau dieser Grundsicherung, so wird immer wieder politisch argumentiert, soll den Anreiz zur Arbeitsaufnahme sichern. Auf diese Weise werden Menschen in Arbeitslosigkeit bürokratisch, materiell und disziplinierend an die Welt der Arbeit gebunden, ohne ihr wirklich anzugehören. Die Paradoxie dieser »Teilhabe« an der Arbeitswelt basiert auf ihrer Ausgrenzung, sie ist *ausgrenzende Teilhabe*.

Die innere »Verbundenheit« der Arbeitslosen mit dem Arbeitsmarkt, das »Teilhaben« von Arbeitslosen am Arbeitsmarkt ist zugleich negativ bestimmt durch diesen Markt selber. Die Arbeitslosigkeit ist bei vielen Betroffenen auch Resultat eines sich dynamisch ändernden Arbeitsmarktes, der steigende Flexibilität, hohe Mobilität und zunehmend höher qualifizierte Bildungsabschlüsse zu seinen Zugangsbedingungen erklärt. Der Arbeitsmarkt selber, sein Anforderungsprofil und seine Leistungsverdichtung schaffen Arbeitslosigkeit. Zugespitzt formuliert: Das »Wesen« der Arbeit produziert Wesen ohne Arbeit. Darauf hat schon Castel mit Blick auf die Vagabunden hingewiesen. Die Not auf dem Land, die Tatsache, dass ein Überleben von der Agrarwirtschaft für viele nicht mehr möglich war, trieb in der zweiten Hälfte des 14. Jahrhunderts Tausende von pauperisierten, besitzlosen Landbewohnern in die Städte. Sie boten aber als »ohne jegliche Qualifikation vom Land Zugezogene ein kaum für den Rahmen der städtischen Handwerkslehre geeignetes Arbeitskräftepotential« (Castel 2000: 76). Sie waren »gefangen zwischen dem Imperativ der Arbeit und der schlichten Unmöglichkeit, in den vorgeschriebenen Formen zu arbeiten« (ebd.: 79).

Kronauer wendet sich gegen eine zu schlichte Betrachtungsweise von Ausgrenzung, die diesbezüglich Faktoren wie Armut und Langzeitarbeitslosigkeit mit der alleinigen Definitionshoheit versieht. Richtig ist, dass sich in diesen Faktoren der wachsenden gesellschaftlichen Ungleichheit die Prozesse der Ausgrenzung fokussieren. Sie sind aber mehrdimensional und nicht egalitär. Nicht jede Gestalt der Arbeitslosigkeit ist gleichermaßen ausgrenzend und nicht jede Art der Arbeit ist schon armutsfest und gleichbedeutend mit dem gesicherten Aufenthalt in der »Zone der Integration« (ebd.: 13). Im Grundsatz bezieht sich Kronauer auf die Unterscheidung Castels, der die sozialen Verhältnisse neben dieser Zone der weitgehend abgesicherten Arbeits- und Lebensverhältnisse noch geprägt sieht von der »Zone der Verwundbarkeit« und der »Zone der Entkopplung«. Dabei sind für Castel diese Zonen keineswegs voneinander abgeschottet, sondern ihre Übergänge je nach Biografieverlauf fließend und nicht statisch. »Es geht weniger darum, die Individuen in diesen ›Zonen‹ zu verorten, als vielmehr die Prozesse aufzuklären, die ihren Übergang von der einen in die andere bewirken, etwa das Hinüberwechseln von der Zone der Integration in die der Verwundbarkeit oder den Absturz aus dieser Zone in die gesellschaftliche Nicht-Existenz [...] der *Entkoppelung*« (ebd.: 14). Kronauer ergänzt diese Systematisierung der Zonen noch um eine vierte, die »Zone der Exklusivität«, der diejenigen angehören, die »über hohe außertarifliche Einkommen verfügen, auf die gesetzlichen Sicherungssysteme nicht angewiesen sind und über ›gute Beziehungen‹ zu ihresgleichen verfügen« (Kronauer 2010: 257). Diese Form der »Exklusion« wird allerdings wenig thematisiert. Schon Anthony Giddens hat darauf hingewiesen, dass sie auch bezüglich derer gesellschaftspolitisch anzugehen ist, die sich »am oberen Ende« vom »Gros der Gesellschaft trennen« und dass die »Einschränkung der freiwilligen Exklusion der Eliten entscheidend für die Schaffung einer inklusiven Gesellschaft an der Basis« ist. Beides ist nicht zu trennen, denn: »Exklusion am oberen Ende ist nicht nur ebenso bedrohlich für die Öffentlichkeit und die allgemeine Solidarität wie Exklusion am unteren Rand, sie steht auch in einem kausalen Zusammenhang mit ihr.« (Giddens 1999: 123) Auf diesen Zusammenhang wird an späterer Stelle noch einzugehen sein.

Hilfreich ist der Versuch Kronauers, die mehrdimensionale Dynamik der Ausgrenzungsprozesse weiter zu differenzieren. Es gibt für ihn mindestens drei dieser Dimensionen: »Marginalisierung am Arbeitsmarkt, bis hin zum gänzlichen Ausschluss von Erwerbsarbeit; Einschränkung der sozialen Beziehungen, bis hin zur Vereinzelung und sozialen Isolation; Ausschluss von Teilhabemöglichkeiten an gesellschaftlich anerkannten Lebenschancen und Lebensstandards.« (Kronauer 2010: 145) Die ersten beiden Momente betreffen die verlustig gehende Erfahrung von gegenseitiger Abhängigkeit, der »Interdependenz«. Überflüssig zu sein selbst für den geringfügigsten Anteil an der gesellschaftlichen Arbeitsteilung, nicht einmal mehr gefragt zu sein, um »ausgebeutet« zu werden, führt zur Erfahrung einseitiger Abhängigkeit als Fürsorgeempfänger. Das zieht nicht selten die andere Erfahrung nach sich, nämlich die der sozialen Isolation. Die Homogenisierung der Sozialkontakte heißt, arbeitslose Menschen umgeben sich zunehmend nur noch mit arbeitslosen Menschen. Die »Konzentration der sozialen Beziehungen auf Menschen in gleicher, benachteiligter Lage« (ebd.: 161) erlaubt wenigstens den Kontakt auf Augenhöhe. Die Folge ist aber, dass sich wegen rückläufiger Beziehungen in die Arbeitswelt hinein die Chancen auf den Wiedereinstieg ins Erwerbsleben verringern (vgl. ebd.: 164). Das dritte Moment, der Ausschluss von Teilhabemöglichkeiten, meint sowohl die materielle, die kulturelle als auch die politisch-institutionelle Teilhabe. Die Erfahrung, nicht mehr mithalten zu können, verursacht den beschämten Rückzug aus dem sozialen Netzwerk derer, die mit mehr Kaufkraft versehen sind. Die Folgen von Arbeitslosigkeit sind eben nicht nur materielle, sondern auch kulturelle Teilhabeeinbußen.

Was nun die politisch-institutionelle Teilhabe anbelangt, so verweist Kronauer einerseits auf »Einschränkungen im Zugang zu und in der Höhe von staatlichen Leistungen« (ebd.: 176). Sprechende Belege für diese Andeutung ist die Sanktionspraxis der Agentur für Arbeit bei Nichtbeachtung von Auflagen, beispielsweise dem nicht pflichtgemäßen Erscheinen zu einem Termin, selbst wenn dieser nur mündlich vereinbart war. Bezeichnenderweise greift Kronauer hier aber auch zu Beispielen aus der Prekarisierung der Arbeitswelt: Die Lockerung des Kündigungsschutzes, Leiharbeit, Befristung von Arbeitsverhältnissen, Unterlaufen von Tarifverträgen, Ausgliederungen von Betriebsteilen, das sind für ihn Beispiele dafür, wie auch von unternehmerischer Seite politische Teilhaberechte unterwandert werden (vgl. ebd.: 177).

Folgt man dieser knapp umrissenen Zusammenschau der mehrdimensionalen Dynamiken von Ausgrenzungsprozessen, wie sie Castel und Kronauer analysieren, so erschließt sich eine wesentlich komplexere Sichtweise der gesellschaftlichen Produktion von Ausgrenzung, die – darin ist Nassehi Recht zu geben – durchaus auch als eine Folge von »Inklusion« in die Realität gesellschaftlicher Mechanismen zu bewerten ist. Zunächst: Das Ganze vollzieht sich nicht abrupt, sondern in der Regel als längerer Prozess der äußerlichen Veränderung von der prekären Beschäftigung über kurzfristige Arbeitslosigkeit bis zur Langzeitarbeitslosigkeit, von der Reduktion der sozialen Netzwerke bis zur völligen Isolation, von anfänglichen Hoffnungen auf den Wiedereintritt in die »Zone der Integration« bis zur Realisierung des unwiderruflichen sozialen Abstiegs. Ausgrenzung muss nicht zwingend mit dem Faktor Arbeitslosigkeit einsetzen, etwa dann nicht, wenn die materielle Absicherung durch den Partner oder die Partnerin gegeben ist, soziale Netzwerke stabil bleiben oder auch die Arbeitslosigkeit von überschaubarer Kürze ist. Aber Ausgrenzung reduziert sich auch nicht auf den Faktor Arbeitslosigkeit. Sie setzt erstens bereits im Bildungssystem an, das in Deutschland mit seiner Dreigliedrigkeit schon sehr früh soziale Klassifizierungen reproduziert. Besonders benachteiligt sind Kinder und Jugendliche aus sozial benachteiligten Milieus (vgl. Quenzel/Hurrelmann 2010).

Sie findet zweitens nicht nur *jenseits* der Arbeitswelt statt, sondern auch *in* ihr. Teilhabe an der Arbeitswelt vermeidet demnach nicht automatisch Erfahrungen der Ausgrenzung, der rückläufigen politischen und kulturellen Partizipation, der Statusgefährdung, der sozialen Isolation oder der Armut, sondern diese Teilhabe kann geradezu der ursächliche Faktor dieser Erfahrungen sein. Teilhabe am prekären Segment des Arbeitsmarktes und Arbeit in Armut sind nicht Mittel gegen, sondern Ursache für Ausgrenzungsprozesse. Dazu nochmals Kronauer:

> »Damit gilt auch für Deutschland, dass mittlerweile Erwerbsarbeit allein keine hinreichende Absicherung von sozialen Ausgrenzungen in allen relevanten sozialen Dimensionen mehr bietet. Sie mag zwar noch vor Statusverlust bewahren, garantiert aber weder einen Mindeststandard an materiellen Teilhabemöglichkeiten noch an Zukunftsabsicherungen. Selbst als Statusressource ist die Erwerbsarbeit für die ›arbeitenden Armen‹ besonders gefährlich.« (Kronauer 2010: 171)

Arbeit und Bildung sind zwar Faktoren, die entscheidend über Zugang zu und Verbleib in gesellschaftlicher Partizipation entscheiden, aber das gilt für beide Richtungen: Wenn Bildungsabschlüsse wie bei rund sechs Prozent der Schuljahrsabgänge nicht erfolgen oder aber nur mit einem unqualifizierten Hauptschulabschluss enden, wenn die Erwerbsbiografie zwischen geringfügiger Beschäftigung, Stadien der Arbeitslosigkeit und dem Wiedereinstieg im Niedriglohnsegment dauerhaft variiert, dann erweist sich die pure Teilhabe an Bildung und an Arbeit gerade nicht als Faktor, der vor Ausgrenzung bewahrt. Und nicht nur das. Es wird noch zu erläutern sein, inwiefern diese gesellschaftlichen Instanzen der Teilhabe nicht nur nicht vor Ausgrenzung schützen, sondern selber selektierend, klassifizierend und letztlich ausgrenzend wirken. Es gibt auch Dynamiken ausgrenzender Teilhabe. Es gibt Institutionen der vermeintlichen »Inklusion«, die »Exklusion« im erwähnten eingeschränkten und theoretisch fragwürdigen Sinne bewirken. Und es sind genau diese »exkludierenden Effekte« jener Institutionen, die von vielen Inklusionsbefürwortern nicht realisiert werden.

Deshalb bleiben wir zunächst beim Bild der Inklusion, wie es die BRK nahelegt. Danach geht es also vordringlich um die Einbeziehung von Menschen mit Behinderung in die vitalen Räume der gesellschaftlichen Teilhabe. Es sind Räume, die angepriesen werden, weil es lohnenswert sei, sich in ihnen aufzuhalten, in ihnen »mitzumachen«. Bevor man aber zu schnell und leichtfertig diese Einladung euphorisch begrüßt, sollten einige dieser Räume auf ihre Aufenthaltsqualität hin kritisch gesichtet werden.

6. Der Raum der Erwerbsarbeit

Erwerbsarbeit – die Zentrale

Arbeit im Sinne der Erwerbsarbeit ist gewissermaßen die »Zentrale« der Gesellschaft und zugleich ihr »Umkleideraum«, in dem ihre einzelnen Mitglieder sich erst einmal mit dem Gewand der Gesellschaftsfähigkeit ankleiden. Arbeit dominiert vielleicht mehr als je zuvor das gesellschaftliche Leben, auch das Leben derjenigen, die daran keinen Anteil haben und die sich als »Arbeitslose« in ein Kollektiv der gesellschaftlich diffamierten Subjekte einreihen müssen. Dieser Raum ist das Zentrum, das teilweise nur mühevoll erreicht wird, nachdem die Flure der Bildung passiert wurden. Arbeit ist auch insofern das Zentrum, weil von ihm aus die Versorgung für den Aufenthalt in weiteren Räumen erfolgt, dem Raum hinter der Arbeit, der Versorgung im Alter, aber auch den nur vorübergehend gedachten Aufenthaltsräumen der Krankheit und der Arbeitslosigkeit.

Jenseits dieses Bildes gesprochen: Es gibt in einer auf Erwerbsarbeit zentrierten Gesellschaft fast keinen Status, fast keine biografische Passage, fast keine Lebenssituation, die nicht direkt oder indirekt durch Arbeit definiert, betroffen oder auch qualifiziert wird. Kein gesellschaftlicher Faktor wird derart mit Projektionen, aber auch mit realen Funktionen behaftet, was seine Wichtigkeit und Vermittlungsfähigkeit anbelangt bezüglich der sozialen Kontakte, der Sinnstiftung, der Strukturierung des Lebens, der Sicherheit und Vorsorge für das Alter, der Lebensfreude, der Emanzipation, des Nutzens für das Gemeinwohl, der Anerkennung im gesellschaftlichen Gefüge und der Vermeidung von Armut. Vor allen Dingen: Nichts übt auf die menschliche Existenz einen so starken Zwang aus, sich mit einem großen Anteil an Lebenszeit, mit der eigenen Kraft, Produktivität, Intelligenz, Fantasie und sonstigen »Humanqualitäten« zur Verfügung zu stellen wie der notwendige Austausch von Arbeit gegen

Geld und der damit hergestellten Befähigung zum Erwerb der Güter des alltäglichen Lebens. Insofern ist es geradezu zwingend geboten, sich wenigstens einige Facetten des Arbeitsmarktes und der Qualität der Arbeit anzusehen, um die Einladung zum »Mitmachen« in diesem Markt des zentralen Geschehens kritisch zu würdigen.

Die Bundesregierung ist voll des Eigenlobs hinsichtlich der Entwicklung auf dem Arbeitsmarkt. Im jüngsten Koalitionsvertrag vom Herbst 2013 heißt es: Die »Beschäftigung liegt auf Rekordniveau« und der »Arbeitsmarkt ist aufnahmefähig wie nie zuvor« (Deutschlands Zukunft 2013: 7, 65). Und in der Tat lag die Zahl der Erwerbstätigen bei über 42 Millionen, ein historischer Höchststand, der als das »deutsche Jobwunder« befeiert wurde (Lutz 2014: 6). Diese Bilanz wird jedoch durch einen Blick in die Statistik relativiert. Der Datenreport 2013 des Statistischen Bundesamtes belegt zwar, dass die Zahl der Erwerbstätigen seit 1991 um 2,8 Millionen gestiegen ist. Das Gesamtarbeitsvolumen der Bevölkerung ist aber um gut zwei Milliarden Stunden gesunken, durchschnittlich pro Beschäftigten von rund 1.550 Stunden pro Jahr auf knapp 1.400 Stunden (vgl. Statistisches Bundesamt 2013: 116). Der Grund für diese »Erfolgsstory« am Arbeitsmarkt ist also letztlich eine enorme Arbeitsumverteilung innerhalb der Gruppe des Erwerbstätigen. Eine hohe Anzahl von Teilzeitarbeitsverhältnissen, überproportional bei Frauen, und eine Umwandlung von sozialversicherungspflichtiger Vollbeschäftigung in geringfügige und sozialversicherungspflichtige Kleinstbeschäftigung spiegeln die »Qualität« dieser Entwicklung.

Auch sagen die genannten Daten des »Jobwunders« nichts über das Lohnniveau aus. Hier ist eine Entwicklung zu verzeichnen, die eindeutig die unteren 20 Prozent der Beschäftigten als Verlierer ausweist. Der Anteil am Gesamteinkommen dieser Gruppe sank im Zeitraum von 1980 bis 2004 von gut neun Prozent auf lediglich 4,5 Prozent, während das Lohnniveau der mittleren Einkommensgruppen einigermaßen stabil blieb und das der höheren gewachsen ist (vgl. Dallinger/Fückel 2014: 184). Im Vergleich ergibt sich, dass die Ungleichheit der »Lebenseinkommen westdeutscher männlicher sozialversicherungspflichtiger Arbeitnehmer vom Jahrgang 1935 bis zum Jahrgang 1972 [sich] bis zum Jahrgang 1972 verdoppelt hat« (Bönke/Lüthen 2014: 1271). Einer Studie des Deutschen Instituts für Wirtschaftsforschung zufolge beträgt der durchschnittliche Kaufkraftverlust zwischen 2000 und 2010 vier Prozent, fast 20 Prozent in den unteren Einkommensdezilen, in den oberen gab es ein leichtes Plus von zwei Prozent (vgl. Brenke/Grabka 2011: 11ff.). Eine weitere Differenzierung betrifft die Dynamik des abfallenden Lohnniveaus der Neuzugänge auf den Arbeitsmarkt, die ein Beleg ist für einen deutlichen Wandel der Lohn- und Beschäftigungskultur in Deutschland. So sind die Medianlöhne bei Männern in neuen Beschäftigungsverhältnissen seit 2001 innerhalb von nur fünf Jahren um zwölf Prozent gesunken, bei Frauen um acht Prozent (vgl. Jaenichen/Rothe 2014: 230). Es tritt ein Prozess der Dualisierung des Arbeitsmarktes ein, der nicht nur die Spaltung zwischen den unteren und den oberen Einkommensgruppen betrifft, sondern auch die zwischen den bereits längerfristig Beschäftigten und den neu hinzukommenden. Das bezieht sich nicht nur auf das Lohnniveau, sondern auch auf Art und Qualität der Beschäftigungsverhältnisse. Die Zahl der befristeten Arbeitsverträge wächst ebenso an wie die der Leiharbeit, überwiegend bei »Neueinsteigern« oder bei Menschen, die aus der Arbeitslosigkeit heraus einen Wiedereinstieg ins Erwerbsleben vollzogen haben. Hinzu kommt eine steigende Anzahl von Arbeitsverhältnissen, die weder kollektiv durch einen Tarifvertrag geregelt sind noch in Unternehmen mit Betriebsräten eingegangen werden (vgl. Knuth/Kaps 2014: 175f.). Der Gruppe der »Insider«, der »durch das Normalarbeitsverhältnis geschützten Gruppe, die (noch) von den im Rahmen der industriellen Beziehungen erzielten Regelungen profitieren«, stehen die gegenüber, die sich mit Arbeitsverhältnissen »zweiter Wahl« begnügen müssen (Dallinger/Fückel 2014: 183).

Die Zahl der Niedriglohnbeschäftigten, also derer, die einen Stundenlohn unter 9,30 Euro beziehen, ist im Zeitraum von 1995 bis 2012 auf 8,4 Millionen gestiegen, was einer Steigerung um 42 Prozent entspricht. Fast unvermindert konstant liegt seit Jahren ihr Anteil an allen Beschäftigten bei fast 25 Prozent (vgl. Kalina/Weinkopf 2014; Brenke/Grabka 2011: 9). Über 2,6 Millionen Beschäftigte ergänzen ihren Verdienst durch einen Zweitjob, weil ein Job alleine finanziell nicht auskömmlich ist (vgl. Wenn der Job nicht reicht 2013). Zum Beleg, dass diese Entwicklung durchaus politisch gewollt, präpariert und auch grundsätzlich staatstragend angekündigt wurde, sei nochmals ein Zitat aus dem sogenannten Schröder-Blair-Papier angeführt. Dort heißt es: »Beschäftigungshindernisse in Sektoren mit relativ niedriger Produktivität müssen verringert werden, wenn Arbeitnehmer, die von dem mit jedem Strukturwandel einhergehenden Produktivitätszuwächsen verdrängt wurden, anderswo Arbeit finden sollen. Der Arbeitsmarkt braucht einen Sektor mit niedrigen Löhnen, um gering Qualifizierten Arbeitsplätze verfügbar zu machen.« (Der

Weg 1999: 12) Zu ergänzen ist der Hinweis auf die Zahl der sogenannten »Aufstocker«, also derer, die zusätzlich zu ihrem Job angewiesen sind auf ergänzende Leistungen nach dem Hartz-IV-Regelsatz. Ihre Zahl ist gegenüber 2007 bis zum Ende 2012 zwar nur um 100 Tausend auf 1,33 Millionen angestiegen, aber angesichts der Tatsache, dass die Zahl der erwerbsfähigen Empfänger von Hartz-IV-Leistungen im gleichen Zeitraum von 5,3 auf 4,4 Millionen gesunken ist, macht diese Gruppe inzwischen gut 30 Prozent aller Leistungsbezieher aus. 44 Prozent von ihnen gehen einer regulären sozialversicherungspflichtigen Beschäftigung nach, fast die Hälfte von diesen mit einer Vollzeitstelle (vgl. Deutscher Gewerkschaftsbund 2012: 2). Gerhard Bäcker vom Institut Arbeit und Qualifikation (IAQ) bemerkt dazu: »Hier werden Niedriglöhne, von denen man nicht leben kann, aus Steuermitteln subventioniert.« (1,3 Millionen müssen aufstocken 2013) Und das sind nur die offiziellen Zahlen der effektiven Beanspruchung von Transferleistungen. Eine Simulationsstudie des Instituts für Arbeitsmarkt- und Berufsforschung (IAB) hat ergeben, dass etwa vier Millionen Menschen Anspruch auf Hartz-IV-Leistungen hätten, diese aber aus Unwissenheit oder Scham nicht beantragen (vgl. Bruckmeier u.a. 5/2013).

Die inzwischen von der Bundesregierung beschlossene Einführung eines gesetzlichen Mindestlohns von 8,50 Euro wird vermutlich die Zahl dieser »Aufstocker« reduzieren. Dennoch darf nicht übersehen werden, dass die Niedriglohnschwelle gegenwärtig bei 9,30 Euro liegt, und der Nettoverdienst bei diesem Stundenlohn von 8,50 Euro, nach Abzug von Steuern und Sozialversicherung, nicht gerade als armutsfestes Einkommen betrachtet werden kann. Das heißt, dass dieser »Mindestlohn« vermutlich kaum etwas an der Armutsrisikoquote ändern wird, denn der größte Teil der durch seine Einführung »ausgelösten Lohnerhöhung wird auf die Leistungen angerechnet« (Rudolph 2013: 217). Er entlastet vor allen Dingen die öffentlichen Haushalte.

Während der bundesdeutsche Arbeitsmarkt seine vermeintlichen Erfolge feiert, bleibt die Quote der langzeitarbeitslosen Menschen, bezogen auf den Anteil an der Arbeitslosenzahl insgesamt, nahezu unverändert. Für gut eine Million erwerbsfähige Personen findet sich seit Jahren kein Zugang zum Arbeitsmarkt, und die erwähnte Kürzung der Eingliederungstitel im SGB II zeigt an, dass dieser Sachverhalt politisch inzwischen auch stillschweigend »akzeptiert« wird. Zur Legitimation der Ausweitung von geringfügiger Beschäftigung, von Leiharbeit und einer

Niedriglohnkultur von erheblichem Ausmaß wird immer wieder angeführt, dies würde die Brücke in den regulären Arbeitsmarkt für Menschen in Arbeitslosigkeit bauen. Die Behauptung ist widerlegbar, denn diese Beschäftigungsformen »bahnen nur selten den Weg in eine ungeförderte Beschäftigung« (Bruckmeier u.a. 14/2013: 1), und sie sind auch nicht stabil. Der »Drehtüreffekt« zwischen Arbeitslosigkeit und kurzfristigen, prekären Arbeitsverhältnissen ist der Regelfall (Jaenichen/Rothe 2014: 229), eine Aufwärtsmobilität ist kaum gegeben. Stattdessen ist eher von einer »Verstetigung von Lebenslagen« zu reden, »in denen sich soziale Mobilität auf eine Bewegung zwischen prekären Jobs, sozial geförderter Tätigkeit und Erwerbslosigkeit beschränkt« (Lutz 2014: 3). Und selbst wenn ein Wiedereinstieg in den Arbeitsmarkt gelingt, ist dieses neue Arbeitsleben häufig geprägt von einem Statusverlust gegenüber dem früheren. Die Daten belegen, je länger die Phase der Arbeitslosigkeit anhält, desto mehr reduziert sich das Lohnniveau des sich anschließenden Jobs, bei längerer Arbeitslosigkeit nicht selten um fast 20 Prozent (vgl. Jaenichen/Rothe 2014: 232).

Insgesamt resultiert aus der Situation am bundesdeutschen Arbeitsmarkt, dass trotz des Anstiegs des Wirtschaftswachstums und der Beschäftigtenzahlen der Bevölkerungsanteil der Menschen, die armutsgefährdet sind, weiterhin wächst und 2011 mit 16,1 Prozent eine Höchstmarke erreicht hat (vgl. Lutz 2014: 4). Die soziale Ungleichheit hat erheblich zugenommen, sowohl innerhalb der Erwerbstätigen als auch gesamtgesellschaftlich. Hierbei ist besonders die Dynamik brisant, dass sich bei Neuzugängen auf dem Arbeitsmarkt der Trend zu schlechterer Entlohnung, zu Befristung, zu Zeit- und Leiharbeit und zu tarifrechtlich nicht verankerten Arbeitsverhältnissen verschärft. Zudem erweitert sich die Schere der Einkommensentwicklung zwischen unteren und oberen Beschäftigtengruppen. Die Dualität von Insidern und Outsidern, von Etablierten und Randständigen, von Menschen in gesicherten und denen in prekären Arbeitsverhältnissen, in Leih- und Zeitarbeit und in vorübergehender oder verfestigter Arbeitslosigkeit spaltet nicht nur den Arbeitsmarkt, sondern die Gesellschaft insgesamt. Das deutet an, dass bei dem Personenkreis der Niedriglohnempfänger, Leih- und Zeitarbeiter, der Aufstocker und bei denen, deren Leben immer wieder von Phasen der Arbeitslosigkeit betroffen ist, nicht davon auszugehen ist, dass sie einmütig den politischen Voten zustimmen würden, die der Arbeit die Rolle beimessen, Freundschaft, Kontakt und soziale Zugehörigkeit zu vermitteln.

Arbeit ist eben alles Mögliche, aber für viele Beschäftigte auch das: Ein Leben in oder am Rande der Armut!

Die Rentenkoje

Arbeit, so war es einst gedacht, soll nicht nur der Sicherung des Lebensunterhalts in der Phase der Erwerbstätigkeit dienen, sondern auch der Zukunftssicherung bezogen auf das Leben nach der Arbeit, dem Ruhestand. Die Frage ist, was sich in dieser Kammer jenseits der Zentrale der Erwerbsarbeit abspielt, wie sie eingerichtet und ausgestaltet ist. Das Ergebnis dieses Einblicks gleich vorweg: Die dargestellte Einkommensentwicklung in Deutschland macht unmissverständlich deutlich, dass Erwerbsarbeit für viele nicht gleichbedeutend ist mit der armutsfesten Sicherung des Lebensunterhalts. Dies betrifft aber vor allen Dingen auch die Perspektive im Alter. Drei Effekte wirken hier zusammen: Erstens wurde die Lebensarbeitszeit verlängert. Der Rentenbezug greift sukzessive erst mit 67 Jahren. Die Abschläge werden entsprechend hoch sein, zumal viele von denen, die bis zum 67. Lebensjahr arbeiten, wegen zwischenzeitlicher Arbeitslosigkeit oder zu spätem Eintritt ins Berufsleben keine 45 Jahre sozialversicherungspflichtige Beschäftigungszeit nachweisen können. Zweitens wird der Rentensatz sukzessive von 59 Prozent in 2003 auf 43 Prozent im Jahr 2030 abgesenkt. Das bewirkt einen finanziellen Einbruch, der selbst durch eine Kapital gedeckte Alterssicherung etwa durch die Riesterrente nicht aufgefangen werden kann, soweit diese überhaupt finanziell machbar ist (vgl. Das Ende des Riester-Booms 2013). Schließlich spielt sich das Ganze im Rahmen einer im Durchschnitt Kaufkraft einbüßenden Lohnentwicklung ab.

Schon jetzt ist die Faktenlage mit Blick auf die deutlich um sich greifende Altersarmut alarmierend. Der 2012 vom DGB Bezirk NRW herausgegebene Rentenreport fasst die Situation auf nur wenigen Seiten mit ernüchternden Statistiken zusammen (vgl. DGB NRW 2012). So liegt das durchschnittliche Renteneintrittsalter der Arbeitnehmerinnen und Arbeitnehmer in NRW im Jahr 2011 bei knapp über 60 Jahren, was de facto Abschläge für die meisten mit sich bringt, durchschnittlich 113 Euro (vgl. ebd.: 6f.). Die 16 Prozent der Beschäftigten, die Erwerbsminderungsrente beziehen, beenden ihr Erwerbsleben durchschnittlich mit gut 50 Jahren. Ihre Rente beträgt bei Männern im Schnitt 641 Euro, bei Frauen 559 Euro, was erheblich unter dem Grundsicherungsniveau von 676 Euro liegt. Das Rentenniveau ist insgesamt deutlich auf Talfahrt. Bei den Männern hat es sich von 1050 Euro im Jahr 1996 auf 975 Euro in 2011 abgesenkt, während bei den Frauen auf extrem niedrigem Niveau zwar eine Steigerung von 419 Euro auf 491 Euro zu verzeichnen ist, was aber inflationsbereinigt ebenfalls einen deutlichen Kaufkraftverlust anzeigt (vgl. ebd.: 8f.; Joebges u.a. 2012: 12). Lediglich 22 Prozent der älteren Beschäftigten gingen 2008 regulär aus Altersgründen in Rente. Dazu kommentiert die Studie:

»Viele Menschen gehen den Schritt in die Altersgrenze gegen ihren eigenen Willen. Laut dem DGB-Index Gute Arbeit 2008 mussten 16 % der 60-65jährigen Beschäftigten aufgrund einer Entlassung ihre Tätigkeit beenden. 22 % mussten aus gesundheitlichen Gründen aus dem Berufsleben ausscheiden, und 19 % gingen in den vorzeitigen Ruhestand oder kamen aus der Arbeitslosigkeit. 11 % schieden aus dem Berufsleben aus, um einen Angehörigen zu pflegen. Nur 22 % gaben an, aus Altersgründen in Rente gegangen zu sein.« (DGB NRW 2012: 7)

Dass eine wesentliche Komponente des vorzeitigen Ausscheidens schlichtweg auch der Tatsache geschuldet ist, dass die Kräfte verbraucht sind und ein Durchhalten nicht mehr gelingt, zeigt besonders die nach Berufsgruppen differenzierte Statistik an. Bei den durchschnittlich 23 Prozent der frühzeitig verrenteten Personen herrscht ein berufsspezifisches Gefälle. Körperlich besonders belastende Tätigkeiten fordern hier den Tribut. So greift die Frühverrentung bei 40 Prozent der Berufsträger im Baugewerbe, dicht gefolgt von Ernährungsberufen (32 Prozent) und Gesundheitsberufen (30 Prozent), während unter den technisch-naturwissenschaftlichen Akademikern, also Chemikern, Physikerinnen und Ingenieuren, lediglich 8,7 Prozent den Schritt in die Frühverrentung gehen. Dazu resümiert der DGB:

»Diese eklatanten Unterschiede sind auf die problematischen Arbeitsbedingungen in diesen Berufen zurückzuführen. Nacht- und Schichtarbeit, sowie körperlich belastende Arbeit und ein hohes Arbeitstempo (z.B. bei Band- und Akkordarbeit, in Call-Centern oder in der Pflege) mindern die Erwerbsfähigkeit mit steigendem Alter und führen zu einem wachsenden und überdurchschnittlich hohen Anteil an Erwerbsminderungsrenten in den betroffenen Berufsfeldern.« (Ebd.: 13)

Dass die Belastungen des Arbeitslebens durch Verdichtung, Beschleunigung und wechselnde Schichtarbeit sich vor allen Dingen auch psychisch auswirken, belegt die Tatsache, dass der Anteil an psychischen Erkrankungen in den letzten Jahren erheblich angestiegen ist und inzwischen für 45 Prozent der Beschäftigten den Grund für die Beanspruchung der Erwerbsminderungsrente darstellt (vgl. ebd.: 15).

Die Rente mit 67 Jahren oder auch perspektivisch mit 70 Jahren ist eine der sozialstaatlichen Antworten auf den »demografischen Wandel«. Die vermeintliche Dramatik dieser Entwicklung ist zum Teil mit einer aufgeblähten Rhetorik verbreitet worden, die kaum zu überbieten ist. Je größer und zugleich undifferenzierter das gerontische Schicksalsszenario in den Raum gestellt wurde, desto größer war seine legitimatorische Funktion für den angeblich alternativlosen Politikwandel. So erklärte 2003 der damalige SPD-Vorsitzende Franz Müntefering in einer Rede vor Betriebsräten: »Wir Sozialdemokraten haben in der Vergangenheit die drohende Überalterung unserer Gesellschaft verschlafen. Jetzt sind wir aufgewacht. Unsere Antwort heißt Agenda 2010! Die Demographie macht den Umbau unserer Sozialsysteme zwingend notwendig.« (Deutschland wächst 2014) Der Bielefelder Demografie-Forscher Herwig Birg prognostizierte für das Jahr 2050 nur noch 50,7, für 2100 sogar nur noch 22,4 Millionen Menschen in Deutschland (vgl. ebd.). Die Diskussion, die im Rahmen dieses Wettbewerbs der Prognoseanbieter besonders prominent geführt wurde, kreiste um das Thema der intergenerativen Gerechtigkeit. Es geht also um Generationengerechtigkeit, eine neue, partielle Variante der vielfältigen Ableger des Gerechtigkeitsdiskurses. Die Verschiebung der Proportionen zwischen der erwerbstätigen Generation und den Rentenbeziehern provoziert zunehmend eine Kultur anfeindender Missgunst, die den Alten die Rolle zuschreibt, müßig und das Gemeinwohl schädigend auf Kosten der Jungen ihre Jahrzehnte lang zu erwartenden Rentenbezüge unverantwortlich eigennützig zu verprassen. Der Druck auf das Rentenniveau durch Verlängerung der Lebensarbeitszeit und Absenkung des Rentensatzes wurde also gerechtigkeitstheoretisch begründet und zudem als alternativlos inszeniert. Dass diese Bevölkerungsprognose »über einen so langen Zeitraum mit vielen Unsicherheiten belastet ist« und zudem durch eine Vielzahl von Faktoren moduliert wird, wozu »die Entwicklung der Erwerbsquote innerhalb der ›erwerbsfähigen Altersgruppen‹, das Berufseintrittsalter« und schließlich, wie sich inzwischen deutlich bestätigt, die Zuwanderungsstatistik gehören, belegt die

Unseriosität solcher Prognosen (Becker 2011: 34). Zudem wäre angesichts der Generationenverschiebung ein Nachdenken über eine ergänzende Finanzierung sozialstaatlicher Leistungen angemessen gewesen, etwa durch die »steuerliche Heranziehung ganz offensichtlich erheblich steigender Gewinne« (ebd.: 37).

Stattdessen aber wurde nicht nur alternativlos und solitär am bestehenden System der Rentenfinanzierung durch Sozialversicherungsbeiträge festgehalten. Faktisch wurde die Absenkung des Rentenniveaus auch noch durch Theorien über die vermeintliche Diskriminierung von Menschen im Alter »bereichert«. Danach sei die Fixierung eines gesetzlichen Renteneintrittsalters ein Akt der Entwürdigung. So etwa formulierte der namhafte englische Soziologe und Berater von Tony Blair, Anthony Giddens, in seinem viel beachteten Werk »Der dritte Weg«:

»Die Rente, die man im Pensionsalter erhält, und die Bezeichnung ›Rentner‹ sind Erfindungen des Wohlfahrtsstaats. Doch diese entsprechen zum einen nicht mehr der neuen Wirklichkeit des Alterns; zum anderen sind sie ein eindeutiger Fall von Wohlfahrtsabhängigkeit. Sie sind mit der Vorstellung von Untauglichkeit verbunden, und es erstaunt nicht, dass die Pensionierung für viele Menschen zu einem Verlust der Selbstachtung führt. [...] Wir sollten das feste Rentenalter schrittweise abschaffen und die Kompetenzen älterer Menschen nutzen, statt sie als Problem zu betrachten. [...] Das Alter sollte nicht als Zeit der Rechte ohne Pflichten angesehen werden. [...] Die Jungen sollten bereit sein, in den Alten möglichst Vorbilder zu sehen, und die älteren Menschen sollten versuchen, zukünftigen Generationen nützlich zu sein.« (Giddens 1999: 139ff.)

In der Bilanz heißt das: Die Abschaffung des »diskriminierenden« Rentenalters wäre ein Akt der Befreiung von »Wohlfahrtsabhängigkeit« und zugleich die nachdrückliche Einladung, aktiv, mobil und verwertbar die gesellschaftliche Nützlichkeit so lange wie möglich unter Beweis zu stellen, also dazuzugehören und »mitzumachen«. Die Paradoxie, die bilanzierten Fakten zur Verlängerung der Lebensarbeitszeit inklusive der daraus verschärft resultierenden Altersarmut und Niveauabsenkung der Rentenleistung, als Erfahrung verminderter Abhängigkeit vom Wohlfahrtsstaat zu definieren, kann wohl krasser und zynischer kaum ausfallen. Der Aktivierungsimperativ an die ältere Generation, ihren gesellschaftlichen Gebrauchswert unter Beweis zu stellen, trifft auf Millionen von frühverrenteten Menschen, die durch die Aktivierungslast ihres

Arbeitslebens psychisch und physisch deformiert wurden. Lessenich kommentiert dazu:

»So wie in zahlreichen Bereichen des Erwerbsarbeitssystems die Figur des sich selbst - seine körperlichen und geistigen Ressourcen, seine alltägliche Lebensführung, ja seine ganze Person - rationalisierenden, ökonomisierenden und verbetrieblichenden ›Arbeitskraftunternehmers‹ [...] (denk-)stilprägend geworden ist, so scheint im Zeichen der aktivierenden Überformung des Nacherwerbssystems die Sozialfigur des ›Alterskraftunternehmers‹ [...] politisch-sozial zunehmend handlungsleitend zu werden. Dass das Leben im Alter - wie in der Erwerbsphase, wie letztlich in allen Lebensphasen und -lagen [...] - aktiv sein und werden muss, dass die Alten ihre produktiven Potenziale nutzen können, dass sie beweglich und betriebsam zu sein haben: All dies wird mit jedem entsprechenden Beitrag aus Wissenschaft und Politik, mit jeder Darbietung von Altersaktivität in Werbung und Medien, mit jeder alltäglichen Kommunikation über aktives und inaktives Alter zum selbstverständlichen Bestandteil der gesellschaftlichen Wissensordnung. Was unter früheren sozialstaatlichen Insignien als der ›wohlverdiente Ruhestand‹ galt, wird nun durch eine Rhetorik der Geschäftigkeit, durch eine ›busy ethic‹ [...] regiert, die die Lebensführung im Alter an arbeitsethische, erwerbsgesellschaftliche Sozialnormen rückkoppelt.« (Lessenich 2009: 112)

Der »wohlverdiente Ruhestand« ist demnach doppelt gefährdet: erstens durch die massiven Einbrüche dieses »Verdienstes«, der für viele weniger zum Wohl gereicht, als der Begriff suggeriert, und zweitens durch die Diskreditierung des »Ruhestandes«, dessen Legitimität im Zeichen gesellschaftlich etablierter Nützlichkeitserwartungen als Akt der Gemeinwohl schädigenden Pflichtvergessenheit schwindet.

Arbeitslosigkeit - die Kammer der Scham (I)

Ein Leben in Arbeitslosigkeit führt in der Regel derart massiv zu finanziellen und sozialen Ein- und Umbrüchen der Lebenslage, dass neben der materiellen Not auch Depression, Rückzug, Krankheit, Sucht oder gar Suizid die Folge sind. Aber diese biografischen Abwärtsspiralen werden allenfalls statistisch in Form von monatlichen Nachrichten über Arbeitslosen-»Quoten« in der Regel mit emotionaler Resistenz zur Kenntnis genommen. Der täglich mehrfach zu hörende Börsenbericht hingegen wird mit derart emotionalen Attributen gefüllt, dass man meinen könnte, die Rede gilt einem Patienten mit ab- oder ansteigender Fieberkurve. Die emotionslose Darbietung der Arbeitslosenquote präsentiert einen kultivierten Empathieverlust. Kultiviert meint auch politisch gesteuert. Die Politik greift immer wieder zur psychologischen Exemplardiagnostik, die für die »Gattung« der Arbeitslosen eine Art von Kollektivgutachten erstellt. Besonders anschaulich wurde dieses öffentlich praktizierte Angebot psychologischer Deutungskompetenz durch politische Berufsträger im Zuge der auf das Urteil des Bundesverfassungsgerichts zu den Hartz-IV-Regelsätzen vom 9. Februar 2010 erfolgten Reaktionen. Die vom damaligen Vizekanzler und Außenminister der Bundesrepublik Deutschland, Guido Westerwelle, in Szene gesetzte, vermeintliche »Gefahr«, dass ein Leben in Arbeitslosigkeit zu »anstrengungslosem Wohlstand«, »spätrömischer Dekadenz« oder einem schönen Lebenszustand führen könne, »in den man sich einrichten kann«, war an zynischer Geschicklichkeit kaum zu übertreffen. Natürlich diente diese Wortwahl finanzpolitisch im Interesse der öffentlichen Kassen dazu, den »Grundsicherungspegel« möglichst flach zu halten und ihm damit auch den Charakter finanziell unattraktiver »Alimentierung« nachhaltig zu sichern. Aber diese Polemik griff dabei noch dezidiert zu einem Psychologismus, der Arbeitslosigkeit assoziierte mit der Lebensweise der von Giddens angeprangerten Selbstexklusion der Reichen. Die reale Lebenslage von Menschen in Arbeitslosigkeit falsifiziert Westerwelles Polemik gleich doppelt: Weder ist ein Leben in Arbeitslosigkeit anstrengungslos, dafür sorgt sowohl die täglich eingeforderte Überlebensstrategie minimalistischer Transferzahlungen als auch die behördliche Observanz der Betroffenen durch die Agentur für Arbeit, noch bildet dieses Leben auch nur die geringste Schnittmenge mit dem, was landläufig unter Wohlstand zu verstehen ist. Dieses Bild aber bezweckte den Effekt der Anonymisierung von Arbeitslosen zu einem Kollektiv von Gesellschaftsschädlingen, denen konsequenterweise auch nicht die geringste Empathie entgegenzubringen ist. Anders als im frühen Mittelalter wäre es in einer wissensbasierten Gesellschaft unproblematisch, auch von politischer Seite aufklärend zu differenzieren zwischen den vielfachen Ursachen, biografischen Bedingungen und objektiven Faktoren, aus denen Arbeitslosigkeit und Armut resultieren. Aber die mit der potenziellen Zuschreibung von Dekadenz gesetzte Diskreditierung von Menschen in Arbeitslosigkeit folgt einer politischen Logik, die mindestens zwei »ethische« Funktionen erfüllt. Einerseits birgt sie den gelingenden Effekt der Entsolidarisierung mit Menschen in Arbeitslosigkeit (vgl. Dallinger/Fückel 2014: 185). Zweitens wird dieser Effekt ergänzt um den Tatbestand der Abschreckung, die Zugehörigkeit zu einer derart diskreditierten Gruppe wie der der Arbeitslosen zu vermeiden und sich stattdessen lieber in jedwede Beschäftigungssituation zu fügen, Hauptsache Arbeit. Diese doppelte Funktionalität der *Entsolidarisierung* gegenüber Arbeitslosen wie auch der *Disziplinierung* der Erwerbstätigen hat Wilhelm Heitmeyer resümiert, wenn er schreibt:

»Die hohe Verbreitung von Vorurteilen gegenüber Langzeitarbeitslosen in der Bevölkerung zeigt, dass diesen in öffentlichen Debatten ein Image zugeschrieben wird, nach dem ihre mangelnde Arbeitsmoral der entscheidende Grund für ihre Arbeitslosigkeit ist. In der Öffentlichkeit werden sie auf diese Weise stigmatisiert und etikettiert [...]. Die Stigmatisierung erzielt aber auch Wirkung bei den Menschen, die noch nicht arbeitslos sind. Das Risiko des sozialen Absturzes, die antizipierte Gefahr, auf dem Arbeitsmarkt zu scheitern und sich nicht zu bewähren, sowie die Angst, zum Angehörigen einer gesellschaftlich diskriminierten Gruppe zu werden, erhöht die Flexibilität der Arbeitskräfte, fördert die Loyalität gegenüber dem Betrieb, verstärkt die Disziplin (das zeigt ein Blick auf sinkende Krankenstände), steigert die Produktivität und Effizienz.« (Heitmeyer 2008: 66f.)

Die Unterstellung, dass ein Leben in Armut aus selbstverschuldeter Arbeitslosigkeit resultiert und folglich nicht gesellschaftliche Solidarität, sondern behördliche Disziplinarität als Strategie abverlangt, ist Ausdruck einer Verknüpfung von Phänomenen sozialer Marginalisierung, moralischer Zuschreibung der Selbstverschuldung und der Exkulpation der übrigen Gesellschaft von solidarischem Verhalten, die eine historische Genese hat. Diese reicht über Jahrhunderte zurück.

Exkurs: Armut und Arbeit – historische Notizen zur Verknüpfung zweier Phänomene

Bereits im Mittelalter begegnen uns durchaus Tendenzen zur Diffamierung und Diskreditierung von Menschen in Armut, aber diese werden mit keiner theoretischen Legitimation begründet, sondern eher wird Armut hier intuitiv mit Unmoral, Faulheit und Verbrechen gleichgesetzt (vgl. Oexle 1986: 77). Maßgeblicher prägend für den frühmittelalterlichen

Umgang mit Armut ist hingegen eine Sichtweise auf die Betroffenen, die nicht so sehr nach der individuellen Verursachung dieser Lebenslagen, sondern nach daraus erwachsenden, ethischen Provokationen für die »Mehrheitsgesellschaft« fragt. Dieser veränderte Blickwinkel ist besonders dem jüdisch-christlichen Erbe zu verdanken. Das späterhin seit dem ausgehenden Mittelalter verbreitete Paradigma, Armut ließe sich durch Arbeit überwinden und folglich sei die Aufnahme von Arbeit gesellschaftskonforme Bringschuld der von Armut Betroffenen, wurde durch diese Tradition allenfalls angebahnt, nicht aber unmittelbar durch diese verursacht. »Der Mensch tritt im Alten Testament von Anfang an als arbeitender bzw. zur Arbeit bestimmter Mensch auf. Daß Menschen arbeiten, ist so selbstverständlich, daß Reflexionen über die prinzipielle Notwendigkeit der Arbeit selten sind. Eine ›biblische Lehre von der Arbeit‹ dürfe von daher kaum zu erstellen sein.« (Ebach 1986: 91) Entscheidend abgrenzend zur griechischen Tradition ist die tabulose Akzeptanz körperlicher Arbeit. Denn noch in der von Aristoteles geprägten Tradition wurde körperliche Arbeit als Ausdruck von Unfreiheit gehandelt. Die Gebundenheit des Lebens an den Zweck der Ökonomie, also der alltäglichen Sorge um das Lebensnotwendige, hat für Aristoteles ein der Wahrheitssuche verpflichtetes Leben in Tugend ausgeschlossen. So formuliert Aristoteles in der »Politik«:

»[...] so ist doch die von uns angegebene Tugend des Bürgers nicht jedem und auch nicht dem, der bloß ein freier Mann ist, zuzuschreiben, sondern nur denen, die von dem Erwerb des notwendigen Lebensunterhalts befreit sind; die aber mit der Beschaffung des notwendigen Lebensunterhalts zu tun haben, sind, wenn sie für einen arbeiten, Sklaven, wenn aber für die Gesamtheit, Gewerbetreibende und Tagelöhner.« (Aristoteles 1981: 1278a, 9ff.) »Denn unmöglich kann, wer das Leben eines Banausen (Handwerker) oder Tagelöhner führt, sich in den Werken der Tugend üben.« (Ebd.: 1278a, 21f.)

Diese grundsätzliche Diffamierung der körperlichen Arbeit wurde in der jüdisch-christlichen Tradition überwunden. Dass dort Gott präsentiert wird als Schöpfer, der selber Hand anlegt, um für den Menschen einen lebensdienlichen Raum zu erschaffen, grenzt sich nicht nur von zeitgenössischen mesopotamischen Traditionen, sondern auch von den despotisch inszenierten Gottheiten des Griechentums ab (vgl. Ebach 1986: 29). Die Tatsache, dass Jesus selber Sohn eines Zimmermanns ist, seine Jünger handwerklichen Berufen nachgehen, die Verkündigung des Evangeliums als Arbeit beschrieben wird – der Jünger ist Arbeiter im Weinberg (Mt 20,1ff.) –, immer wieder in Gleichnissen die Lohnarbeit thematisiert wird, das alles sind Indizien für eine Umkehrung der Bewertung körperlicher Arbeit. Sie erfuhr eine Aufwertung, selbst unter den Bedingungen, dass sie lediglich den Lohn zum täglichen Überleben am Rande der Armut sicherte.

Diese Aufwertung der Arbeit einerseits wird andererseits provokant von den Propheten bis zur Verkündigung Jesu ergänzt um eine radikale Kritik am Reichtum der Reichen, begleitet von der Seligsprechung der Armen. Armut wurde folglich in der frühen Christenheit über Jahrhunderte hinweg als ein Stand gewertet, der einerseits in besonderer Weise religiöse Verehrung erfuhr, andererseits aber auch das caritative Handeln der Kirche und frühen Christenheit einforderte. In diesen frühen Kirchendokumenten tauchen auch theologische Begründungsmuster auf, die nicht selten auf Matthäus 25, die Rede vom Weltenrichter rekurrieren. Dort heißt es bekanntermaßen: »Was ihr getan habt einem unter diesen meinen geringsten Brüdern, das habt ihr mir getan.« (Mt 25, 40) Der Kirchenvater Johannes Chrysostomos (349-407) ruft entsprechend seine Kirche zu caritativem Handeln auf, wenn er schreibt: »Es heißt Gott verspotten, wenn man ihn in prachtvollen Kirchen ehrt, aber ihn in [sic!] den Armen verachtet.« Oder auch Gregor von Nyssa (335-394) beteuert mit Blick auf die Almosengabe in Form von Nahrung und Kleidung an die Geringsten: »Nähren wir, bekleiden wir Christus!« (Mollat 1984: 27).

Nicht selten sahen sich Stadtbürger, die auf dem Weg bettelende Wegelagerer vorfanden, in der Christenpflicht, diesen ein Almosen zukommen zu lassen und das nicht ganz uneigennützig. Sollte sich in diesem bettelnden Geschöpf am Wegesrand möglicherweise Christus selbst offenbaren, so wäre ein achtloses Vorübergehen gefährlich. Denn damit wäre das Seelenheil verscherzt, und man würde zur Gruppe jener gehören, die laut den Worten des Matthäusevangeliums in die »ewige Pein« eingingen. Die materielle Gabe auf der einen Seite und die Fürbitte des Beschenkten auf der anderen Seite galten als heilsökonomische Win-win-Situation. Güterzuwachs für den einen und mehr »Zeitwohlstand« im Entgehen ewiger Verdammnis für den anderen machten das Almosen zu einer durchaus gängigen Praxis.

Man kann davon ausgehen, dass bis in das 13. Jahrhundert hinein diese Form der Almosengabe am Wegesrand kein Massenphänomen war.

Die Stetigkeit, in den dörflichen Primärbeziehungen von Familie und Nachbarschaft zu verbleiben, war in hohem Maß gegeben. Und in der Regel hat sich in diesem nicht anonymisierten Raum der Dorfgemeinschaft von Sippe und Nachbarn eine Mitversorgung der Ärmsten auf dem Niveau der Subsistenz vollzogen. Armut war also überwiegend in diesem Kontext keine anonyme Angelegenheit, sondern sie war verbunden mit einem »Gesicht«, einer Biografie. Diese soziokulturellen Gegebenheiten änderten sich jedoch zunehmend ab dem 11. und 12. Jahrhundert. Die Entwicklung einer Verkehrsinfrastruktur, der Ausbau des Handels und das Entstehen städtischer Märkte erhöhten ebenso die allgemeine Mobilität wie die Zunahme von Pilgerfahrten nach Rom, Santiago und Jerusalem, die am Ende des 11. Jahrhunderts einsetzenden Kreuzzüge und die Bewegung von Studenten an die neu entstehenden Universitäten beispielsweise in Italien. Hinzu kam ein stetiger Anstieg der Bevölkerung. Beide Faktoren brachten einen ebenso stetigen Anstieg der Armut wie der Zahl der Armen mit sich. Dabei wurden vor allen Dingen die Städte zum Anziehungspunkt für die Armen, und die städtische Gesellschaft gliederte sich immer mehr in »potens« und »pauperes« (Oexle 1986: 83), wobei letztere sich als anonyme Gruppe derer auszeichneten, die außerhalb der ständischen Gesellschaft keinerlei Privilegien, aber auch keine Pflichten besaßen.

Diese Vermehrung der Armut brach mit Kontinuitäten der Armenalmosen und provozierte neue Antworten. Die kirchliche und weltliche Obrigkeit ergriffen keine neuen Maßnahmen, die über die klassische Armenversorgung der Armutsgesetzgebung von Karl dem Großen oder die Versorgung durch die Klöster hinausgingen. Es waren Versorgungsstrukturen, die weder der wachsenden Zahl der Armen auch nur annähernd gerecht wurden, noch irgendwie koordiniert oder gar verwaltet organisiert waren. Ein Reflex dieser Zeit war die Herausbildung von Zünften, die die einzelnen Mitglieder der Gilde oder Zunft vor Verarmung schützen sollten. Zunächst waren es nur die Kaufleute, später auch die Handwerker, die zu diesem Mittel der Selbstorganisation griffen. Das heißt, dass innerhalb der Gruppe der Armen, soziale Differenzierungen der Zugehörigkeit, also der Teilinklusion geschaffen wurden, die eine Mindestabsicherung der Mitversorgung garantierten. Der wohl »bemerkenswerteste und bedeutsamste Indikator der neuen Armut im Hochmittealter« war die Gründung der Bettelorden, besonders sind hier die Franziskaner und die Dominikaner zu nennen (ebd.: 84). Ihnen war nicht nur durch die selbstgewählte Armut an der Nähe zu den Armen, sondern auch politisch an der Überwindung der Armut gelegen. Die sogenannten »pauperes Christi« waren für sie nicht mehr nur die Mönche, sondern alle Armen und Notleidenden. Ihre Anklage richtete sich auch auf den öffentlichen, städtischen Plätzen gegen Geiz, Hochmut, Wucher und Gewalt. Es entstanden erste Ansätze einer Sozialkritik, die den Mangel der Armen in einen kausalen Zusammenhang mit dem Überfluss der Reichen brachten. Für sie waren alle Menschen von Natur aus gleich, alle von Christus erlöst und deshalb galt für alle der Anspruch auf das gemeinsame Erbe der Schöpfung. Es kam zur Bildung von genossenschaftlichen Gemeinschaften von Laien und Klerikern, Armen und Reichen, also ersten Formen einer institutionalisierten Tendenz zur Subsidiarität und Solidarität. Ebenso wurden Spitäler, Armen- und Leprosenhäuser gegründet, die nicht mehr an Klöster gebunden waren, sondern deren Gründer und Betreiber dem ritterlichen oder bürgerlichen Stand zugehörten. In diese Zeit fiel beispielsweise auch die Gründung des Johanniterordens, des Antoniterordens und des Heilig-Geist-Ordens. Damit zeichnete sich eine Tendenz ab, die sich bis in die frühe Neuzeit hinein immer mehr verselbständigte: Die Armenversorgung blieb kein Domizil der Kirche, sondern wurde um zivilgesellschaftliche, damals bürgerliche und ritterliche Bewegungen ergänzt und schließlich sukzessive von der kommunal organisierten Versorgung abgelöst. Diese aber war deutlich funktionaler ausgerichtet und weniger der Wertebindung der Kirchen und dem Paradigma der Liebestat verpflichtet. Die Armenfürsorge gelangte unter das Regiment der Polizeiordnung, der Armenpolizei.

Ein wesentlicher Auslöser dieser Entwicklung waren die Pestwellen der spätmittelalterlichen Epoche, die anzeigten, dass die Kirche mit ihrer Armenfürsorge angesichts dieser Dramatik vollends überfordert war. Demografisch verursachten die Pestwellen einen zum Bevölkerungswachstum gegenläufigen Effekt, der aber nicht weniger zu einer ungeheuren Mobilität und zudem zur Zerstörung von gewachsenen Sozialstrukturen führte (vgl. Bergdolt 1994). Die erste Pestwelle setzt 1347 an von der Adria über den Atlantik und den Ärmelkanal bis zur Ostsee. Der drastische Bevölkerungsrückgang kann nicht genau beziffert werden, aber in manchen Regionen umfasste er vermutlich fast ein Drittel der Bevölkerung. Das daraus resultierende Überangebot an agrarischen Produkten führte zu einem erheblichen Preisverfall und entsprechender Verarmung der Landbevölkerung. Die Not auf dem Land, die Tatsache, dass ein Überleben von der Agrarwirtschaft für viele nicht mehr möglich war, trieb in der zweiten Hälfte des 14. Jahrhunderts Tausende von pauperisierten, besitzlosen Landbewohnern in die Städte. Das kam einerseits der Situation entgegen, dass Arbeitskräfte gesucht wurden, um die marodierende Infrastruktur wieder aufzubauen und die Wirtschaft anzukurbeln. Andererseits bot aber diese Landbevölkerung überwiegend nicht die Qualifikation, die für das städtische Handwerk erforderlich war (vgl. Castel 2000: 76).

Die Herausforderungen für die Städte waren enorm. Es galt, durch Organisation zentraler Verwaltungsstrukturen der Lage Herr zu werden. »Sie betrafen gesundheitspolizeiliche und hygienische Maßnahmen, [...] die Sicherung ärztlicher Betreuung, die Beseitigung der Pesttoten, die Reinigung und Desinfektion der Straßen und Häuser« (Oexle 1986: 88) und schließlich auch die Versorgung der Armen, Krüppel und Bettler. Der Mangel an Arbeitskräften führte zu einer verschärften Einschränkung der Freizügigkeit der Arbeitskräfte und dem Begehren, alle verfügbaren Arbeitskräfte dem Markt zuzuführen. Daraus resultierte eine bis heute bestehende Paradoxie: Obwohl ganz offensichtlich Arbeitskräfte fehlten, war das Stadtbild geprägt von arbeitslosen Bettlern, die statt zu arbeiten um Almosen nachsuchten. Sie waren »gefangen zwischen dem Imperativ der Arbeit und der schlichten Unmöglichkeit, in den vorgeschriebenen Formen zu arbeiten« (Castel 2000: 79). Die grundsätzlich ethische Logik, die sich zunehmend gesellschaftlich etablierte, war die Verbindung von Arbeit und Armut dergestalt, dass Arbeit Armut überwindet und folglich den Armen die Beweislast auferlegt wurde, darzulegen, warum ihrer Armut nicht durch Arbeit ein Ende gesetzt werden kann. Differenzierungen wurden gängig zwischen den »faulen Armen« und den »fleißigen Armen«, zwischen den »arbeitsfähigen« und »arbeitswilligen Armen« und jenen, die sich der Arbeit entziehen. »Dadurch wurden erstmals Ursachen von Armut und Bettel einer systematischen Betrachtung unterzogen.« (Oexle 1986: 91) Im Kontext der Anonymität der Armut wurde also eine moralische Differenzierung vorgenommen, die Kategorisierungen erlaubte und sowohl die Komplexität des Armutsphänomens als auch das Ausmaß der sozialen Verantwortlichkeit reduzierte. Zum Beleg dieses zunehmenden Zwangs zur Arbeit sei ein Zitat aus einem Gesetz von König Eduard III. von England aus dem Jahr 1349 angeführt. Da heißt es:

»Da viele gesunde Bettler es ablehnen zu arbeiten, solange sie von erbettelten Almosen leben können, und sich so dem Nichtstun, der Sünde, zuweilen gar der

Räuberei und anderen Verbrechen hingeben, darf niemand (unter Androhung der oben genannten Gefängnisstrafe) Leuten, die arbeitsfähig sind, unter dem Schein der Religiosität oder des Almosens etwas geben oder ihr Herumlungern fördern, damit man sie auf diese Weise zwingt, ihren Lebensunterhalt durch Arbeit zu erwerben.« (Oexle 1986: 89)

Die private Form mitleidiger Almosengabe, eine ehemals hochgehaltene Christenpflicht ersten Ranges, wurde also im Zuge der kommunal geregelten Armenordnung unter Androhung von Strafe untersagt. Die Disziplinierung zur Arbeit und die Reglementierung des Bettelwesens unter städtischer Kontrolle setzten damit erste systematische Spuren. Hintergründig unterlag dieser Praxis eine Ethik der Armut, die im Grundsatz von einer selbstverschuldeten Situation der Betroffenen ausging, und insofern hatten die von Armut und Bettel betroffenen Menschen die Legitimität ihrer Armut unter Beweis zu stellen. Nur noch der Stand der arbeitswilligen Bettler sowie der Blinden und Krüppel, deren Arbeitsaufnahme chancenlos war, galt als tolerierbar. Diese Form der städtischen Kontrolle nahm in den folgenden Jahrhunderten immer filigranere und restriktivere Züge an.

Aus der Stadt Nürnberg ist uns eine der ältesten Armenordnungen aus der zweiten Hälfte des 14. Jahrhunderts überliefert, die mehrfach im 15. und 16. Jahrhundert überarbeitet wurde. Eine wesentliche »Innovation« der Nürnberger Bettelordnung war die Herstellung von Bettelzeichen, ohne die jedwede Bettelei strafrechtlich verfolgt wurde. Die Vergabe dieser Bettelzeichen unterlag ebenso wie die Rationierung von Almosen einem Amt, dem Amt des Pignot Weygel, der erste kommunale Sozialarbeiter, eine Nachfolgeinstitution des von der päpstlichen Kämmerei observierten Amtes, der pignotta, so nannte man die kleinen, an die Ärmsten zu verteilenden Brote (vgl. Sachße/Tennstedt 1980: 33; Mollat 1984: 123). Dieses Amt führte Listen, die sogenannte matricula, auf der die Ärmsten registriert wurden. Es klärte unter Zitierung von Zeugen die Frage der wirklichen Bedürftigkeit und gewährte gegebenenfalls Bettelzeichen, deren Vergabe befristet war. In der Regel musste spätestens nach einem halben Jahr erneut die Verlängerung der Vergabe eines solchen Bettelzeichens, das übrigens sichtbar um den Hals gehängt zu tragen war, beantragt und geprüft werden. Wer nicht mehr bedürftig war, dem sollte das Zeichen entfernt werden, und er sollte an Eides statt versichern, für ein Jahr die Stadt zu verlassen. Ortsfremden Bettlern wurde nicht mehr als zwei Tage im Vierteljahr das Betteln erlaubt, und weit abgestuft galt für die »selbstverschuldeten Armen«, dass sie nicht mehr als einen Tag im Jahr in der Stadt ihre bettelende Aufwartung machen durften. Die Prüfung der Bedürftigkeit betraf nicht nur den um Bettel Beantragenden alleine, sondern bezog sich auch auf das familiale Umfeld. So wurde, wenn Kinder über acht Jahre vorhanden waren, das Bettelzeichen verwehrt, weil die Kinder als arbeitsfähig galten und folglich ersatzweise die Fürsorge für die Eltern übernehmen konnten. Die Vergabe eines Bettelzeichens war, wenn man so will, eine minimalistische Form der »Befähigungsgerechtigkeit«, die die Betroffenen lediglich befähigte, sich durch Bettelei am Leben zu erhalten. Diese Art der »Fürsorgeleistung« in Form der Bedürftigkeitsprüfung und der Vergabe eines Bettelzeichens diente natürlich auch der Abschreckung und sollte folglich die Moral kultivieren, seinen Lebensunterhalt durch Arbeit – welcher Art auch immer – zu bestreiten, um jede Form der auf öffentliche Fürsorge angewiesenen Bedürftigkeit zu vermeiden. Radikaler noch war die Problemklärung durch mittelalterliche Bettelschübe, Massentransporte von Bettlern, die nach dem Prinzip des Heimatfürsorgeprinzips zunächst an zentraler Stelle und von dort in ihre Geburtsorte verbracht wurden (vgl. Sachße/Tennstedt 1980: 31). Die Stadt Paris wusste sich 1516 angesichts der durch mehrfache Missernten ausgelösten Landflucht nicht anders zu helfen, als die Vertreibung aller Vagabunden aus der Stadt zu befehlen (vgl. Strohm/Klein 2004: 62).

Die Konstruktion von Zeiten, Rhythmik, Fristung, Gewährung oder auch Infragestellung von Dauer der »Alimentierung« oder auch die Mitveranschlagung von Familienmitgliedern in Form einer Bedarfsgemeinschaft bildeten Versuche einer disziplinierenden Systematisierung der sozialen Praxis, die bereits Grundkategorien der gesellschaftlichen Ethik der »Armutsbehandlung« abbilden, wie sie sich Jahrhunderte später auch im Zweiten Sozialgesetzbuch wesentlich differenzierter ausgeprägt haben. Zur Aufrechterhaltung der öffentlichen Ordnung wurden im Laufe der Jahrhunderte nicht nur Restriktionen genutzt, etwa wenn beim Betteln Plätze, beispielsweise an den Kirchen, aufgesucht wurden, an denen das Betteln verboten war. Hinzu traten systematisch aufgebaute Institutionen, die diese Form der Sozialdisziplinierung verschärften. Eine dieser Formen abschreckender Verortung von vermeintlich arbeitsunwilligen Subjekten wurde durch die Einrichtung von »Zucht- und Arbeitshäusern« gestaltet. Sie übertrafen in ihrer disziplinierenden Rigidität alle bislang gewählten Methoden, der Armutslage Herr zu werden. Ausgehend vom

Pionierprojekt, der ältesten 1555 in London gegründeten Anstalt, fanden diese in den Niederlanden, in Frankreich als »hopitaux généraux« sowie in Deutschland Verbreitung, allein zwischen 1670 und dem Ende des 18. Jahrhunderts gab es 35 Neugründungen in Preußen (Sachße/Tennstedt 1980: 113). Die Verbringung der Betroffenen, oftmals wohnungslose Bettler und ortsfremde Vagabunden, in diese Zucht- und Arbeitshäuser hatte einen zweifachen Effekt. Sie diente zum einen der Entfernung der Betroffenen aus dem öffentlichen Raum. Zum anderen zielte die Architektur der Zucht- und Arbeitshäuser auf disziplinierende Isolation, räumlich differenzierte Verortung von Kriminellen und Vagabunden sowie optimale Überwachung der Insassen in allen Lebensvollzügen. Der Raum als Kontrollmittel, das gab der Architektur eine neue inspirierende Funktion (vgl. Stekl 1986: 123ff.; Foucault 1994). So bestimmte das Reglement für das Zucht- und Arbeitshaus zu Stettin vom 6. November 1723 folgendermaßen:

»Hat der Zuchtmeister im Beyseyn des Inspektors Strafe und Züchtigung mit diktierten Peitschenschlägen zu exequieren und aufzupassen, daß die Züchtlinge des Sommers um 4, des Winters um 5 Uhr aufstehen und nach geschehenem Ankleiden und Reinigen ihre Andacht im Singen und Beten haben. Während der Arbeit hat er kein Plaudern oder Gezänke zu dulden, des Mittags und Abends nach dem Essen sie beten und ein Danklied singen zu lassen. Sollen die Züchtlinge Sonntags weiß Zeug anlegen und nichts treiben, wodurch der Sabbath entheiligt werde, sondern den ganzen Tag mit Singen und Beten zubringen.« (Sachße/Tennstedt 1980: 160)

An anderer Stelle heißt es:

»Auf gleiche Weise soll des Abends durch die Glocke um 8. Uhr angedeutet werden, dass sie sich zum Abend-Seegen und Einstimmung eines Liedes versammlen; nach dessen Endigung sie sämmtlich um 9. Uhr [...] sich an denen vor Mannes- und Weibes-Personen, jeden besonders, angewiesenen Stellen und Orten ruhig schlafen legen sollen, so daß nach 9. Uhr alles stille und die Thüren verschlossen seyn; auch niemand ohne sondere Noth des Nachts aufstehe, aus der Schlaf-Cammer gehe oder herum wandele.« (Ebd.: 164)

Die Rhythmik von Schlaf-, Aufsteh-, Gebets-, Arbeits- und Mahlzeiten war somit völlig der eigenen Verfügungsgewalt entzogen und der totalen

Fremdbestimmung überlassen, so dass der Wiener Sozialwissenschaftler Hannes Stekl zu Recht die Zucht- und Arbeitshäuser als »Vorreiter einer rigorosen Zeitdisziplin« beschreiben kann (Stekl 1986: 122). Dieses ethische Prinzip, die Ausstattung der nicht arbeitenden Bevölkerung mit dem Lebensnotwendigen stets auf einem eher unappetitlichen Niveau zu halten, um ein Verweilen in dieser Lebenslage möglichst zu unterbinden, schlägt sich noch in der Literatur des frühen 20. Jahrhunderts nieder. In seiner Einleitung zum Handwörterbuch der Staatswissenschaften von 1909 formuliert Paul Felix Aschrott:

> »Der Staat hat ein erhebliches Interesse daran, dass bei der Bevölkerung von Unterstützungen auf das energischste Bedacht genommen wird, dass die Bevölkerung in ihrem Bestreben, selbst für sich zu sorgen, nicht nachlässig wird [...]. Ja, es erscheint erforderlich, mit der Unterstützung Beschränkungen zu verbinden, welche für den Empfänger der Unterstützung empfindlich sind und ihn veranlassen, von der Inanspruchnahme der öffentlichen Unterstützung, solange es noch irgend möglich ist, Abstand zu nehmen [...].« (Aschrott 1909: 4, zitiert in: Huster 2008: 252)

Hier spiegelt sich nichts anderes wider, als das späterhin in der bundesrepublikanischen Sozialpolitik greifende Lohnabstandsgebot.

Arbeitslosigkeit – die Kammer der Scham (II)

Das Paradigma, dass Arbeit angeblich vor Armut schützt, ist brüchig. Es war noch nie konsistent, aber gerade dieser Umstand hat über Jahrzehnte ein System sozialer Sicherung etabliert, das bis zur Hartz-IV-Reform als relativ armutsfest bezeichnet werden kann. Aber auch der andere Aspekt der gesellschaftlichen Ethik, dass die Ursache von Arbeitslosigkeit aus dem Humandefizit mangelnder Anstrengungsbereitschaft der Betroffenen resultiert, ist nachweislich obsolet. Dennoch stellt die Systematik der Sozialgesetzgebung nach wie vor darauf ab, dass die Aktivierung der Menschen in Arbeitslosigkeit der eigentlichen Ursache der Misere begegnet. Die Art der sich daraus ergebenden Disziplinierung ist wesentlich subtiler als der Entzug von Freiheit in den Zucht- und Arbeitshäusern. Aber sie ist einer durchaus vergleichbaren Systematik und Ethik geschuldet. So ist sicher der Tagesablauf eines Menschen in Arbeitslosigkeit keiner minutiös getakteten Reglementierung durch den Einfluss Dritter unterzogen. Dennoch sei hier die These aufgestellt, dass die Dimension der von Robert E. Goodin bezeichneten »Discretionary time«, also der dem »eigenen Ermessen unterliegenden Zeit«, aus multiplen Gründen keine oder kaum Entfaltung finden kann (vgl. Goodin u.a. 2008).

Die Disziplinierungsformen unterliegen vor allem einem strengen Regime zeitlicher Reglementierung. Für jede Person, der betriebsbedingt gekündigt wird, setzt mit dem Tag der Kündigung eine Stoppuhrmaschinerie ein, die immer tiefer in den Sog des zeitlichen Fremdzwangs zu ziehen droht. Die Kündigung ist unmittelbar der ARGE mitzuteilen, damit fristgerecht die Vermittlungsarbeit einsetzen kann. Bei Zuwiderhandlung drohen drei Monate Entzug des Arbeitslosengeldes. Wenn nun die Vermittlungsversuche auch nach erfolgter Beendigung des Beschäftigungsverhältnisses keinen Erfolg zeitigen, beginnt die Zahlung des Arbeitslosengeldes I längstens für ein Jahr, wenn man nicht eh zu den 25 Prozent der von Arbeitslosigkeit betroffenen Person gehört, die sofort mit dem Beginn der Arbeitslosigkeit in die Grundsicherung des Arbeitslosengeldes II rutschen. Die Kontinuität der Lebensstandardsicherung über die dem Arbeitslosengeld nachfolgende Arbeitslosenhilfe ist mit der Hartz-IV-Gesetzgebung gestrichen worden. Die zeitliche Fristung des Bezugs von Arbeitslosengeld I zeigt zugleich den Termin des Status minimierenden Übergangs in den Hartz-IV-Regelsatz an.

Ist dieser Abstiegsstatus in den Rechtskreis des Zweiten Sozialgesetzbuches (SGB II) vollzogen, setzen merkwürdige, auch zeitliche Paradoxien ein. Beispielsweise ist hier die zeitliche Verknappung von Eingliederungsleistungen, insbesondere der nach § 16d unter dem Stichwort »Ein-Euro-Jobs« aufgeführten Arbeitsgelegenheiten zu nennen. Die ursprünglich angedachte Befristung dieser Arbeitsgelegenheiten auf 18 Monate Laufzeit ist zunächst auf zwölf und schließlich in den Ausführungsbestimmungen der Bundesagentur für Arbeit effektiv auf sechs Monate vorgenommen worden. Nun ist es aber eine erwiesene, praxiserprobte Erfahrung, dass eine gewisse Dauer von Eingliederungszeiten erforderlich ist, um die Chancen auf einen Ausstieg aus Langzeitarbeitslosigkeit zu erhöhen. Die Erfahrung, dass nach drei oder vier Monaten des Ein-Euro-Jobs noch keine Integration in den ersten Arbeitsmarkt gelungen ist und die Sorge, dass auch keinerlei Verlängerung genehmigt wird, lässt den aufkeimenden Hoffnungsschimmer, eine wenigstens arbeitsähnliche Lebensgestaltung vollziehen zu können, erneut ersticken. Die vielfach eingeforderte »Anstrengungsbereitschaft« ist nach empirischen Studien bei diesem Personenkreis überwiegend gegeben. Das Scheitern an der Integrationsmarke hat aber oftmals strukturelle Ursachen, die durch den lokalen Arbeitsmarkt insbesondere in den neuen Bundesländern, im Saarland oder in der Ruhrgebietsregion bedingt sind. Viele der betroffenen Personen würden dauerhaft einen solchen Ein-Euro-Job gegenüber einem dauerhaften Leben ohne Arbeitsgelegenheit vorziehen (vgl. Wiedemeyer 2009). Eine Tages-, Wochen- und Jahresstruktur in der dem Erwerbsarbeitsleben vergleichbaren Taktung, eine gewisse Betriebszugehörigkeit und soziale Einbindung inklusive der materiellen Verbesserung der Lebenssituation sind Haftpunkte, die erstaunlich genug selbst dieses Wenige als bessere Alternative zur puren Arbeitslosigkeit erscheinen lassen.

Dass dieses Wenige nun selbst noch im Zuge der Instrumentenreform der Bundesregierung abgebaut wird, die sogenannten 16e-Stellen, die unbefristete Leistungen der Beschäftigungsförderung für Menschen mit mehrfachen Vermittlungshemmnissen ermöglichten, gegen Null gefahren werden, ist ein deutliches Signal, Menschen in Langzeit- oder Dauerarbeitslosigkeit ihrem desolat egalisierenden Lebens- und Zeitzustand zu überlassen. Das allerdings wiederum nicht frei von bürokratischer Observanz: Fristsetzungen zum Erscheinen bei der ARGE, kurzzeitig angesetzte Maßnahmen wie Bewerbungstraining oder Deutschkurse selbst in unsinnigsten Fällen sind unter Androhung von finanziellen Sanktionen auch bei Menschen, die jahrelang arbeitslos sind, keine Seltenheit. Sie sollen die Bereitschaft zur Arbeitsaufnahme stabil halten. Wer sich dieser Fristsetzung fügt, den Gang zur ARGE vollzieht und sich den dort kultivierten Warteschleifen bis zum Erscheinen der gezogenen Nummer am Display fügt, wird in jenen nicht selten drei bis sechs Stunden auf behördlichen Sitzplätzen nochmals deutlich Gewahr, dass auch Wartezeit ein geeignetes Medium ist, um hierarchische Verhältnisse und das Maß gesellschaftlicher Diskreditierung zu spiegeln. Die von dieser Art behördlicher Erfassung, Fristensetzung und Wartezeit befreite Zeit beträgt auf Antrag drei Wochen im Jahr, kein Urlaub, sondern Zeit, die man der Suggestion unterziehen kann, wenigstens einen Rest an »discretionary time« zu haben, an Zeit, die dem eigenen Ermessen der Person untersteht. Nur, dass der Ermessenspielraum in der Regel finanziell der Mobilität und dem Aktionsradius deutliche Grenzen setzt.

Gäbe es nicht Alternativen, diesen Pressuren zu entgehen und sei es nur durch eine politische Bewegung von Menschen in Armut und Arbeitslosigkeit? Das theoretische »Rüstzeug« dazu bekäme man von Hannah Arendt. Sie beklagt, dass Erwerbsarbeit, insbesondere wenn sie körperlich oder seelisch dominant und belastend ist, eine systematische Reduktion des Menschen auf sich selbst in Form eines auf Arbeit und Konsum fixierten Daseins bedeutet, das zunehmend gegenüber dem Weltbezug des Politischen abstinent wird.

»Marx hat […] auch recht behalten mit seiner kuriosen Voraussage, dass das vergesellschaftete Animal laborans seinen Überschuss an Freizeit, also seine teilweise Befreiung von der Arbeit, nicht dazu benutzen würde, sich der Freiheit der Welt zuzuwenden, sondern seine Zeit im Wesentlichen mit den privaten und weltunbezogenen Liebhabereien vertun werde, die wir Hobby nennen. […] Das Animal laborans flieht nicht die Welt, sondern ist aus ihr ausgestoßen und in die unzulängliche Privatheit des eigenen Körpers, wo es sich gefangen sieht von Bedürfnissen und Begierden, an denen niemand teilhat und die sich niemandem voll mitteilen können.« (Arendt 1981: 106f.)

So, kurz gefasst, eine ihrer Grundthesen. Arbeitslosigkeit befreit aber nicht und löst nicht von dieser Reduktionsmacht. Denn sie ist in der Regel kein selbstbestimmtes biografisches Konzept oder Ausdruck autonomer Entscheidung. Sie ist schon gar nicht ein Freiheitsraum zur Entfaltung des politischen Weltbezugs, sondern sie wird erlitten, sie ist Verlusterfahrung. Der Verlust ist dabei mehrfach dimensioniert. Er betrifft die materielle Ebene eines auf knappe Grundsicherung angewiesenen, alimentierten Lebens, zweitens die Defizitebene ausbleibender sozialer Einbindung und Akzeptanz außerhalb des unmittelbar familialen Kontextes und schließlich die Ebene der Zeiterfahrung und Zeitstrukturierung.

Von Arbeitslosigkeit betroffene Menschen sind ja nicht per se der Sozialisation jener auf das Erwerbsleben projizierten Erwartung enthoben, dass die Entfaltung menschlichen Lebens sich durch Arbeit vollzieht. Der gesellschaftlich vermittelte Fremdzwang einer Ethik, sich durch Arbeit ein autonomes und alimentierungsfreies Leben zu erwirken, verbleibt auch bei Menschen in Arbeitslosigkeit nicht auf der Ebene der externen Erwartungen. Vielmehr legt sich diese Ethik auch als Ethos disziplinierend in Form einer selbstkontrollierenden Technik der von Arbeitslosigkeit Betroffenen aus. Foucault spricht von den »Technologien des Selbst«, also von einer subjektiven Norm, die für den Einzelnen handlungsleitend wird (Bröckling u.a. 2012: 28f.). Es ist aber entgegen der These des Baseler

Philosophen Byung-Chul Han zu bezweifeln, dass dieser äußere Zwang zur Arbeit, dem sich in aller Regel Menschen in Arbeitslosigkeit auch selbstnormierend unterziehen, in ein Gefühl von Freiheit transformiert werden kann. Byung-Chul Han formuliert: »Die Machttechnik des neoliberalen Regimes nimmt eine subtile Form an. Es bemächtigt sich nicht direkt des Individuums. Vielmehr sorgt es dafür, dass das Individuum von sich aus auf sich selbst so einwirkt, dass es den Herrschaftszusammenhang in sich abbildet, wobei es ihn als Freiheit interpretiert.« (Han 2014: 42) Das mag zutreffend sein für all diejenigen, die diese Freiheit als Freiheit des Konsums mit jedem Gehaltszuwachs expandieren sehen. Vermutlich hatte Byung-Chul Han bei dieser Formulierung weniger Menschen in Arbeitslosigkeit und Armut im Blick.

Das Biografiekonzept der Erwerbsarbeit ist also in der Regel auch bei Menschen in Arbeitslosigkeit ursprünglich und inwendig normiert und sozialisiert. Es entwirft ebenso Zeit bis zu einem bestimmten Zeitpunkt als offene Zukunft, es sei denn, dass sich biografisch schon sehr früh die jugendliche Selbstzuschreibung als »Hartzer« verfestigt hat. Menschen in Arbeitslosigkeit müssen somit ihre Zeitqualität ohne jene erwerbsbiografiebezogenen Zeniterwartungen des »Aufwärts« und »Höher« entwerfen. Zeitliche Utopien versickern oftmals in der fatalistischen Selbstwahrnehmung einer linear absteigenden Kurve des Lebensverlaufs, der Projektion offener Zukunft frühzeitig beraubt. Die zenitleere Egalisierung der Zeit spiegelt sich auch in der gängigen begrifflichen Kategorisierung: Von der noch hoffnungslatenten Situation *vorübergehender* Arbeitslosigkeit unter Bezug des Arbeitslosengeldes I geht es über in das Stadium der *Langzeit*arbeitslosigkeit bis hin zur definierten Lebenslage der *Dauer*arbeitslosigkeit. Die Zeit wird damit rein definitorisch unter das Signum des Verlustes, des »Ohne-Arbeit-Seins« defizitär qualifiziert, und im Übrigen wird diese Disqualifizierung noch durch den Wechsel vom Arbeitslosengeld I in die Grundsicherung des Arbeitslosengeldes II finanziell restriktiv materialisiert. Zudem: Das Fehlen der erwerbsarbeitsbezogenen Zeitstrukturierung des Tages, der Woche, des Jahres wie auch der Biografie insgesamt, hat subtile, sozial marginalisierende Folgen. Auszeiten gibt es nicht in diesem Dauerzustand. In dieser durée herrscht nicht die Differenz zwischen Arbeitszeit und Freizeit, Arbeitsjahr und Urlaub, es gibt keine »verdiente« Auszeit ohne Arbeit, sondern Zeit ohne Arbeit ist alle Zeit, ist dauerhaft entwertete Zeit. Dem zu entrinnen, ist kaum möglich und gelingt nur wenigen.

Die in der Lebenslage langer oder dauerhafter Arbeitslosigkeit zu konstatierende Selbstentwertung des eigenen Lebensverlaufs ist kein individueller Knacks, dem durch therapeutische Begleitung zu begegnen ist. Sondern sie hat überwiegend objektive, der Situation am Arbeitsmarkt geschuldete Gründe. Es herrscht aber eine geradezu systematische Verweigerung, das Thema Arbeitslosigkeit und Armutsentwicklung in Deutschland unter diesen strukturellen Gesichtspunkten politisch offensiv zu diskutieren. Stattdessen werden die Ursachen der aus Arbeitslosigkeit resultierenden Armut individualisiert und zugleich moralisiert. »Armutsprävention« im Rahmen der Grundsicherungs-Alimentierung mutiert dabei zu einer bürokratisch vermittelten Ratschlagskultur, wie Menschen in Armut diese Lebenslage optimal gestalten können, anstatt dass sie von politischer Seite flankiert oder behoben wird. Das führt dann zu einer peinlichen Empowerment-Strategie für vermeintlich finanzinkompetente Transferleistungsbezieher. Ein bezeichnendes Beispiel für diese Art der respektlosen Fürsorgeratschläge in Sachen Armutsprävention ist wohl der Rezeptkatalog des Jobcenters in Pinneberg, der »Arbeitslosengeld II Ratgeber« (Jobcenter Kreis Pinneberg 2013). Hier erfährt der im ALG-II-Bezug stehende Bürger in Comic-Manier zubereitet, wie er in Sachen Haushaltsführung zu sportiven Kompetenzsteigerungen befähigt werden kann. Hartz-IV-Empfänger sollten weniger Fleisch essen, auf Mineralwasser im Sechserpack zugunsten von Leitungswasser verzichten, die Möbel auf Notwendigkeit und denkbare Verkaufsstrategien hin sichten, die Heizkörper nicht zustellen, den Standby-Betrieb elektronischer Geräte ausstellen, in alle Spülkästen moderne Wasserspülungen mit Stopptaste einbauen, duschen statt Vollbad und schließlich ihr Einkaufsverhalten kontrollieren. »Gehen Sie nie hungrig einkaufen. Denn dann landen meist mehr Lebensmittel in Ihrem Einkaufswagen, als Sie zeitnah verbrauchen können«, so lautet einer der zahlreichen Tipps (ebd.: 87).

Zutreffend ist sicher, dass der Mangel an finanziell überlegtem, energiebewusstem und Überfluss vermeidendem Konsum, also der Mangel an einer insgesamt haushalterisch kompetenten Lebensführung kein Privileg der Ober- und Mittelschicht ist. Sicher ist auch der eine oder andere lebenspraktische Ratschlag, wie Armut effizienter privat verwaltet und gestaltet werden kann, nicht sinnlos. Aber wenn auf didaktisch infantile Weise das strukturelle Problem steigender Armut in Deutschland durch konsumethisches Verhaltenstraining der von Armut Betroffenen gelöst werden soll, dann ist dies nichts anderes als ein weiterer Baustein der bürokratischen Diskriminierung von Menschen in Arbeitslosigkeit und Armut.

Für viele ist also nicht nur finanziell und aus Gründen sozialer Akzeptanz jede Arbeit besser als keine, ob befristet, geringfügig, im Niedriglohn oder als Zeitarbeit, sondern auch die Rahmenbedingungen der Arbeit, die die Arbeitszeit, Flexibilisierungsansprüche, Verfügbarkeit, Mobilität und Verdichtung von Arbeit betreffen, werden oftmals klaglos oder geradezu wie der Vollzug eines unhinterfragbaren Sachzwangs akzeptiert. Denn die Alternative zu dieser Kultur des Mitmachens in Form von Arbeit, dem Signum der Zugehörigkeit zur intakten Gesellschaft, ist ein Leben ohne Arbeit, in Armut und gesellschaftlicher Ächtung und entmündigendem Umgang. Die Etablierung dieser Sachzwangslogik hat sich Salonfähigkeit erkämpft. Sie ist geschlechtsneutral dominant, hat die Domäne der Männer verlassen und sich längst zum maßgeblichen Imperativ weiblicher Sozialisation erhoben. Und diese Logik greift schon sehr früh und beginnt mit den institutionellen Zugriffen frühkindlicher Pädagogik.

Flexibel, mobil, ausgebrannt

Die Etappe, in der die Gewerkschaften sich am Leitbild einer wöchentlichen Arbeitszeit von durchschnittlich 35 Stunden orientiert haben, ist Historie. Die diesbezüglichen Erfolge der IG-Metall Mitte der 1980er Jahre des letzten Jahrhunderts waren wenig nachhaltig und sind inzwischen dem Standard einer mindestens 40-Stunden-Woche gewichen. Nimmt man die Zahl der geleisteten Überstunden, der der Mobilität geschuldeten, staugeprägten Wegzeiten im Pendelerstrom sowie der informellen »privaten« Erledigung von erwerbsbezogenen Belangen an Wochenenden hinzu, so ergibt sich nicht selten eine durch Arbeit gebundene wöchentliche Zeit von mehr als fünfzig Stunden. Aber der Hinweis allein auf diese quantitative Dimension erfasst das gemeinte Phänomen nur unzureichend. Er spiegelt nur die etablierte Bereitschaft vieler Arbeitnehmerinnen und Arbeitnehmer, sich für die betrieblichen Belange einsatzbereit, bedingungslos und in jeder Hinsicht flexibel zur Verfügung zu stellen, wenn auch nicht selten getrieben von der Sorge, ansonsten den Arbeitsplatz zu verlieren.

In seinem Buch »Der flexible Mensch« erschließt der amerikanische Kulturkritiker und Publizist Richard Sennett die Bedeutung, unter der das Wort »Flexibilität« im 15. Jahrhundert im englischen Wortschatz Einzug gehalten hat. Danach wurde es »aus der einfachen Bedeutung abgeleitet, dass ein Baum sich zwar im Winde biegen kann, dann aber zu seiner ursprünglichen Gestalt zurückkehrt«. »Flexibilität«, so Sennett, »bezeichnet zugleich die Fähigkeit des Baumes zum Nachgeben, wie die, sich zu erholen, sowohl die Prüfung als auch die Wiederherstellung seiner Form« (Sennett 1999: 57). Führt man sich die botanische Beheimatung des Begriffs vor Augen, so mag man seine Bedeutung für völlig natürlich und lebensdienlich halten. Denn sowie die flexible Bewegungsfähigkeit mit zunehmendem Alter und morscher Stammsubstanz verloren geht, ist das Ende des Gehölzes eingeleitet.

Obwohl sich keine traditionsgeschichtliche Linie von diesem biologischen Ursprung des Begriffs zu seiner gegenwärtigen Nutzung nachweisen lässt, scheint die Übertragung jener naturhaften Eigenart flexiblen Verhaltens sozusagen von der Botanik auf die Anthropologie nicht einen Hauch an kritischer Infragestellung zuzulassen. Die Fähigkeit, flexibel zu sein, feiert den Status einer anthropologischen Primärtugend. Ihre Entfaltung wirkt wie die selbstverständliche Einlösung menschlicher Daseinsbestimmung. Die gestaltende Sogkraft, die dieses zivilisatorische Leitwort in den letzten gut zwanzig Jahren gewonnen hat, wäre ohne den Charme verheißender Lebensentfaltung im flexiblen Dasein nicht denkbar gewesen. Oskar Negt führt diese sozialpsychologische Wirkung auf die ökonomische Lösungskompetenz zurück, die der Flexibilisierung von unternehmerischer Seite als Instrument der Krisenintervention erfolgreich zugeschrieben wird. Nach dieser Logik ist nicht

> »das Kapitalverhältnis [...] Krisenverursacher; die eigentlichen Krisenherde liegen in der [...] chronischen Inflexibilität des Menschen. [...] Wer also eine Krisenlösung auf dem Niveau der Zweiten Moderne will, [...] der muss sich auf das Feld einer seelischen, bewußtseinsmäßigen, ja genetischen Bearbeitung des Menschen begeben. Nur wenn die Menschen anpassungsfähig, bescheiden, marktbewusst werden, sind Krisenlösungen zu erwarten, die der revolutionären Kraft des modernen Kapitalismus angemessen wären.« (Negt 2001: 172f.)

Das Defizit einer zumindest angeschlagenen Arbeitsgesellschaft, wie es sich beispielsweise am Niveau der gesamteuropäischen Arbeitslosenzahl festmacht, wird als Mangel an Flexibilität definiert, seine Beseitigung wird daher zum Disziplinierungsimperativ für Beschäftigte und zum Aktivierungsimperativ für Arbeitslose. Ist die ökonomische Funktionsfähigkeit des Systems nur durch zeitlich flexibel angepasstes Verhalten zu erfüllen, dann muss das Eigeninteresse an zeitsouverän ausbalancierter Gestaltung von Arbeit und Leben hinter dem Gemeininteresse betrieblicher Anforderungen rangieren. Es geht um die modernistische Aufholjagd, durch Einübung von flexibler Bringschuld den menschlichen Makel des Unflexiblen zu beseitigen. Es geht um die Behebung systemsperriger Verhaltensresistenz und die Herstellung einvernehmlicher Akzeptanz, dass die individuelle zeitorganisatorische Anpassungsleistung an den Strukturwandel von Dienstleistung und Produktion alternativlos ist. Just-in-time-production und Abbau von Lagerkapazitäten bedeuten, dass der Druck der Nachfrage unmittelbar in die Betriebshallen verlagert wird (vgl. Boltanski/Chiapello 2006: 124). Der zeitlich disponible Arbeitseinsatz durch Überstunden und Zeitkontenfüllung einerseits und der Abbau von Zeitkonten oder die Aufnahme von Kurzarbeit andererseits gehorchen primär der Logik, saisonale oder konjunkturelle Schwankungen auszutarieren. Dass die Kontoführung über jene Zeitkonten auch der eigenen Verfügungssouveränität der Beschäftigten unterliegen kann, ist der Idealfall, soweit betriebliche Interessen nicht tangiert sind (vgl. Becker 2000).

Für die Durchschlagskraft dieses Erfolgsmodells flexibler Arbeitszeitmuster war allerdings psychologisch genau jene Verheißung maßgeblich, dass flexible Arbeitszeitmodelle anknüpfungsfähiger sind an die Zeitgestaltungswünsche der Beschäftigten. Genauer gesagt: mehr individuelle Zeitsouveränität als Mitnahmeeffekte einer sich ändernden betrieblichen Arbeitszeitstruktur, Gleitzeit mit individuell bedarfsorientierten Anfangszeiten alltäglicher Arbeit, Samstags- oder auch Sonntagsarbeit für Menschen, die diesen freien Tagen eher mit gelangweilter Verlegenheit entgegensehen. Diese Prophezeiungen einer neuen Autonomie, einer aufkeimenden Kultur der individuell passgenau orientierten Arbeitszeitarrangements warteten mit einer Attraktivität auf, gegen die die warnenden Dammbruchargumente von Kirchen und Gewerkschaften vor einer Rund-um-die-Uhr-Ökonomie eher wie der regressive Rückzug auf einen antiquierten Kulturpessimismus wirkten. Mit Byung-Chul Han kann man die Funktionstüchtigkeit dieser Verheißungen individueller, autonomer und souveräner Verwirklichung des Zeitarrangements auch als einen Beleg für den erwähnten Wandel der »Machttechnik des neoliberalen Regimes« bezeichnen. Nochmals und nun stimmig: »Das unterworfene Subjekt ist sich hier nicht einmal seiner Unterworfenheit bewusst. Ihm bleibt der Herrschaftszusammenhang ganz verborgen. So wähnt es sich in Freiheit.« (Han 2014: 26)

Dass es im Einzelfall gelingen kann, flexible Arbeitszeiten individuell nutzbar zu machen für die Vereinbarkeit von Arbeit und den Ansprüchen an die Organisation der sonstigen sozialen Zeit im Bereich familialer Bindungen, der Freizeitgestaltung, dem Vereinsleben oder dem bürgerschaftlichen und politischen Engagement, sei zugestanden. Jenseits dieser Glücksfälle geht es aber um die Wahrnehmung der gesamtgesellschaftlichen Dynamik, mit der jene »Fleximodelle« eine Regelungstiefe entfalten, die weite Fasern der gesamtgesellschaftlichen Zeitorganisation durchzieht. Die kontinuierlich voranschreitende Entrhythmisierung und der Verlust von Stetigkeit und Planbarkeit der Arbeitszeit ziehen auch soziale Zeiten, Zeiten der Familie, die »Feierabendkultur«, die Organisation des Vereinswesens und die Stabilität von politischem und bürgerschaftlichem Engagement in Mitleidenschaft. Die Deregulierung der Arbeitszeiten im produzierenden und produktionsnahen Dienstleistungssektor hat den Imperativ der Solidarität aufgebaut, auch im Einzelhandel mit der Ausdehnung auf spätabendliche Ladenschlusszeiten flexibel für »die Kolleginnen und Kollegen« zu reagieren, die spät abends noch einkaufen müssen. Und der personennahe Dienstleistungsbereich nicht nur in der Pflege, sondern auch in der Erziehung und Betreuung von Kindern in den Kindertagesstätten und Familienzentren, sieht sich mittlerweile ebenso gefordert, seine Dienstleistungszeiten bis in den späten Abend, über das Wochenende oder gar rundum als 24-Stunden-Kita vorzuhalten (vgl. Manuela Schwesig eröffnet 24-Stunden-Kita 2014). Dem Druck auf die institutionelle Flankierung der mit ihrem Zeitarrangement oftmals überlasteten Eltern durch familienfreundliche Öffnungs- und Betreuungszeiten zu begegnen, lenkt geschickt von der eigentlichen Legitimationsinstanz ab, nämlich der teilweise ungebändigten Flexibilisierung von Arbeitszeiten in den Unternehmen. Dass inzwischen eine weitere Legitimationsfrage entsteht, ist gerade dem Ausbau der öffentlichen Betreuung und Erziehungssysteme zu verdanken. Eigentlich sollte dies dem Zweck dienen, Familien entlastend eine bedarfsgerechte und verlässliche Versorgung ihrer Kinder zu ermöglichen, was es auch weitgehend tut. Aber darüber sehen sich junge Eltern, überwiegend Frauen, zur Auskunft genötigt, warum sie immer noch nicht (wieder) arbeiten, wo doch ihr bald zwölf Monate alter Säugling längst in einer Kindertagesstätte untergebracht sein könnte. Das Angebot zur Unterbringung des Kindes, das eigene, frei gewählte Optionen ermöglichen soll, mutiert zum institutionellen Mittel eines verdeckten oder auch offensiven Arbeitsimperativs gegenüber den Eltern, vorzugsweise den Frauen.

Dahinter verbirgt sich möglicherweise auch die Angst, dem drohenden Relevanzverlust für das System der Erwerbsarbeit untätig ausgeliefert zu sein. Die Fiktion, aus der sich dann panisches Lebensgefühl nährt, ist die unaufhaltsam tickende Uhr, die für die in der Sorgearbeit verbleibenden Eltern täglich bemisst, wie groß der zeitliche Abstand sich weitet zu denjenigen, die unaufhaltsam weiterjagen auf der Beschleunigungsspur miteinander konkurrierender Erwerbsbiografien. Die Pressure in der rush hour of life erlaubt eben keine ungenutzt verstreichende Zeit. Sie verlangt nach der Kompetenz multipler Gleichzeitigkeit der Handlungskontexte: Erwerbsarbeit im Geschlechterarrangement, Sorgearbeit für die Kinder, Etablierung von Statusmonumenten und Bemühung um zu pflegende Angehörige. Die erwerbsarbeitsbezogene »Auszeit«, wenn es sie denn je gegeben hat, verliert an Legitimität, selbst da, wo sie für viele finanziell durchaus möglich wäre. Sie hat sich für Männer nie wirklich etabliert, couragierte Gegenentwürfe sind bestaunte Einzelfälle. Und Frauen sind verständlicherweise mehrheitlich nicht mehr bereit, sich die Rolle der Haushaltshüterin zuweisen zu lassen.

Zeit wird in diesem Arrangement zum knappen und streng zu kalkulierenden Gut. Die Situation im Kleinteiligen, mit der nicht wenige Eltern reagieren, wenn die Umwelt ausreichende Empathie vermissen lässt, um ihre individuelle Zeitnot-Lebenslage gebührend zu berücksichtigen, gewinnt nicht selten hysterische Züge. Wartelisten in Kindertagesstätten für die Betreuung der unter Dreijährigen, zu früh beendete Schulvormittage oder begrenzte Plätze in der Mittagsbetreuung sind dann ebenso Auslöser unbeherrschter Gemütsregungen, wie der verbissen, aber erfolglos geführte Einsatz für die von der Grundschullehrerin zu quittierende uneingeschränkte Gymnasialempfehlung bei mittelmäßigem Leistungsstand des Kindes. Widrigkeiten, die sich sperrig gegen die angestrebte Konditionierung der Kinder zur Karrierebiografie aufbäumen, stehen unter dem Verdacht feindseliger Gesinnung und schüren die wachsame Neidkultur gegenüber denen, die es »geschafft« haben. Der sportive Wettbewerb, den eigenen Kindern durch Englisch-Camps in den

Ferien, Feldhockey in der Freizeit und Kreativtraining an Wochenenden die Startposition und mentale Ausstattung zur Entfaltung ihrer bereits von den Eltern entdeckten Führungskraftpotenziale zu optimieren, geht oftmals an der realistischen und gelassenen Wahrnehmung der Zöglinge um Ellen vorbei.

Wen wundert es, wenn nach zwanzig oder dreißig Jahren dieses Kampfes um ein ganzheitliches Arrangement des Lebens im Flexibilitätsdesaster, um komplexe Abarbeitung ständig überfordernder Sollleistung, um gelingendes Leben im rastlosen Benchmarking neuer Projekte, um Selbstbehauptung und Vitalitätserhalt bei schleichenden, aber tunlichst zu verdeckenden Spuren des Älterwerdens schließlich unendliche Leere Einzug hält, gepaart mit gnadenloser Erschöpfung. »Burnout« – so lautet die Diagnose, die bereits ein Kollektiv von derart sich überfordernden Zeitgenossen zum endlich legitimen Rückzug in die zeitweilige Auszeit versetzt hat. Die Akzeptanz dieser Diagnose ist dem reaktiven Charakter dieses Krankheitsbildes zu verdanken. Es ist ein beachtliches Zeichen dafür, mitgemacht, sich nicht verweigert, sich dem System heroisch gefügt zu haben und insofern ist diese Symptomatik zugestandenermaßen »verdient«. Psychische Erkrankungen rangieren inzwischen an zweiter Stelle bezogen auf die Häufigkeit von Arbeitsunfähigkeitsbescheinigungen (AU) hinter muskulär-sklerotischen Erkrankungen, allerdings mit der längsten Auszeit. Mit einer durchschnittlichen Dauer der AU von 39,4 Tagen pro Fall sind sie diesbezüglich deutlich Spitzenreiter vor den Muskel- und Skeletterkrankungen mit einem durchschnittlichen krankheitsbedingten Arbeitsausfall von 19,9 Tagen (vgl. Gesundheit in Bewegung 2013: 29).

Warum gelingt es offenbar so selten, diesem Rhythmus des Lebens zu entrinnen? Was dressiert unsere Sozialisation derart alternativlos, sich für ein Leben in Arbeit so zu verausgaben, dass Arbeit und Leben identisch verschmelzen? Warum ist »Auszeit« allenfalls der Rückzug in den legitimen Zustand des Krankseins, anstatt die eigentliche Krankheit in der Antriebsdynamik des Systems zu verorten? Denkt man an die »Anekdote zur Senkung der Arbeitsmoral« von Heinrich Böll, so folgt der zivilisatorische Mainstream dieser Arbeitsgesellschaft offenbar rastlos und ohne Pause des Nachdenkens den fragenden Ratschlägen des Touristen. Zur Erinnerung: Ein schläfrig dösender Fischer in einem Hafen der westlichen Küste Europas wird auf aufdringliche Weise von dem klickenden Fotografieren eines Touristen geweckt, der ebenso aufdringlich das Gespräch sucht. Mit Hinweis auf das gute Wetter und die großen Erfolgsaussichten auf einen ebenso guten Fang, ist der Tourist irritiert darüber, dass der Fischer am Ufer verweilt, statt erneut seine Netze auszuwerfen. Die kumulativen Effekte einer derart mittelfristig eingeübten, ökonomischen Verhaltensweise malen dem Touristen selbst-euphorisierende Szenarien aus:

»›Sie würden sich in spätestens einem Jahr einen Motor kaufen können, in zwei Jahren ein zweites Boot, in drei oder vier Jahren einen kleinen Kutter haben, mit zwei Booten und dem Kutter würden Sie natürlich viel mehr fangen [...]. Sie würden ein kleines Kühlhaus bauen, vielleicht eine Räucherei, später eine Marinadenfabrik, mit einem eigenen Hubschrauber rundfliegen, die Fischschwärme ausmachen und Ihren Kuttern per Funk Anweisungen geben. Sie könnten die Lachsrechte erwerben, ein Fischrestaurant eröffnen, den Hummer ohne Zwischenhändler direkt nach Paris exportieren - und dann [...] dann könnten Sie beruhigt hier im Hafen sitzen, in der Sonne dösen - und auf das herrliche Meer blicken.‹ ›Aber das tue ich doch jetzt schon‹ sagt der Fischer, ›ich sitze beruhigt am Hafen und döse, nur ihr Klicken hat mich dabei gestört.‹« (Böll 1963: 442f.)

Es ist jene Antwort des Fischers, die pointiert die Argumentation des Touristen ad absurdum führt, eine Antwort, die weiter fragt nach den absurden Beharrungskräften eines Systems, das uns spät oder auch zu spät da ankommen lässt, wo wir vielleicht schon viel früher sein könnten: beim Verweilen in einem gelingenden Leben. Der Sog der gemeinsam geteilten Überforderung gewinnt stattdessen an Fahrt. Kursänderung, Korrektur, Entschleunigung sind keine akzeptablen Alternativen. Aber das Ganze lässt sich nicht einfach zum Mainstream einer neuen, emanzipatorischen Kultur stilisieren. Zurückhaltung ist geboten, wenn zu voreilig die Berufstätigkeit beider Geschlechter als Emanzipationspraxis belobigt wird, ohne das diesen Lebensentwurf bestimmende Diktat der schwachen Einkommenslage zu berücksichtigen.

Emanzipation im Gewand des Kapitalismus

Die amerikanische Politikwissenschaftlerin und namhafte Frauenrechtlerin Nancy Fraser resümiert in einem ihrer rückblickenden Beiträge zur Entwicklung der Emanzipation:

»Als Feministin habe ich immer angenommen, mein Kampf für die Frauenemanzipation diene der Errichtung einer besseren Welt – egalitär, gerecht und frei. Doch seit einiger Zeit erfüllt mich die Sorge, dass ursprünglich feministische Ideale für gänzlich andere Zwecke eingespannt werden [...]. Ich befürchte, eine Laune des Schicksals hat die Frauenbewegung auf gefährliche Weise in neoliberale Bestrebungen verstrickt, die auf den Aufbau einer Marktgesellschaft abzielen. Das würde erklären, wieso feministische Vorstellungen, die ehemals Bestandteil einer radikalen Weltanschauung waren, zunehmend in individualistischen Kategorien Ausdruck finden. Anders als früher, als sie eine auf Karrierismus ausgerichtete Gesellschaft kritisierten, raten Feministinnen den Frauen heute, sich in einer solchen einzurichten. Eine Bewegung, für die ehemals soziale Solidarität Vorrang hatte, feiert heute weibliches Unternehmertum. Eine Perspektive, die einst der Sorgearbeit (care) und der Erkenntnis wechselseitiger Abhängigkeit, der Interdependenz, Wert beimaß, fördert heute das individuelle Vorankommen und meritokratisches Denken.« (Fraser 2013: 29)

Diese »Laune des Schicksals« hat für Fraser die Paradoxie provoziert, dass die Frauenbewegung, die sich einst kritisch gegen die »politische Kultur des staatlich organisierten Kapitalismus« zur Wehr gesetzt hat, nun selber zum »integralen Bestandteil«, ja geradezu zur »Legitimation eines strukturellen Umbaus der kapitalistischen Gesellschaft« mutiert ist, »welcher feministischen Visionen einer gerechten Gesellschaft diametral zuwiderläuft« (Fraser 2009: 44). Erfolgt sei letztlich eine Vereinnahmung der Frauenbewegung durch die Reduktion ihrer umfänglichen gesellschaftlichen Ziele auf die Einbindung der Frauen in den Arbeitsmarkt. Richtig sei zwar, dass die Frauenbewegung der 1960er und 1970er Jahre sich gegen das androzentrische Modell des »Familienlohns« gewendet habe, aber sie war weit davon entfernt, »einfach nur die volle Eingliederung der Frauen in die kapitalistische Gesellschaft als Lohnempfängerinnen zu betreiben« (ebd.: 47). Sie strebte stattdessen »nach einer Transformation der Tiefenstrukturen und Orientierungswerte des Systems – zum Teil durch Relativierung der Lohnarbeit und Aufwertung unbezahlter Tätigkeiten, insbesondere der von Frauen erbrachten gesellschaftlich notwendigen Betreuungs- und Sorgearbeit« (ebd.: 47). »Weit entfernt davon, die Märkte von staatlicher Kontrolle befreien zu wollen, suchte sie vielmehr die Staatsmacht zu demokratisieren, ein Höchstmaß an Bürgerbeteiligung zu erreichen, die Verantwortlichkeit und Rechenschaftspflicht zu erhöhen und die Kommunikation zwischen Staat und Gesellschaft zu intensivieren. Die neue Frauenbewegung verfolgte also ein breit angelegtes Emanzipationsprojekt.« (Ebd.: 49)

Die Reduktion dieses breiten Emanzipationsprojekts auf die Erwerbsbeteiligung ist also nach Fraser gleichbedeutend mit der Mutation dieses Projekts von der scharfen Kapitalismuskritik zur systemförderlichen Anbiederung an den Kapitalismus. Nicht mehr *Kritik am* System, sondern das Ringen um *Anerkennung im* System, nicht mehr Kapitalismuskritik, sondern Kulturkritik an der ungleichen Partizipation im Rahmen kapitalistischer Reproduktionsbedingungen (vgl. ebd.: 50) führen letztlich dazu, »die Überbewertung der Lohnarbeit im Kapitalismus noch zu verstärken« (ebd.: 52).

Die von Fraser pointiert eingebrachte Grundsatzkritik ähnelt den Stimmen derer, die die Entwicklung der europäischen Wohlfahrtsstaatspolitik unter dem Stichwort des »adult worker model« kritisch analysieren. In den 1980er Jahren bezog sich die feministische Kritik an einer Frauen diskriminierenden Sozialpolitik im Wesentlichen auf zwei Aspekte: zum einen auf »die Erwerbsarbeitszentrierung der sozialen Sicherungssysteme«, zum anderen auf eine Existenzsicherung, die aus den »persönlichen Abhängigkeitsverhältnissen« von den Ehemännern resultierte. »Vater Staat«, der zudem überwiegend durch männliche politische Amtsträger repräsentiert wurde, und der »männliche Ernährer« im Privaten verfestigten die »doppelte patriarchale Herrschaftsstruktur, aus der es kein Entkommen zu geben schien« (Leitner 2004: 29). Diese Diskriminierungsstruktur beinhaltete folglich »zweierlei, nämlich die Gewährung des so genannten *monetären Unterhalts des Mannes* an die Frau sowie die *Dienstverpflichtung der Frau* in der Familie« (Kulawik 1989: 248f.).

Die von Fraser beklagte Transformation der emanzipatorischen Stoßrichtung von einem umfassend gesellschaftskritisch angelegten Projekt zu einem auf Erwerbsintegration reduzierten, bestätigt die Sozialwissenschaftlerin Ilona Ostner durch die Analyse der positionellen Veränderungen, wie sie sich innerhalb einer Dekade in der renommierten Zeitschrift »Social Politics. International Studies in Gender, State and Society« widerspiegeln. Das ursprüngliche Anliegen, die »agency«, also »die Handlungsfähigkeit und (sozial-)politische Durchsetzungsmacht von Frauen« umfassend kritisch und mit aller geschlechtsbezogenen Heterogenität einzufordern, wurde zunehmend reduziert auf die Homogenität der Erwerbsfähigkeit (Ostner 2004: 44). Ostner zieht daher eine kritische Bilanz, wenn sie formuliert:

»Man kann tatsächlich in den seit 1994 erschienenen Ausgaben von Social Politics jene Verengung des Blickwinkels identifizieren, die inzwischen (fast) jede Diskussion zum Thema ›Frauen und Sozialpolitik‹ leitet: dass Frauen wie Männer erwerbstätig sein sollten; dass sie dies nur könnten, wenn sie durch sozialpolitische Maßnahmen – insbesondere soziale Dienste aller Art – von Familienpflichten entbunden würden; dass eine entfamilialisierende Sozialpolitik mehrere Fliegen mit einer Klappe schlage, da sie die Last des Kinderhabens verringere, also zum Kinderhaben ermuntere; da Entfamilialisierung ferner Arbeitsplätze für Frauen schaffe, vermehre sie die Zahl der Steuerzahlerinnen; schließlich wirke Entfamilialisierung egalisierend, da sie den Ungleichheit stiftenden Einfluss der Familie reduziere, Kinder aller Schichten schon früh Bildungsinstitutionen zuführe und – besser als die Familie – für den Nachschub an Humankapital sorge.« (Ebd.: 46)

Entscheidend für den Erfolg der wachsenden Dominanz dieser einseitigen Verwertungslogik ist ihre bevormundende Fremdbestimmung. Die konkreten emanzipatorischen Anliegen der Frauen werden abstrakt vereinnahmt durch die Fremddefinition des Politischen. »Der Staatsapparat, nicht die Gesellschaft (einschließlich der Frauen), bestimmt darüber, welche Bedürfnisse der Bedürftigkeit zugrunde liegen und wie diese zu befriedigen sind.« (Ebd.: 48) Und diese Befriedigung wird geschickt auf die Erwerbsarbeit als emanzipatorisches Aggregat fokussiert. Objekte dieser Strategie sind die Frauen, deren differenzierte Anliegen, heterogene Lebenslagen und unterschiedliche soziale Wirklichkeit unter ein Prinzip subsumiert werden (vgl. Prokop 1976: 42). In vermeintlicher Aufnahme emanzipatorischer Anliegen wird also *eine* Lösungsstrategie etabliert, die sich mit dem Label eines emanzipatorischen Modernismus etikettiert. Die eigentliche Antriebskraft dieses emanzipatorischen Gebarens ist dabei auf das Interesse zurückzuführen, der kapitalistischen Reproduktion zur ungehinderten Entfaltung zu verhelfen. Die französischen Sozialwissenschaftler Luc Boltanski und Ève Chiapello haben diesen Mechanismus des flexiblen Kapitalismus umfänglich untersucht und bilanzieren:

»Zum Erhalt seiner Mobilisierungskraft wird der Kapitalismus also aus ihm äußerlichen Ressourcen schöpfen müssen: aus den Glaubenssätzen, die zu einem gegebenen Zeitpunkt eine hohe Überzeugungskraft besitzen, und aus den prägenden, ja sogar aus kapitalismusfeindlichen Ideologien, die Teil seines kulturellen Kontextes sind. Der Geist, der den Akkumulationsprozess zu einem gegeben Zeitpunkt begünstigt, ist demnach durchdrungen von zeitgleichen kulturellen Erzeugnissen, die zumeist zu ganz anderen Zwecken entwickelt wurden als zur Rechtfertigung des Kapitalismus.« (Boltanski/Chiapello 2006, 58f.)

Die in der Soziologie reichhaltig diskutierte Individualisierungsthese, nach der Biografien sich im Rahmen einer neuartigen Freiheit entfalten, die Chancen und Risiken mit sich bringt, ist nicht ohne Auswirkung auf politische Normierungen weiblicher (Erwerbs-)Biografien geblieben (vgl. Beck 1986; Beck/Beck-Gernsheim 1994). Der Wandel des Arbeitsmarktes im letzten Quartal des 20. Jahrhunderts, steigende Erwerbslosenzahlen, flexible Beschäftigungsverhältnisse, wachsende Mobilitätsstandards, Wandel der Familienformen, wachsende Scheidungsraten, Enttraditionalisierung und Multikulturalität, das sind Schlagworte, die soziologisch zu intensiven Debatten über die daraus resultierenden ordnungspolitischen Herausforderungen geführt haben (vgl. Beck u.a. 1996; Giddens 1999). Politisch wurde auch diese Diskussion reduziert auf die Anforderung, der individuellen, ökonomischen »Unabhängigkeit« durch die Umsetzung des geschlechtsneutral egalisierenden adult worker model zu begegnen. In dieser Diskussion wurde ebenso eigenartig geschlechtsneutral auf die »Diskussion der komplizierten Sachverhalte, die sich aus der geschlechtsspezifischen Arbeitsteilung, auch der Verteilung der unbezahlten Sorgearbeit, ergeben«, verzichtet (Lewis 2004: 74). Die berechtigte Kritik, dass die Abhängigkeit von Frauen von ihren Ehemännern im klassischen Alleinernährer-Modell zur Feminisierung von Armut führt, dass aber auch Sorge- und Pflegearbeit einseitig zu Lasten von Frauen geht, dass zudem das Renten- und Arbeitslosenversicherungssystem dringend zugunsten dieser mehrfach beanspruchten Lebenssituation von Frauen reformiert werden müsste, fiel in ihrer Vielschichtigkeit der Reduktionsmacht des Erwerbsarbeitsimperativs zum Opfer. Aus Individualisierung resultierte die Forderung nach Eigenverantwortlichkeit, aus der ökonomischen Bedrängnis weiblicher Sorgearbeit erwuchs ihre Diffamierung unter dem Label des »Familialismus« durch Esping-Andersen als prominentem Wortführer (Esping-Andersen 1999: 70). Lessenich resümiert dazu bissig: »Was bei dem verbreiteten öffentlichen Wohlbehagen über die überfällige Modernisierung eines spätpatriarchalischen Sozialstaatsarrangements allerdings verdrängt wird, ist die – eigentlich unverkennbare – Tatsache, dass der sozialwissenschaftliche Salonfeminismus Esping-Andersens durch und durch produktivistisch motiviert ist.« (Lessenich 2009: 105) Letztlich provozierte das emanzipatorisch getarnte Ziel des »adult worker model« ein Aktivierungsprogramm weiblicher Erwerbstätigkeit, das auch den Niedriglohnsektor als akzeptablen Aufenthaltsort weiblicher Biografieentfaltung anpreist: Hauptsache Arbeit als Substrat emanzipatorischer Mühen. Dass dabei die verberuflichten Betreuungstätigkeiten schlecht bezahlt sind und »nichterwerbsförmige Pflege [...] kaum honoriert« wird, wird nur am Rande thematisiert. »In einer Welt, die ökonomische Unabhängigkeit bzw. eigenständige Existenzsicherung hochhält, ziehen diejenigen, die Betreuungsleistungen erbringen, den Kürzeren. Das führt fast zwangsläufig dazu, dass Betreuung, Sorge, Pflege allein mit ›Frau‹, nicht mit beiden Geschlechtern assoziiert wird.« (Lewis 2004: 77)

Schon in den frühen 1990er Jahren ist in offiziellen Papieren der EU-Kommission die eigentlich ökonomische Wahrheit dieser »emanzipatorischen« Strategie unverblümt zur Sprache gekommen: Es geht letztlich um die Wettbewerbsfähigkeit der EU, die durch die verschärfte Anstrengung zur Arbeitsmarktintegration von Frauen in Europa, durch die damit verbundene Entlastung der Sozialkosten und Generierung von Steuereinnahmen maßgeblich verbessert werden könne (vgl. CEC 1993; 1995; 2000). Dieser Politikansatz des »adult worker model« feiert seitdem unangefochten Konjunktur und wird bis in die Gegenwart immer wieder mit neu aufgelegten, ehrgeizigen Benchmarkings der Arbeitsmarktintegrationsquote reformuliert. Das jüngste Sozialinvestitionspaket der EU-Kommission im Rahmen der Strategie »Europa 2020« setzt abermals auf eine höhere Erwerbsquote von Frauen. Statt der nie erreichten 70-Prozent-Marke einer angestrebten Erwerbsquote aller Erwerbsfähigen im Alter zwischen 20 und 64 Jahren im Rahmen der Lissabon-Strategie, wurde diese inzwischen auf ein 75-Prozent-Ziel erhöht. Die besondere Anstrengung gilt dabei der »Schaffung besserer (Arbeits-)Chancen für Frauen« (Europäische Kommission 2013: 6). Was die Frauenerwerbstätigenquote anbelangt, so wird besonders Schweden als Vorbild gelobt, das wegen seiner »familienfreundlichen Beschäftigungspolitik und seines großzügigen Elternurlaubs, gekoppelt mit Investitionen in eine flächendeckende Kinderbetreuung [...] eine der höchsten Frauenerwerbsquoten in Europa« vorweist (ebd.: 3).

Der pure Hinweis auf die Erwerbsquote ist bezeichnend für einen Formalismus der Betrachtungsweise, dem es nur um die Arbeitsmarktintegration geht, der aber wenig Neigung zeigt, die Qualität dieser Integration kritischer zu sichten. Erst jüngst hat das Statistische Bundesamt in einer Studie die Situation der Frauen auf dem deutschen Arbeitsmarkt einer nüchternen Analyse unterzogen. Bezeichnender Weise war die Pressemeldung zu dieser Studie überschrieben mit der Schlagzeile: »Frauenanteil in der Wissenschaft steigt«. Gemeint war die Tatsache, dass »20 Prozent der Professorenstellen an deutschen Hochschulen mit Frauen besetzt« ist (Frauenanteil 2014: 1). Dieser Nachricht steht jedoch gegenüber, dass der Verdienst von Frauen gegenüber Männern um 22 Prozent geringer ist (vgl. Statistisches Bundesamt 2014: 31ff.) und 45 Prozent der Frauen in Teilzeit arbeiten gegenüber gut neun Prozent der Männer (vgl. ebd.: 15f.). Sind Kinder da, erhöht sich diese Quote bei Frauen bis zum 17. Lebensjahr des Kindes auf durchschnittlich knapp 70 Prozent (vgl. ebd.: 21). Alleinerziehen ist deutlich Frauensache, denn den 1,4 Millionen Frauen, die in dieser Situation sind, stehen gerade einmal 160.000 Väter in ähnlicher Lage gegenüber (vgl. ebd.: 23). Gut vierzig Prozent dieser Frauen haben ein Familieneinkommen von unter 1300 Euro und schließlich: Die Altersarmut mit einer Rente von unter 900 Euro greift bei fast einem Viertel aller Frauen (vgl. ebd.: 25; 46f.).

Das »adult worker model« hebt in keiner Weise die Benachteiligung der Lebenslagen von Frauen auf. Auch wenn es Frauen gibt, denen der Sprung in die Karriere gelingt, arbeiten fast 35 Prozent im Niedriglohnsektor (vgl. Frauen schuften 2012) und die Hauptverantwortung für die nicht bezahlte Sorge- und Pflegearbeit liegt immer noch bei Frauen. Ein kultureller Wandel ist diesbezüglich nicht eingetreten. Die Elternzeit der Männer wird zwar häufiger, dafür aber auch überwiegend nur zwei Monate in Anspruch genommen (vgl. Statistisches Bundesamt 2014: 27). Nicht nur Teilzeitarbeit, sondern auch ausschließlich geringfügig entlohnte Beschäftigung wird ganz überwiegend von Frauen ausgeübt. Von den gut 4,8 Millionen Menschen, die ausschließlich einen solchen Minijob haben, liegt der Frauenanteil bei 65 Prozent (vgl. Bundesagentur 2013: 15). Im Vergleich zur Arbeitsmarktsituation von Männern zeichnet sich also die weibliche Lohnarbeit durch einen deutlich höheren Anteil an Teilzeit, geringfügige Beschäftigung, deutlich geringeres Lohnniveau, Unterbrechung der Erwerbsbiografie oder Reduzierung der Arbeitsstunden zur Organisation der Kinderbetreuung oder Pflege von Angehörigen, vielfach höhere Quote von Alleinerziehenden und eine deutlich höhere Altersarmut aus.

Ein ehemals umfängliches Emanzipationsprojekt, das seine Kritik am Alleinernährermodell keineswegs simpel eintauschen wollte gegen ein Doppelverdienermodell mit überwiegend prekärer Frauenarbeit, ist also im Ergebnis zugunsten eines Formalismus der Erwerbsintegration vereinnahmt worden. Dazu nochmals Fraser zynisch:

»Im ›desorganisierten‹ neoliberalen Kapitalismus [trat an die Stelle des Familienlohns] die Norm der Doppelverdiener-Familie. Was macht es schon, dass die hinter dem neuen Leitbild verborgene Realität in abgesenkten Einkommensniveaus besteht, in verminderter Arbeitsplatzsicherheit, sinkenden Lebensstandards, einem steilen Anstieg der pro Haushalt geleisteten Lohnarbeitsstunden, verschärften Doppelschichten – jetzt oft schon dritte und vierte Schichten – und einer Zunahme der Zahl weiblicher Haushaltsvorstände? Der desorganisierte Kapitalismus macht aus Scheiße Gold, indem er über die neue Geschlechtergerechtigkeit fabuliert und darüber, wie herrlich weit die Frauen es doch geschafft hätten. [...] Unsere Kritik am ›Familienlohn‹ macht heute einen guten Teil der Legende aus, die dem flexibilisierten Kapitalismus einen höheren Sinn, einen moralischen Vorsprung zubilligt.« (Fraser 2009, 51f.)

Diese Kritik richtet sich aus emanzipatorischer Perspektive selbstverständlich nicht gegen die Erwerbsarbeit von Frauen, sondern gegen die Fremdzwangsmechanismen des Politischen, die Frauen zu einer Konformität der Lohnarbeit zwingt bei gleichzeitiger Entlassung der Sorge- und Pflegarbeit in die Verantwortung des weiblichen Arrangements. Selbst arbeitslose, allein erziehende Frauen, die nicht einmal berechtigt sind zum Bezug des Kindergeldes, werden ab dem dritten Lebensjahr des Kindes durch das Zweite Sozialgesetzbuch genötigt, sich arbeitssuchend zu melden. Ein ursprünglich breit angelegtes Projekt, das angesichts der Heterogenität femininer Lebenslagen die auf das männliche Alleinernährermodell fixierten sozialen Sicherungssysteme aufbrechen und der Sorge- und Pflegearbeit ihre berechtigte, auch monetäre Geltung verschaffen wollte, ist letztlich an der Beharrungskraft des Bestehenden gescheitert. Es hat seine das System der Lohnarbeit angreifende Widerständigkeit verloren und Frauen wie Nancy Fraser, die maßgeblich auf diese Veränderung hingewirkt haben, können nur bitter konstatieren, dass es der »Laune des Schicksals« offenbar geglückt ist, diese verschärfte Form der Abhängigkeit der Frauen vom Arbeitsmarkt als pure Emanzipationsleistung der Unabhängigkeit zu deklarieren. Ein Gesellschaftsprojekt, das ursprünglich darauf angelegt war, der Gesellschaft ein anderes Gesicht zu geben, ihre Tiefenstrukturen und Systemlogiken zu ändern, sie also radikal und umfassend zu reformieren, findet sich inzwischen wieder als ein systemimmanenter Teil jener unveränderten Gesellschaftsformation, der einst die Kritik galt. Oder, um es angelehnt an Boltanski und Chiapello zu formulieren: Dem Geist des Kapitalismus gelingt es offenbar, sich von »kulturellen Erzeugnissen« durchdringen zu lassen, »die zumeist zu ganz anderen Zwecken entwickelt wurden«, um sie für sich und seine Zwecke nutzbar zu machen (Boltanski/Chiapello 2006: 58f.). Gendergerechtigkeit mutierte in diesem kapitalistischen Transformationsprozess zur Gerechtigkeit durch Arbeit, zur iustitia laboris.

Iustitia laboris

Wie bereits ausführlich dargestellt, ist der Verlust des Arbeitsplatzes, je nach der Länge der sich anschließenden Zeit der Arbeitslosigkeit, geprägt von einem radikalen Einschnitt in die Statussicherung. Das Prinzip der Lebensstandardsicherung wurde durch die Streichung der Arbeitslosenhilfe, die auch in den Fällen von Langzeitarbeitslosigkeit immer noch individuell an der Höhe des ehemaligen Lohnniveaus bemessen wurde, zugunsten einer für alle in gleicher Höhe angesetzten Fürsorgeleistung, der Grundsicherung nach dem Zweiten Sozialgesetzbuch aufgegeben. Die erhebliche Reduzierung des zeitlichen Verlaufs des Arbeitslosengeldbezugs bedeutet aber nicht nur die systematische Destabilisierung der Statussicherung, sondern sie rüttelt auch an einer zweiten Säule der bislang etablierten Grundprinzipien des Sozialstaates. Gemeint ist das Äquivalenzprinzip, nach dem für erbrachte Leistung durch Arbeit im Sinne der Einzahlung in die sozialen Sicherungssysteme eine entsprechend individuell absichernde Gegenleistung des Staates erbracht wird (vgl. Bothfeld/Rosenthal 2014: 202f.). Dieses auf dem Paradigma der *Leistungsgerechtigkeit* beruhende Prinzip ist weitgehend ausgehöhlt und hat einem neuen Paradigma Platz gemacht, das sich ebenso auf Gerechtigkeit beruft. Allerdings geht es jetzt nicht mehr um einen durch Leistung bedingten Anspruch auf eine den Status halbwegs sichernde Gegenleistung, sondern es geht um die Herstellung von Chancen: die Chance auf Teilhabe an Arbeit, auf gesellschaftliche Reintegration durch Arbeit, die der Staat dem Individuum gewährt. Diese Theorie der *Chancengerechtigkeit* setzt konsequenterweise voraus, zuvor den gesicherten Statuserhalt durch Änderung der Sozialgesetzgebung zu destabilisieren oder zumindest seine Gefährdung für das Individuum bedrohlich kalkulierbar zu machen.

Ein solches neues Paradigma braucht Vorbereitung und argumentative Einführung, damit es sich einerseits gedanklich etabliert und andererseits die darauf folgenden politischen Maßnahmen legitimiert. Eine der vorbereitenden politischen Argumentationsführer war Olaf Scholz. Als Generalsekretär der Sozialdemokratischen Partei Deutschlands hat er gewissermaßen voraus denkend am 16. Juli 2003 unter dem Titel »Abschied von der Verteilungsgerechtigkeit« 13 Thesen zur Umgestaltung des Sozialstaates und zur Zukunft sozialdemokratischer Politik einer in Teilen erstaunten Öffentlichkeit präsentiert (vgl. Scholz 2003). Ihm ging es zentral um die Bestimmung dessen, was eigentlich soziale Gerechtigkeit bedeutet. Er forderte einen umfassenderen Gehalt der Gerechtigkeit ein, als ihn die zu antiquierte Sache der Verteilungsgerechtigkeit biete. Gerecht sei, »was Menschen in die Lage versetzt, ihr Leben so zu gestalten, wie sie es selbst gerne gestalten möchten« (ebd.: 1). Aufgabe einer präventiven Sozialpolitik sei es daher, »die Befähigung und Ermächtigung der Menschen zu einem selbst bestimmten, eigenverantwortlichen Leben in den Vordergrund« zu stellen (ebd.: 2). Diese Selbstbestimmung könne der Mensch aber nur als ein soziales Wesen erfahren, also durch Teilhabe am gesellschaftlichen Leben, die wiederum primär durch Bildung und Arbeit zu erlangen sei.

Bis dahin folgt Scholz durchaus klassischer sozialdemokratischer Gesellschaftslehre, die nun aber eine überraschende Wende erfährt. Weil Arbeit also primärer Vergesellschaftungsfaktor sei und soziale Teilhabe ermögliche, sei – so die Fortsetzung dieser Logik – »selbst schlecht bezahlte und unbequeme Erwerbsarbeit besser als transfergestützte Nichtarbeit«, zumal Arbeit die »wichtigste Quelle [...] psychischer Stabilität und sozialer Identität« sei, sie Menschen Lebenssinn vermittle und ihnen zu »Respekt und Selbstrespekt« verhelfe (ebd.: 3). Da nun Erwerbsarbeit all dies vermittle, sei es auch geradezu »ein Gebot der Gerechtigkeit [...], dass Arbeitslose, die Leistungen aus Steuermitteln in Anspruch nehmen, prinzipiell zur Aufnahme jeder Erwerbstätigkeit bereit sein müssen, die ihnen für andere Bürger und Bürgerinnen zumutbar erscheint« (ebd.: 4).

Scholz war zwar der prominenteste, aber nicht der einzige Protagonist dieser Etablierungsbemühungen um ein neues Gerechtigkeitsparadigma. Auch die Benchmarking-Gruppe des Bündnisses für Arbeit, die die Hartz-IV-Reformen vorantrieb, allen voran die beiden namhaften Soziologen Wolfgang Streek und Rolf G. Heinze, brachten sich mit der Kunst soziologischer Anpassungsleistung in den Diskurs ein. Sie forderten ähnlich wie Scholz ein »Überdenken *von Gerechtigkeitsvorstellungen,* die aus der Industriegesellschaft und der Vollbeschäftigungswirtschaft der Nachkriegszeit stammen«. Nach ihrer Einschätzung ist das »Hauptproblem sozialer Gerechtigkeit [...] nicht mehr, oder doch nicht mehr in erster Linie, die Ungleichheit zwischen Automobilarbeiter und Kellner, sondern die zwischen beiden auf der einen und dem Arbeitslosen, Sozialhilfeempfänger oder ›stillen Reservisten‹ auf der anderen Seite«. Insofern sei die »wichtigste soziale Differenz« nicht die »zwischen Arbeitslöhnen, sondern die zwischen Arbeitslohn und Sozialhilfe – zwischen denen, die in unserem immer exklusiver werdenden Beschäftigungs- und sozialen Sicherungssystem Platz gefunden haben, und denen, die nicht mehr hineinkommen« (Streek/Heinze 1999: 158).

Diese geradezu metaphysische Stilisierung von Erwerbsarbeit zum Medium der Gerechtigkeit, die per se gesellschaftliche »Inklusivität« erzeugt, unabhängig von der Qualität der konkreten Arbeits- und Entgeltbedingungen, ist zwar sozialdemokratisch heftig umstritten gewesen, sie hat sich letztlich aber im Denken der »neuen Mitte« dieser Partei Akzeptanz und Gebrauchswert erkämpft. Die Hartz-IV-Gesetze sind dadurch mit einer Gesellschaftstheorie legitimiert worden, die alles, was dann sozialpolitisch umgesetzt wurde, mit dem Signum der Gerechtigkeit versehen hat. Dazu zählt die weitgehende Auflösung von Zumutbarkeitskriterien zur Aufnahme von Erwerbsarbeit und der Zwang ein »Arbeitsangebot« anzunehmen, selbst wenn es sich wie bei den sogenannten Ein-Euro-Jobs gar nicht um Erwerbsarbeit handelt.

Erwerbsarbeit als Medium der Gerechtigkeit, einer »iustitia laboris«, ergänzt die etablierte Hochbewertung der Arbeit um eine weitere Variante. Gerechtigkeit ist demnach quasi im Faktor Arbeit per se substantiell materialisiert. Sie ist nicht mehr ein an die Erwerbsarbeit anzulegender äußerer Maßstab, sondern essentieller Bestandteil ihres Wesens schlechthin. Gerechtigkeit bietet demnach kein kritisches Instrument mehr zur Bewertung von angemessenen und gerechten Leistungs- und Entgeltregelungen, von solidarischen Verteilungsfragen der Erwerbsarbeit oder der in der Erwerbsarbeit zur Geltung kommenden Würde. Als ein mit hoher Akzeptanz und normativer Geltung belegtes Gut wird Gerechtigkeit hier inhaltlich entleert und für die Legitimation eines unabweisbaren Zwangs zu jedweder Arbeitsaufnahme instrumentalisiert. Solidarität ist in diesem Duktus eine Bringschuld der Arbeitslosen gegenüber der Mehrheit der Erwerbstätigen, sich in irgendeiner Weise für Maßnahmen zur Verfügung zu stellen, also sich aktivieren zu lassen, ganz gleichgültig, wie sinnvoll oder unsinnig diese Maßnahmen sind. Denn die Arbeitsmarktpolitik – oder auch Arbeitspolitik, wie Scholz sie nennt – beansprucht nicht mehr die Gewährleistung effektiver Arbeitsmarktintegration. Sie zieht sich auf die vermeintliche Installierung eines »Ermöglichungsraums« zurück, dessen Nutzung im gemeinwohlorientierten Verantwortungsbereich der von Arbeitslosigkeit Betroffenen liegt. Aus der Ermöglichung, also der vermeintlichen Eröffnung von »Chancen«, resultiert die rhetorische Figur des öffentlichen Appells, diese »Chancen« auch zu nutzen. Die Ein-Euro-Jobs setzten, zu ihrer gewissermaßen »therapeutischen« Legitimation, allein bei den vermeintlichen Defiziten der Arbeitssuchenden an, indem sie sich der Aufgabe verschrieben, die Wiederherstellung der Beschäftigungsfähigkeit, die Steigerung der Produktivität und Motivation der Betroffenen zu erzielen. Arbeitsmarktpolitik mutiert also zur pädagogisch ambitionierten Bemühung, den betroffenen Menschen unter Zwang zur Entfaltung ihrer sozialen und humanen Grundbestimmung zu verhelfen. Eine derartige Hebammenphilosophie installiert damit Zwangsmechanismen zur Aufnahme irgendwelcher Tätigkeiten unter der Fahne emanzipatorischer Absicht, den Menschen zur eigentlichen Sozialität zu befähigen.

Inklusionsbilanz (I)

Erstaunlich, wie nahezu gleichlautend diese Charakterisierung von Erwerbsarbeit auch im Rahmen der Inklusionsdebatte immer noch vorgenommen wird. Die »Teilhabe am Erwerbsleben« wird auch von den Inklusionsbefürwortern unkritisch gleichgesetzt mit »finanzielle[r] Autonomie«, »soziale[r] Anerkennung und Wertschätzung« sowie dem »Erleben eigener Wirksamkeit« (Niehaus/Bauer 2013: 8). Diese einseitige Sicht hat sich etabliert, ist hartnäckig und offenbar blind für die aufgezeigten ambivalenten Realitäten der »Teilhabe« am Arbeitsmarkt. Der Raum, in den hinein »Inklusion« erfolgen wird, wird in der ganzen Debatte wenig inspiziert. Die kritische Analyse, genau zu differenzieren, was sich an den Aufenthaltsbedingungen ändern müsste, welche Ausstattung es braucht, damit in diesem Raum nicht Ausgrenzung, Stigmatisierung und Produktion von Armut vollzogen werden, bleibt eigenartigerweise nahezu aus. Statt zu analysieren und die Bedingungen zu klären, die die Forderung nach einem »inklusiven« Arbeitsmarkt für Menschen mit und ohne Behinderung substantiell unterlegen müssten, wird eigentümlich abstrakt die Teilhabe an diesem Arbeitsmarkt mit all seinen ausgrenzenden Facetten zur moralischen Norm erhoben. Um Missverständnissen zu begegnen: Es ist völlig legitim, dass jedwede Brücke gebaut werden sollte, um Menschen mit Behinderung den Zugang zum Arbeitsmarkt zu öffnen, insbesondere dann, wenn sie selber dies wünschen. Aber nochmals: Wenn aus dem Angebot Bedrängnis wird und aus Chancen eine Kultur der Pflicht, dann wird aus Normalisierungsbemühungen der Zwang der Normativität.

Das führt zu einem weiteren Aspekt, der in der Inklusionsdebatte viel zu wenig bedacht wird und an einen zentralen Punkt rührt. Kronauer führt aus, dass Exklusion aus einem System nur dann zur sozialen Realität wird, wenn der Wunsch nach Zugehörigkeit im System überhaupt besteht (vgl. Kronauer 2010: 134). Ich fühle mich aus der Mitwirkung im Schrebergartenverein nur dann ausgeschlossen, wenn ich mich aktiv um den Eintritt bemühe und möglicherweise seit Jahren auf der entsprechenden Warteliste stehe und gar erlebe, dass andere bevorzugt werden. Habe ich diesbezüglich keinerlei Begehren, weder einen Antrag gestellt, noch mich auf Wartelisten eintragen lassen, käme weder das Gefühl von »Exklusion« auf, noch wäre die Nichtzugehörigkeit zum Schrebergartenverein verbunden mit stigmatisierenden Erfahrungen. Das heißt, der unterstellte Bedarf nach Zugehörigkeit setzt die individuelle Entscheidung voraus, diese Art der Zugehörigkeit zu wollen. Jenseits dieses banalen Beispiels und auf die Inklusionsdebatte angewendet, heißt das: Der Aufbau einer Kultur, die gesellschaftliche Teilhabe für Menschen mit Behinderung auf schulische Schlüsselqualifikation und Erwerbstätigkeit fokussiert und die eine daraufhin ausgerichtete Konzeptualisierung der Biografie zum normierenden Mainstream erhebt, ist insbesondere dann mit deklassierenden und entwertenden Tendenzen verbunden, wenn dieses Konzept nicht gelingt. Die Erwartungshaltung, dass nun auch vielen, wenn nicht gar allen Menschen mit Behinderung der Zugang zur gesellschaftlichen Teilhabe durch Erwerbsarbeit eröffnet werden soll, ist trügerisch. Sie wird geleitet von »einer politischen Semantik«, durch die Menschen mit Behinderung »erst in den Mund gelegt« wird, »gemessen am mittelschichtorientierten Normalmodell tatsächlich draußen zu sein« (Nassehi 2008: 129). Wenn man sich diese normierende Semantik selber angeeignet hat, sie zum biografischen Konzept verankert hat, dann bergen diese Erwartungen bei Nichterfüllung latent Entwertungsfolgen. Wenn Erwerbszugänge dennoch nicht gelingen, Jahre der Mühen und Anstrengungen auch der Angehörigen diesbezüglich scheitern, »exkludierende Schonräume« in Förderschulen und Werkstätten bewusst umgangen wurden und der »Erfolg« dennoch ausbleibt, dann sind Frustration und das verstärkte Empfinden nicht »dazuzugehören«, ein gesellschaftlich entwertetes Leben zu führen, die begleitenden Negativphänomene einer Gesellschaft, die – um im Bild zu bleiben – den Schrebergarten zur Welt erklärt hat. Die Vielfältigkeit der Verschiedenheit kann nicht uniformiert werden. Teilhabe ist nicht nur mehr, sondern auch ganz anderes, als sich im konstitutiven Zentrum der Erwerbsgesellschaft als funktionsfähig zu erweisen. Die Gefahr dieser Reduktion auf eine Mitmachgesellschaft der Arbeitenden ist die Entwertung anderer Werte gegenüber dem Wert der Arbeit. Denn jeder Wert, so Wolfgang Böckenförde, ringt um seinen »Stellenwert«. Das ist der »ökonomischen Herkunft« der »Wert-Preis-Relation« geschuldet. »Und weil die Werte jeweils abstrakt und allgemein gelten, auf Totalität der Geltung gerichtet, ist jeder höhere oder Höchstwert darauf angelegt, sich auf Kosten der niederen Werte durchzusetzen.« (Böckenförde 2006: 78) Wenn aber Erwerbsarbeit einen so hohen Stellenwert bekommt, wird jedes andere biografische Konzept entwertet. Dann greift die Gefahr der »Tyrannei der Werte«, vor der einst Nicolai Hartmann gewarnt hat (Hartmann 1949: 574ff.).

Zu befürchten ist, dass das, was für das Projekt der Emanzipation gilt, typologisch ist für das, was dem Gesellschaftsprojekt der Inklusion noch blüht. Die Heterogenität, die sich allein aus der diversen Vielfältigkeit der Lebenslagen und individuellen Besonderheiten von Menschen mit Behinderung ergibt, verlangt nach einer ebenso differenzierten Flexibilität der Möglichkeiten, gesellschaftliche Teilhabe zu eröffnen, um dieser Heterogenität gerecht zu werden. Es zeichnet sich aber ab, dass das primär auf Lohnarbeit fixierte Prinzip gesellschaftlicher Teilhabe nicht wirklich zur Disposition steht, und dass auch Menschen mit Behinderung hier zur normierten »Einpassung« gedrängt werden. Inklusion, die Eröffnung gesellschaftlicher Teilhabechancen, gilt angesichts dieser ungebremsten Systemlogik letztlich nur für die Menschen mit Behinderung, die präparationsfähig genug sind, um sich – wenigstens im gering qualifizierten Niedriglohnbereich – erwerbstätig aufzuhalten. Denn die viel beschworene »Chancengleichheit«, von der auch in Artikel 3 der BRK die Rede ist, meint offensichtlich nicht mehr und nichts anderes als die Qualität *der* Chancengleichheit, die in einer Gesellschaft geboten wird. Nicht die gleichen Chancen für alle, sondern für alle nur das Maß an Gleichheit der Chancen, das real existiert. Die Vorstellung von der identisch gleichen Chance für alle ist ein fiktives Konstrukt. Denn in einer auf Erwerbsarbeit zentrierten Gesellschaft meint Chance offensichtlich lediglich die Eröffnung einer Grundbedingung zur gesellschaftlichen Teilhabe durch Arbeit. Dass aber diese »Arbeitsteilhabechance« keineswegs für alle gleich, für viele gar nicht gegeben ist und, selbst wenn sie gegeben ist, durchaus bedeuten kann, dass man »chancengleich« in Armut lebt, ist die reale Wirklichkeit, die die Theorie der Chancengleichheit ad absurdum führt.

Diese Art der Wertetyrannei erstreckt sich nicht nur auf die von Arbeitslosigkeit Betroffenen und auf die Tendenz, Menschen mit Behinderung ein Leben mit Arbeit als das wertvollere anzupreisen, sondern sie fokussiert sich immer mehr auf die biografische »Prävention« von Kindern und Jugendlichen im Bildungssystem. Und diese Normierungsstrategie besetzt schon den Raum der institutionellen, frühkindlichen Erziehung.

7. Der Raum der Bildung

Was möchtest du denn mal werden?

»Arbeit, genau genommen jede produktive Tätigkeit, ist der augenfälligste und grundlegendste Ausdruck unserer Persönlichkeit und unserer Freiheit. Wir sind zuallererst das, was wir tun.« Dieser Satz des Autorenteams Orio Giarini und Patrick M. Liedtke entstammt dem Ende der 1990er Jahre veröffentlichten Bericht des Club of Rome »Wie wir arbeiten werden« (Giarini/Liedtke 1998: 233). Er bringt auf den Begriff, was nahezu unangreifbar zum betonierten Selbstverständnis gesellschaftlicher Anschauung gegossen ist: Arbeit definiert unser Leben, uns selbst! Wir sind, was wir arbeiten und wir werden identifiziert mit dem, was wir arbeiten. Selbst- und Fremdwahrnehmung sind harmonisch vereint, wenn es darum geht zu akzeptieren, dass das, was wir tun, das Urteil fällt über das, was wir sind. Kein Missverständnis kommt auf über das Gemeinte angesichts der beiläufig gestellten Frage am Buffet zwischen Fremden: »Und was machst du so?« Korrekt wäre zu antworten: »Ich steh wie du am Buffet und bediene mich.« Aber die eigentliche Intention der Fragestellung wird in aller Regel einvernehmlich und still begriffen. Spontan zeugt die Antwort von gelungener Sozialisation: »Ich ›bin‹ Bauingenieur, Kinderärztin, Anwältin ...«. Je länger der erforderliche Bildungsweg, je höher der akademische Titel, desto mehr zählt das Gegenüber im Verhältnis zum Buffet – und umgekehrt. Die Antwort: »Ich bin arbeitslos« – lässt in aller Regel die weitere Kommunikation verebben von einer kurzen, um Empathie bemühten Beileidsbekundung, über gute Wünsche für die Zukunft hin zum Hinweis auf den mächtigen Hunger, der praktisch die nunmehr alleinige, schweigsame Konzentration auf das Buffet verständlich macht (vgl. Engler 2006: 16f.).

Wenn wir sind, was wir arbeiten, dann sind wir wenig, wenn wir es *noch nicht* tun, und wir sind weniger als vorher, wenn wir es *nicht mehr* tun. Kindheit und Jugend auf der einen und »Ruhestand« und Alter auf der anderen Seite wirken wie zwei artverwandte, arbeitslose »Zeit«-Genossen, die am jeweils gegenüberliegenden Ufer stehen und in den Strom der Arbeit blicken, die einen bald präpariert (oder auch nicht) zum Mitschwimmen, die anderen abgestellt als endgültige Zuschauer. Diese Fixierung des Menschen auf Arbeit beginnt früh. »Was möchtest du denn einmal werden?« Welcher heranwachsende Mensch ist je in seiner Biografie dieser Interesse bekundenden Frage von Verwandten, Lehrern oder Freunden entgangen? Die Gefragten reagieren in der Regel verständig mit der Schilderung von Berufswünschen und identifizieren damit das »Werden«, die Zukunft, als die Erwartung einer Aufstiegskurve der Biografieentfaltung. Das irgendwann effektiv erreichte Berufsziel gilt als das Markenzeichen des zukünftigen Status, dessen Verwirklichung nicht früh genug ansetzen kann.

Auf der Basis dieses Einverständnisses geht die Kompression des Bildungssystems im G8-Rhythmus relativ widerstandslos vonstatten, werden bereits auf Freiwilligkeitsbasis in der 7. Klasse »DELF-Tests« in Französisch angeboten, weil sie – wie es heißt – schon für die Zwölfjährigen die Bewerbungslage auf dem Arbeitsmarkt verbessern. Ausgedehnte, den Nachmittag okkupierende Stundenpläne treten in Konkurrenz zu jedweder vereinsgebundenen Nutzung schulfreier Nachmittage. »Die klauen uns unsere Jugend« titelte der Kölner Stadtanzeiger resümierend die Schilderungen von gymnasialen Zehntklässlern, die Freunde allenfalls noch am Wochenende treffen können (Die klauen uns unsere Jugend 2011). Dieser Raubbau an der Jugend ist mehr als bedenklich, aber der Imperativ der bildungsintensiven Erwerbsintegrationspräparation setzt weitgehend ungebremst seinen triumphalen Zeitfraß fort. Aber nicht alle sind geneigt, fähig oder ausreichend vom Elternhaus gestützt, um sich diesem sportiven Wettbewerb zu fügen. Er produziert Verlierer, die Bildungsverlierer.

Die Bildungsverlierer

Der Begriff der »Bildungsverlierer« ist gängig und sein Gebrauch belegt, dass Bildungswege nicht nur sprachlich, sondern auch von der Sache her assoziiert werden mit dem Bild vom Wettkampf. Die Arena dieses Wettkampfes, in dem zwischen Gewinnern und Verlierern unterschieden und selektiert wird, öffnet sich früh. Im Rahmen des dreigliedrigen Schulsystems setzt dieser Selektionsmechanismus in fast allen Bundesländern bereits nach der vierten Klasse an. Allerdings scheint die diesbezügliche Festlegung schon wesentlich früher zu erfolgen. »60 Prozent der künftigen Hauptschüler und Gymnasiasten sowie ca. 50 Prozent der künftigen Realschüler« stehen »schon am Ende der zweiten Jahrgangsstufe und somit zwei Jahre vor dem Übertrittstermin« fest (Ditton 2010: 63).

Begrifflich kurios, dass inzwischen ausgerechnet die »Hauptschule« als Restschule der Verlierer firmiert. Ihre Einführung geht auf eine Initiative des Ausschusses für das Erziehungs- und Bildungswesen zurück, der auf Vorschlag von Bundespräsident Heuss 1953 gegründet wurde. Sechs Jahre später lag der Plan vor, einerseits das gegliederte Sekundarschulsystem beizubehalten und zudem die Volksschule »in eine vierjährige Grund- und eine fünfjährige Hauptschule« aufzuteilen. Ziel der 1964 im Hamburger Abkommen von den Ländern übernommenen Empfehlung zur Gründung der Hauptschule war es, eine grundlegende allgemeine Bildung zu vermitteln, die »auf berufsqualifizierende Bildungsgänge« vorbereiten sollte (Bos u.a. 2010: 376). Besuchten entsprechend dieser ursprünglichen Intention in den 1960er Jahren zwei Drittel aller Schülerinnen und Schüler die Hauptschule, so war es bis 1980 nur noch ein gutes Drittel mit bis heute weiterhin abnehmender Tendenz. 2005 lag die Quote bei gut 20 Prozent (vgl. ebd.: 376f.). Inzwischen haben zwar viele Bundesländer diese zugunsten von Gesamtschulen oder Schulen mit mehreren Bildungsgängen abgebaut, allerdings ändert das nichts an der relativ konstanten Quote derjenigen, die lediglich einen Abschluss der Sekundarstufe I ohne weitere Qualifikation erlangen. Unabhängig von der »Struktur des Bildungssystems« benötigen diese Schülerinnen und Schüler »besondere Aufmerksamkeit und Unterstützung« (ebd.: 380). In Bayern und Baden-Württemberg ist man diesem Trend zur Gesamtschule nicht gefolgt. Der Anteil der Schülerinnen und Schüler, die die Hauptschule besuchen, liegt hier immer noch bei 20 bis 30 Prozent (vgl. Autorengruppe Bildungsberichterstattung 2012: 69). Bundesweit gelingt es sechs bis acht Prozent der Schülerinnen und Schülern nicht, einen Schulabschluss zu erlangen.

Das Phänomen der sogenannten Bildungsarmut ist nicht neu, wurde aber in früheren Zeiten eher als gesellschaftliche Normalität betrachtet.

Unter den vor dem Zweiten Weltkrieg geborenen Jahrgängen hatten allein »etwa 20 Prozent der Männer und 50 Prozent der Frauen *keinen* beruflichen Ausbildungsplatz. Und noch im Jahr 1965 verließen etwa 20 Prozent der Schüler die allgemeinbildende Schule ohne Abschluss.« (Ludwig-Mayerhofer/Kühn 2010: 142) Die Problematisierung der jetzigen Bildungssituation betrifft nicht nur die Kohorte der Schülerinnen und Schüler ohne Bildungsabschluss, die als absolut bildungsarm kategorisiert werden, sondern selbst die Hauptschulabsolventen gelten mittlerweile als Problemgruppe in der Zone der relativen Bildungsarmut (vgl. Berger u.a. 2010: 40). Den Hintergrund dieses bildungspolitischen Alarmismus bildet der Strukturwandel des Arbeitsmarktes, der bei Neuzugängen das Anforderungsprofil höherer Bildungsabschlüsse voraussetzt, zumal im gering qualifizierten Segment in den letzten Dekaden sukzessive ein Arbeitsplatzabbau von sozialversicherungspflichtiger Beschäftigung vollzogen wurde. »Der kontinuierliche Anstieg wissensbasierter Dienstleistungen und die technische Entwicklung lassen immer weniger einfache manuelle Tätigkeiten übrig, die obendrein angesichts geringer Transportkosten zunehmend in Billiglohnländer verlagert werden.« (Ludwig-Mayerhofer/Kühn 2010: 143) Die erste PISA-Studie der OECD alarmierte die Bildungspolitik in Deutschland aus unterschiedlichen Gründen. Die Bilanz, dass »Deutschland im internationalen Vergleich geradezu ein ›Selektionsweltmeister‹ ist, dass die soziale Herkunft für den Bildungserfolg in Deutschland eine besonders herausragende Rolle spielt und dass das deutsche mehrgliedrige Schulsystem letztlich in gesamtgesellschaftlich dysfunktionaler Weise Bildungschancen zuweist«, rüttelte auf. Darüber hinaus erschreckte nicht nur die bildungspolitische Fachwelt, dass »beinahe ein Viertel der deutschen Schülerinnen und Schüler nicht über das Kompetenzniveau 1 der PISA-Einteilung hinaus« gelangten, was fortan als eine Form des »funktionalen Analphabetismus« diskutiert wurde (Bittlingmayer u.a. 2010: 346). Arbeitgeberverbände, Industrie- und Handelskammern sowie Handwerkskammern klagten über die Kompetenzschwäche und mangelnde Ausbildungseignung der Hauptschulabsolventen. Zusätzlich wurde der Diskurs über den Wandel von der Industrie- zur Wissensgesellschaft angeheizt, ein Modernisierungsprozess, dem nur noch diejenigen Stand halten, die ein Leben lang lernen, ihre »employability« permanent renovieren und sich durch stetige Fortbildung anforderungsgerecht à jour halten. Zudem beinhaltetet dieser »wissensgesellschaftliche Diskurs implizite normative Verweise«, die teilweise mit dem Tenor

»›blaming the victim‹« auf den volkswirtschaftlichen Schaden hinwiesen, den jene bildungsresistenten Jugendlichen anrichteten. Die Anklage richtete sich an die Jugendlichen selber, die ihre »von der Gesellschaft zur Verfügung gestellten Bildungschancen einfach noch nicht konsequent genug genutzt hätten« (Bittlingmayer u.a. 2010: 347).

Wen wundert es, dass angesichts dieses Klimas der Besuch der Hauptschule zur stigmatisierenden Fremd- und Selbstwahrnehmung als »Schulversager« führt (Ludwig-Mayerhofer/Kühn 2010: 148) und ihre Zuweisung von vielen Eltern gefürchtet und folglich ihre Vermeidung betrieben wird. Letztlich aber erhalten »weit mehr Schüler eine Empfehlung für die Hauptschule«, als »Eltern das wünschen« (Ditton 2010: 61). Allerdings spielen neben der Leistungsbilanz auch sekundäre Aspekte eine Rolle: die Persönlichkeitsmerkmale der Schülerinnen und Schüler, die Einschätzung ihrer potenziellen Begabung und die Mutmaßung, dass eine fördernde Unterstützungsleistung der Eltern gegeben ist. Insofern treten neben die pure Leistungsbewertung »Erwartungseffekte«, die sich aus sekundären, milieubezogenen Faktoren nähren.

»Von Bedeutung dürften hier Einschätzungen der Lehrkräfte zu den über die Leistungen hinaus notwendigen Voraussetzungen für den Besuch einer höheren Schule sowie die höheren Bildungsaspirationen der Eltern aus bildungsnäheren Milieus sein. Zudem kommt aber auch zum Tragen, dass Kindern aus Familien mit einem höheren sozialen Status eine höhere schulische Begabung sowie höhere Intelligenz und Kreativität attestiert werden. Schließlich wird bei Gymnasialempfehlungen für Kinder aus Familien mit einem höheren sozialen Status auch häufiger ein positiv bewertetes Sozialverhalten als Begründung für die Erteilung dieser Empfehlung angegeben.« (Ebd.: 63)

Diese sekundären Bewertungskriterien sind von so erheblicher Relevanz, dass ihre Ausschaltung »einen deutlich größeren Anstieg der Gymnasialquote in der Unterschicht bewirken« würde »als eine Ausschaltung der primären«, also leistungsbezogenen Kriterien (ebd.: 65). Insofern wirken sie sich also negativ und benachteiligend auf Kinder aus, die Familien mit niedrigem sozialem Status entstammen. Offenbar im Vertrauen auf die eigene familiale Kompetenz, die leistungskonforme Sozialisation des Kindes zu meistern, melden viele Eltern aus oberen sozialen Milieus entgegen der Schulempfehlung ihre Kinder an höheren Schulen an. Während umgekehrt Effekte der »*Selbstselektion bei Familien mit einem niedrigen Bildungsstatus*« greifen. Ca. 30 Prozent der Eltern, die selber nur einen Hauptschulabschluss vorweisen, verzichten selbst dann auf die gymnasiale Anmeldung, wenn ihre Kinder eine von der Lehrkraft attestierte Empfehlung für das Gymnasium erhalten. Im Effekt gelingt es damit »Angehörigen der oberen Schicht signifikant besser, ihre Realschul- und Gymnasialaspiration in Schulanmeldungen umzusetzen« als Familien aus ärmeren Milieus und mit Migrationshintergrund (ebd.: 64). Folglich reproduziert das Schulsystem die Lage der sozial schwachen Milieus sowohl durch pädagogisch fragwürdige Zuschreibungen von Erfolgswahrscheinlichkeiten als auch durch interne Effekte der Selbststigmatisierung.

Aber nicht nur der Übergang in die Hauptschule, sondern auch diese Bildungsphase selber bedingt Milieuverfestigung. Es ist soziologisch reichhaltig belegt, dass Kinder und Jugendliche aus einfacheren und ärmeren Milieus einen geringeren sozialen Aktionsradius haben als andere aus der sogenannten Mittelschicht. Das bezieht sich sowohl auf die Homogenität des sozialen Wohnumfeldes, die Mobilität, das Konsumverhalten, die Heterogenität der Beziehungen und Freundschaften und die Varianz der Erlebniskultur (vgl. Albert u.a. 2010). Für diejenigen aus diesem sozialen Umfeld, denen der »Sprung« auf das Gymnasium gelingt, öffnen sich potenziell Zugänge zum Milieu der Mittelschicht, für die der Wohn- und Freizeitraum ansonsten nur wenige Optionen zulässt. Anders ist dies in der Regel an den Hauptschulen. Die relativ starke soziale Homogenität der Schülerschaft an den Hauptschulen verstärkt die eingeschränkte und eindimensionale Erlebniskultur des Alltags. Um also dieser Milieuabschottung zu begegnen, heterogene Beziehungen zu fördern, die Erfahrungsräume zu öffnen und Bildungsprozesse zu erweitern, müsste konsequenterweise »die Segregation des Schulsystems« aufgehoben »oder zumindest drastisch gelockert werden« (Ludwig-Mayerhofer/Kühn 2010: 151). Dass diese Heterogenität der Gruppe auch Konflikte und Spannungen provoziert, dass die Konfrontation von »Kindern mit schlechten Bildungsvoraussetzungen mit solchen Kindern, [...] die sich den Stoff ›wie selbstverständlich‹ aneignen, auch zu Gefühlen des Versagens und der Unterlegenheit führen«, spricht nicht für die Beibehaltung des segregierten Systems, sondern zeigt die eigentliche pädagogische Herausforderung an: Es würde dann darum gehen müssen, die »Spannungen einer heterogenen Schülerschaft« zu »thematisieren« und »soziale Erfahrungen auch in den Klassenzimmern zum Gegenstand des Lernens zu machen« (ebd.: 151). Zu vermuten ist, dass das sowohl die Lehrerschaft als auch das System Schule insgesamt überfordert. Das aber stellt die im angelsächsischen Raum geführte Diskussion über die mangelhafte und zwingend zu fördernde »Social Illitteracy«, frei übersetzt »soziale Kompetenzschwäche«, in ein anderes Licht. Statt sie einseitig auf bildungsferne Kinder und Jugendliche zu reduzieren, müsste sie als Systemanfrage an schulische Bildungsprozesse insgesamt gestellt werden.

Die Frage ist, was hier eigentlich durch was provoziert wird, was also Ursache und was Folge ist. Die Stigmatisierung von Kindern und Jugendlichen, die die Hauptschule besuchen, hat, wie angedeutet, auch erhebliche externe Ursachen, die den Ruf der Hauptschule als Restschule von »Losern« betreffen. Diese Stigmatisierung hat der in Halle lehrende Psychologe Michael Knigge ausdifferenziert analysiert und resümiert dazu:

»Ich nehme an, dass Hauptschüler bereits nach kurzer Zeit auf der Hauptschule wissen, dass der Weg in höhere Schulen nahezu versperrt ist. Gleichzeitig haben selbst die eigenen Lehrer deutlich Vorurteile gegenüber ihrer eigenen Schülerschaft, die auch diejenigen realisieren und erleben müssen, auf die diese Stereotype gar nicht zutreffend sind. Da es Hauptschülern schwer gemacht wird, sich mit einer positiven Perspektive in der Schule zu engagieren, ist es wahrscheinlich, dass sie andere Kontingenzien des Selbstwertes für sich konstruieren [...]. Dies können dann – stereotypenkongruent – z.B. Drogenmissbrauch und/oder Kriminalität sein. Es ist, wenn man diese Perspektive einnimmt, gut denkbar, dass deviantes Verhalten oft die Folge von und nicht nur die Begründung für Stigmatisierung von Hauptschülern ist.« (Knigge 2009: 215)

Sozial illiterat sind demnach also »nicht nur die Schüler, und erst recht nicht nur die Schüler aus den unteren Schichten; ›sozial illiterat‹ im Sinne einer geringeren Kompetenz im *fördernden* Umgang mit einer heterogenen Schülerschaft sind auch und vielleicht in erster Linie die Schulen selbst und ihr Personal« (Ludwig-Mayerhofer/Kühn 2010: 152). Das ist kein moralischer Vorwurf an die Lehrerschaft. Ihre oftmals gegebene Überforderung bei der Gestaltung von Bildungsprozessen angesichts zu großer Klassenverbände, disziplinarischer Probleme, kultureller Spannungen und notwendiger sozialpädagogischer Interventionen statt pädagogischer Inhaltsvermittlung, zeugt von einem Reformstau in der Bildungspolitik.

Bildungsferne und Bildungsbenachteiligung sind nicht geschlechtsneutral. Galt es noch bis vor wenigen Jahren als eindeutiges Faktum der

Bildungsforschung, dass Mädchen im Rahmen patriarchalischer Strukturen, bezogen auf Bildungsprozesse und Bildungsabschlüsse, benachteiligt sind, so werden inzwischen auch die »Grundzüge der Nachteile, die Jungen gegenüber Mädchen im deutschen Bildungssystem haben«, aufmerksam verfolgt und sind Gegenstand bildungspolitischer Diskurse (Diefenbach 2010: 246). Die statistische Faktenlage, die in diesem Kontext zu bewerten ist, betrifft schon die Einschulungssituation. So werden Mädchen im Vergleich zu Jungen »häufiger vorzeitig und seltener verspätet eingeschult« (ebd.: 248). Zudem ist die Wiederholerquote in der Grundschule bei Jungen größer, was sich auch negativ auf die weitere Schullaufbahn auswirkt. »Im Schuljahr 2006/07 besuchten 17,4 Prozent der Jungen und 13,9 Prozent der Mädchen in der Sekundarstufe eine Hauptschule, und 37 Prozent der Jungen und 43,8 Prozent der Mädchen ein Gymnasium.« (Ebd.: 249) Noch deutlicher ist die Differenz des prozentualen Anteils von jungen Frauen, die innerhalb ihrer Kohorte die Realschul-, Fachhochschul- und Hochschulreife erlangt haben. Dieser ist im Zeitraum zwischen 1991 und 2006 stetig gewachsen und übertraf 2006 den entsprechenden Anteil bei jungen Männern um acht Prozent. Bei den Hauptschülern mit und ohne Abschluss dominieren hingegen die Jungen. Ebenso sind sie in Förderschulen überrepräsentiert, denn »auf drei Mädchen« kommen »in etwa fünf Jungen« (ebd.: 249). Die Erklärungen für diese geschlechtsbezogene Bildungssituation bemühen teilweise »biologische Unterschiede«, sei es »in Form differentieller vorgeburtlicher Gehirnentwicklung«, sei es »in Form einer evolutionär bedingten geschlechtsspezifischen Psychologie« oder »in Form differentieller körperlicher und mentaler Reifung« (ebd.: 252).

»Zu den populärsten Vorstellungen aus diesem Paradigma gehören diejenigen, dass Jungen aufgrund der Beschaffenheit ihres Gehirns ein größeres räumlich-visuelles Vorstellungsvermögen hätten als Mädchen, während Mädchen und Frauen größere verbale Fähigkeiten hätten [...], dass Männer im Verlauf der Evolution eine größere Aggression, eine größere Mobilität und ein höheres Aktivitätsniveau, ein größeres Konkurrenzverhalten und eine größere Risikobereitschaft entwickelt haben als Frauen [...], und dass Mädchen schneller als Jungen körperlich reifen.« (Ebd.: 252)

Obwohl solcherlei biologistische Erklärungsversuche insbesondere nicht die Veränderung und Variation der geschlechterbezogenen Ungleichheit im Bildungssystem erklären und zudem auch nur partiale Aspekte beleuchten, halten sie sich immer noch hartnäckig als biowissenschaftliche »Forschungsergebnisse«.

Wesentlich einleuchtender ist hingegen der Erklärungsversuch der in England lehrenden Soziologin Heike Diefenbach. Mit ihrem Grundgedanken, dass die Bildungsnachteile von Jungen darauf beruhen, »dass Lehrkräfte ebenso wie Schülerinnen und Schüler Präferenzen, Haltungen und Verhaltensweisen aufweisen, die für den Umgang mit den Kindern und die Bewertung ihrer Leistungen in der Schule relevant sind und in Bildungsnachteilen für Jungen resultieren«, bezieht sie sich auf das Konzept vom »guten Schüler«, das bereits in den frühen 1950er Jahren der US-amerikanische Soziologe Howard Becker entwickelt hat (ebd.: 263). Er hatte aufgezeigt, »dass Lehrkräfte einen Schüler dann für einen ›guten Schüler‹ halten, wenn er es ihnen ermöglicht oder einfach macht, ihre Arbeit nach eigenem Empfinden ›gut‹ zu machen, d.h. Schüler zur motivierten, disziplinierten Arbeit und zum Lernerfolg zu führen« (ebd.: 263). Demgegenüber sind »schlechte Schüler« diejenigen, die den Lehrkräften das Gefühl vermitteln, ihrer Arbeit nicht mit entsprechender Effizienz nachgehen zu können, wobei die Effizienzeinschätzung auch geprägt ist vom Schulkontext und dem pädagogischen Diskurs. Das heißt, die gesellschaftlich vermittelte Funktionszuschreibung von Bildungsprozessen ist nicht unerheblich für die Prägung von pädagogischen Zielperspektiven und Erwartungshorizonten. Diesbezüglich hat sich wie erwähnt in den letzten Jahren zunehmend ein Bildungsverständnis durchgesetzt, das das Erreichen von schulischen Qualifikationen in den eigenverantwortlichen Raum der Anstrengungsbereitschaft der Schülerschaft verlegt. Es geht um das aktive und eigenverantwortliche Ergreifen von Chancen im Rahmen der institutionellen Bildungsförderung, und es geht bereits schulisch »um Bildung und Vermittlung von Humankapital und darauf basierender Beschäftigungs- und Eigenverantwortungsbefähigung« (Bittlingmayer u.a. 2010: 341f.). Störungen und pädagogische Prozessverweigerung werden nicht als Akt couragierter Widerständigkeit gewürdigt, deren Berechtigung zu diskutieren wäre, sondern als funktionales Fehlverhalten der erwerbsarbeitskonformen Bildungspräparation sanktioniert. Das Benchmarking, mit den »guten Schülern« zu arbeiten und die »schlechten« mit ihrer vermeintlichen Verweigerung sich selbst zu überlassen, ist kein moralisches Fehlverhalten der Lehrerschaft, sondern diesem übergeordneten Funktionalismus der Bildung geschuldet. »Die

Kernthese der Erklärung der Bildungsnachteile von Jungen gegenüber Mädchen durch eine mangelnde Passung von Schulkultur und Verhaltensstilen von Jungen ist nun, dass Jungen deutlich häufiger als Mädchen Verhaltensstile aufweisen, die den Erwartungen an einen ›guten Schüler‹ [...] nicht entsprechen und sich dies in den Bewertungen ihrer Leistungen negativ niederschlägt« (Diefenbach 2010: 264).

Diese Gesamtentwicklung der Hauptschule ist bildungspolitisch deshalb besonders bedenklich, weil sie sich parallel vollzogen hat zur Entwicklung eines in vielen Bundesländern ausdifferenzierten Förderschulsystems. Denn die Förderschulen sollen nicht nur dem individuell angemessenen pädagogischen Bedarf von Kindern mit Behinderung dienen, sondern sie haben auch die Funktion, die Regelschulen zu entlasten und die Heterogenität der »problematischen« Schülerschaft zu reduzieren. Bevor ein genauerer Blick in die inklusionspolitische Dynamik, die die nunmehr einsetzende Infragestellung des Förderschulsystems betrifft, vorgenommen wird, geht es zunächst im Folgenden darum, sich die Situation der Förderschulen wenigstens grob vor Augen zu führen.

Von der Hilfsschule zur Förderschule

Anders als die Hauptschule war die Förderschule immer schon »eine marginalisierte Institution im deutschen Bildungssystem« (Bos u.a. 2010: 381). Schon gegen Ende des 18. Jahrhunderts entstanden in Deutschland Hilfsschulen für Kinder, die zwar keine Behinderung hatten, aber offensichtlich nicht ausreichend befähigt waren, den Leistungsanforderungen der Volksschule auch nur im Grundsatz zu genügen. Ihre Funktion war es, die Volksschule zu entlasten und – wie ein Zeitzeugnis aus dem 19. Jahrhundert formuliert – »die in der Mitte zwischen normal gebildeten und blödsinnigen Kindern Stehenden – die Schwachsinnigen«, einer gesonderten Pädagogik zuzuführen (Schröder 2000: 16). Diese getrennte Pädagogik in Volks- und Hilfsschulen war schon immer umstritten und hat seit ihrer Einführung Gegenstimmen provoziert. So etwa hat der preußische Kreisschulinspektor und außerplanmäßige Professor an der Universität Bonn Johann-Heinrich Witte schon Anfang des 20. Jahrhunderts »gegen die absondernde und deshalb ›mehrfach bedenkliche Errichtung von Hülfsschulen als Schulen nur für schwachbegabte Kinder‹« votiert, denn der »gemeinsame Unterricht aller verschiedenen Kinder und Begabungen sei der ausdrückliche Auftrag der *Volksschule*« (Speck 2011:13). Das seit den 1960er Jahren der Hilfsschule nachfolgende, ausdifferenzierte Förderschulsystem, das sich inzwischen in neun Förderschwerpunkte aufgliedert, steht also nicht erst seit der Diskussion über schulische Inklusion in der Kritik. Sie hat sich aber in diesem Kontext emotional aufgeheizt und polemisch verschärft. Einerseits beanspruchen Förderschulen das pädagogische Konzept, den Kindern mit den jeweiligen Förderschwerpunkten durch spezielle Lernförderung und individuelle Kompetenzsteigerung den Weg in die gesellschaftliche und soziale Integration zu ebnen, andererseits wird dieser Weg der Separation teils mit heftiger Polemik als »Schonraumfalle« oder »Bildungskeller« diffamiert (ebd.: 21). Die Sonderpädagogen verweisen wiederum auf die defizitäre Integrations- beziehungsweise Inklusionspraxis der Regelschulen, deren Leistungszentrierung oftmals auch dem Willen der Eltern von Kindern ohne Behinderung entspreche und die gegenüber einer inklusiven Beschulung nicht wirklich aufgeschlossen seien. Dieser Streit zwischen den »Bildungsseparatisten« und den »Vollinklusionisten« mag ein Lehrstück sein für die moralische Dramaturgie, mit der die bildungspolitische Auseinandersetzung geführt wird. In dieser Auseinandersetzung spielen sicher Legitimationsstrategien der Förderschulen ebenso eine Rolle wie radikaltheoretische Projektionen der »Gegenseite« unter Vernachlässigung der realen Inklusionskompetenz der Regelschulen. Würde dieser Streit weniger deduktiv aus der Sicht der Schulsysteme geführt und stattdessen eher induktiv und individuell aus der Perspektive der Kinder, dann müsste doch die Frage ergebnisoffen zu beantworten sein, welches Lernumfeld für das einzelne Kind jeweils das Beste ist.

Das entbindet selbstverständlich nicht von einer differenzierten und kritischen Sicht auf die Förderschulen. Bezüglich der Quote der Schülerinnen und Schüler der einzelnen Förderschwerpunkte ist auffällig, dass über 40 Prozent der Gesamtschülerschaft dem Förderschwerpunkt »Lernen« zugeordnet sind. Gut 16 Prozent werden in ihrer geistigen Entwicklung gefördert, 13,4 Prozent in der emotionalen und sozialen Entwicklung, 11,1 Prozent wegen ihrer Sprachkompetenz und 6,7 Prozent aufgrund ihrer körperlichmotorischen Entwicklung. Lediglich 1,5 Prozent besuchen wegen ihrer Sehbeeinträchtigung oder Blindheit und 3,4 Prozent wegen ihrer verminderten Hörfähigkeit oder Gehörlosigkeit eine Förderschule (vgl. Bertelsmann Stiftung 2013: 12).

Während es sich bei den Förderschwerpunkten Sehen, Hören oder körperlichmotorische Entwicklung um medizinisch diagnostizierbare Beeinträchtigungen handelt, ist die »Diagnose« im Bereich Lernen, Sprache sowie emotionale und soziale Entwicklung eher schwierig (vgl. Bos u.a. 2010: 383) und damit auch die Abgrenzung zur Schulfähigkeit in einer Hauptschule. Stattdessen ist auch an Förderschulen durchaus eine Reihe von Schülerinnen und Schülern mit durchschnittlicher Leistungsfähigkeit anzutreffen, die aber dennoch, beispielsweise wegen der begutachteten emotionalen Entwicklung, nicht zur Beschulung in einer Regelschule führt. Es bleibt auch kritisch anzufragen, inwieweit die gutachterlichen Entscheidungen »immer auch von der eigenen (subjektiven) Kompetenz des Gutachters mitbestimmt werden und unter systemischem Einfluss stehen« (Speck 2011: 36). Wir bewegen uns hier also in einer Grauzone, in der hinterfragbare diagnostische Methoden, Entlastungsbestrebungen der Regelschule und normative Vorstellungen von einer für die Regelschule erforderlichen emotionalen Konstitution zur Absonderung in die Förderschule führen. Die Praxis der Zuweisung in eine Förderschule unterliegt zudem keinen bundeseinheitlichen Standards, sondern wird in den Bundesländern sehr unterschiedlich gehandhabt. »Die Folge ist, dass für Gutachten zur Feststellung sonderpädagogischen Förderbedarfs völlig unterschiedliche diagnostische Instrumente herangezogen werden und die Zuschreibung von Förderbedarf im Bereich des Lernens dadurch wohl kaum den Kriterien der Objektivität [...] entsprechen kann.« (Bos u.a. 2010: 387)

Für das Verhältnis der Förderschulen zu den Hauptschulen resultiert daraus eine paradoxe Situation des Zielwiderspruchs. Von den curricularen Leistungsanforderungen her gedacht, wäre die Haupt- oder auch die Gesamtschule für viele Kinder mit einer gewissen Lernproblematik der angemessene Ort, zumindest spricht ihre Lernfähigkeit oftmals nicht zwingend dagegen. Tatsächlich klaffen auch die »Inklusionsquoten« je nach Schultyp weit auseinander. »Von den 21,9 Prozent (etwa 53.800) Schülerinnen und Schülern, die bundesweit derzeit inklusiven Unterricht in den Schulen der Sekundarstufen erhalten, lernen lediglich 4,3 Prozent in den Realschulen und nur 5,5 Prozent in Gymnasien« (Bertelsmann Stiftung 2013: 22). Die Hauptschulen weisen hingegen bundesweit eine Quote von gut 34 Prozent auf, die Gesamtschulen von 24,5 Prozent (vgl. ebd.: 35). Insbesondere die Hauptschule, aber auch nicht wenige Gesamtschulen, dürften kaum in der Lage sein, angesichts der eh schon bestehenden disziplinarischen Probleme und der Rekrutierung der Schülerschaft aus sozial schwächerem Milieu, eine deutlich größere »Inklusionsquote« zu praktizieren, ohne dass das ohnehin schon geringe Leistungsniveau einbricht (vgl. Bos u.a. 2010: 393). Die Tatsache, dass rund zwei Drittel der Schülerschaft in den Förderschulen in den Förderbereichen Lernen, Sprache sowie emotionale und soziale Entwicklung angesiedelt sind, resultiert aus einem jahrelang praktizierten Selektionsprozess, der offenbar typisch ist für das deutsche Schulsystem. Denn es ist schon bezeichnend, »dass es die deutsche Klassifikation als ›lernbehindert‹ und damit die entsprechenden Schulen für ›Lernbehinderte‹ (›Förderschwerpunkt Lernen‹) in anderen Ländern überhaupt nicht gibt« (Speck 2011: 42). Weil aber befürchtet wurde, dass diese Schülerinnen und Schüler alternativ beschult in einer Haupt- oder Gesamtschule zur pädagogischen, disziplinarischen und gruppendynamischen Überforderung dieser Schulformen führen – und das bei gleichzeitiger Priorisierung der Leistungsorientierung –, haben sich diese Schulen bewusst von dieser Klientel »entlastet«. Da die Leistungsanforderungen an Realschulen und besonders an Gymnasien noch höher sind, verwundert es gar nicht, dass hier die »Inklusionsquote« angesichts der starken Kohorte der Kinder mit Lernproblemen wesentlich geringer ausfällt. Dass Kinder mit Hör- oder Sehschwäche, mit körperlichmotorischen Problemen oder etwa mit bestimmten Formen von Autismus sich auch an Realschulen und Gymnasien finden, setzt in den überwiegenden Fällen voraus, dass ihre Leistungsprognose bei entsprechender Infrastruktur der Förderung vergleichbar ist mit der der übrigen Schülerschaft. Das gilt aber überwiegend nicht für die genannten zwei Drittel der Förderschulkinder. Diese bildungspolitische Wahrheit hat die saarländische Ministerpräsidentin Annegret Kramp-Karrenbauer in einem Artikel der ZEIT offen benannt: »Das Gymnasium etwa soll als Schulform zum Abitur führen. Daran bemisst sich die Frage des Zugangs. Und zwar für alle Kinder – egal, ob behindert oder nicht behindert.« (Nicht mit der Brechstange 2014) Die Hauptschule ist somit in der Falle eines bildungspolitischen Zielkonflikts. Einerseits wird ihr attestiert, an Bildungsabschlüssen zu arbeiten, die in einer Wissensgesellschaft von nur mäßiger Bestandskraft sind. Andererseits ist sie »moralisch« gefordert, ihre »Inklusionsquote« selbst unter der Gefahr, dass der Unterricht zur pädagogischen Überforderung führt, zu erhöhen.

Normierung der Kindheit

Dass ein Hauptschulabschluss inzwischen in vielen Fällen nicht hinlänglich den Weg in die »Normalität« der Erwerbsbiografie bahnt, obwohl er in den 1960er Jahren für zwei Drittel der Schülerinnen und Schüler einmal das unauffällige Standardmaß der Ausbildungsvoraussetzung hergab, zeugt von einem normativ geprägten Wandel von »Normalität«. Dieser erstreckt sich nicht nur auf das schulische Bildungssystem, sondern er setzt bereits mit der frühkindlichen, institutionellen Bildung ein. Die Kindheitsforscherin Johanna Mierendorff hat den historischen Prozess dieser Normierung grundlegend differenziert und ihn im Rahmen wohlfahrtsstaatlicher Regulierungen analysiert. Bereits die gesellschaftliche Festsetzung eines »Zeitraums der Kindheit« brachte eine gesetzlich regulierte Normsetzung zum Ausdruck, die rechtlich flankiert wurde beispielsweise durch das Verbot der Kinderarbeit und die Einführung der Schulpflicht. Die Abgrenzung zwischen Kindheit und Jugend einerseits und der Zeit des Erwachsenen andererseits manifestierte sich an der seit 1900 im Bürgerlichen Gesetzbuch verankerten Volljährigkeitsregelung mit Eintritt des 21. Lebensjahres, die 1975 auf das 18. Lebensjahr herabgesetzt wurde. Damit war eine staatlich legitimierte »Phase der Besonderung« geschaffen, für die »Sonderregelungen, Sonderrechte und Sonderbehandlungen« galten und aus der differenzierte Teilmündigkeitsgrenzen und Abstufungen der Geschäftsfähigkeit oder Deliktfähigkeiten resultierten (Mierendorff 2013: 43). Die frühe Kindheit unterlag auch besonders durch die rechtliche Unmündigkeitsregelung von Kindern der alleinigen Entscheidungszuständigkeit der Eltern. »Damit ist nicht nur eine außerordentliche Phase der Abhängigkeit und Unmündigkeit manifestiert worden, sondern gleichermaßen auch eine der strengen Familienvermitteltheit *(Familialisierung)*.« (Ebd.: 44) Die Weimarer Reichsverfassung stärkte die Familie als den Primärort der privaten Pflege und Erziehung der Kinder und spiegelte das »bürgerliche Familienideal des 19. Jahrhunderts auch im Recht« (ebd.: 45). Bezeichnend für diese selbstverständliche Primärzuständigkeit der Familie war die im Reichsjugendwohlfahrtsgesetz verankerte Subordination institutioneller Erziehung, die dem Kindergarten lediglich die kompensatorische Funktion der Fürsorgeleistung für hilfsbedürftige Kinder zuwies.

Noch in den 1960er Jahren fanden Entwürfe zur Novellierung des Jugendwohlfahrtsrechts, die den Kindergarten als Regelangebot etablieren wollten, keine parlamentarische Mehrheit. Erst 1996, sechs Jahre nach der Einführung des Kinder- und Jugendhilfegesetzes, wurde ein gesetzlicher Anspruch auf einen Kindergartenplatz für über Dreijährige etabliert und damit »der Institution Familie die Institution Kindergarten verbindlich über regionale Grenzen hinweg als notwendige Ergänzung zur Seite gestellt« (ebd.: 47). Hinzu kam mit Verweis auf die immer problematischer werdende Erziehung in der Moderne die Einführung der »Hilfen zur Erziehung« im Rahmen des Kinder- und Jugendhilfegesetzes (SGB VIII §§ 27-35), die auch Leistungen zur Familienförderung umfassten. Ebenso wurde im Gesundheitswesen die ehemals unter rein familialer Beachtung stehende Pflege der Kinder ergänzt um die medizinischen Vorsorgeuntersuchungen als kassenärztliche Regelleistung. Mierendorff bilanziert dazu:

»Beide Entwicklungen machen deutlich, dass die Erziehungs- und Sorgetätigkeit bzw. Diagnosefähigkeit von Eltern immer stärker als gefährdet und voraussetzungsvoll angesehen wurden, dass also Eltern nicht mehr per se die Entwicklung oder gesundheitliche Situation ihrer Kinder angemessen einschätzen und daraufhin richtige Entscheidungen treffen können. [Zu beobachten] sind erste Tendenzen der generalisierenden Infragestellung elterlicher Erziehungsfähigkeit.« (Ebd.: 48)

Dieser Trend des Misstrauens gegenüber der elterlichen Erziehungskompetenz verstärkte sich seit dem Ende des 20. Jahrhunderts. Erhebliche staatliche Regulierungsbemühungen fokussierten auf die Phase der frühen Kindheit. So wurden im § 8 des SGB VIII die Träger der Kinder- und Jugendhilfe auf größere Sorgfalt beim Schutz der Kinder innerhalb und außerhalb der Einrichtungen verpflichtet. Präventive Beobachtung der Kinder in den Kindertagesstätten, Aufbau eines Bundesprogramms »Netzwerk frühe Hilfen« und die Bemühungen in vielen Bundesländern, die Vorsorgeuntersuchungen verpflichtend zu machen, zeigen an, dass die frühe Kindheit zunehmend aus der seit dem 19. Jahrhundert geltenden »Verwiesenheit auf private familiale Beobachtung, Sorge und Behandlung« gelöst wurde und seitdem verstärkt der staatlichen Regulierung und Kontrolle unterliegt (ebd.: 50). Diese zum Schutz der Kinder und zur Gewährleistung des Kindeswohls gedachten Maßnahmen und gesetzlichen Regelungen sind zugleich auch staatlich geregelte »Einblicke in familiale Erziehungs- und Versorgungspraxen«, die nicht mehr nur im Ausnahmefall fragwürdiger Praktiken der Eltern zur Anwendung kommen, sondern generell den Normalfall darstellen (ebd.: 52). Hintergründig wirkt in diesem Kontext auch der geschilderte Mainstream, das Verhältnis von Familie und Staat so zu justieren, dass die öffentliche Erziehung die durch Erwerbsarbeit bedingte, erzieherisch unversorgte Zeit verlässlich kompensiert. Dem Trend, den Zeitpunkt einsetzender öffentlicher Erziehung, Bildung und Betreuung deutlich vor das dritte Lebensjahr zu versetzen, wurde inzwischen auch mit einem Rechtsanspruch auf »U3-Betreuung« begegnet. Sprachkompetenzfeststellungsverfahren, Entwicklungsdokumentationen und curriculumsähnliche »Lehrpläne« deuten an, »dass sich die Grenze zwischen Schulkindheit und früher Kindheit zu verflüssigen beginnt« und die frühe Kindheit Tendenzen anzeigt, »sich in ihrer Gestalt der Schulkindheit anzunähern« (ebd.: 52).

Der Ausbau der pädagogischen Begleitung von Kindern durch die institutionelle Regelleistung öffentliche Erziehung transportiert zudem normative Vorstellungen über den »normalen« Verlauf frühkindlicher Entwicklung, deren hintergründige »Konstruktion« von Kindheit auch kritisch zu befragen ist. Die historische Entstehung einer abgegrenzten und rechtlich gesicherten Zeitphase der Kindheit und Jugend indiziert, dass diese Abgrenzung eben nicht einfach auf einer anthropologischen oder biologischen Objektivität basiert, sondern Ergebnis eines sozialen Aushandlungsprozesses und damit sozial konstruiert ist. Diese Konstruktion gründet formal auf einer differenzierten »Chronologisierung des kindlichen Lebensverlaufs«. Sie betrifft beispielsweise die »Jahrgangsstufung des Bildungssystems und die Normen der altersgestuften Entwicklungskontrollen«, die Definition von altersabhängigen Zugängen zu bürgerlichen Rechten, die Erlaubnis zum Konsum von Tabak oder Alkohol, zum Besuch von öffentlichen Abend- und Nachtveranstaltungen und – als Symbol der Adoleszenz besonders bedeutsam – zum Erwerb des Führerscheins. Im Effekt drängt diese Skalierung Kindern die biografische Selbstwahrnehmung auf, sich in einem zeitlich strukturierten Stufenleitersystem zu befinden, dessen oberste Sprosse zum Erwachsensein führt (vgl. Zeiher 2009: 115). Diese »Konstruktion von Kindheit« geht aber über die Bestimmung zeitlicher Datenrahmung hinaus und unterliegt auch inhaltlichen Konzeptualisierungen mit durchaus normativen Implikationen. Welche Kindheitsverläufe als normal, unauffällig, gestört, verhaltensauffällig, bildungsarm oder behindert gelten und mit welchen Mitteln medizinisch, rechtlich, pädagogisch und institutionell diesbezüglich zu intervenieren ist, wird dabei diskursiv legitimiert.

Frühkindlich erzogen zur kompetenten Arbeitskraft

Die besondere und wachsende Aufmerksamkeit gilt in diesem Diskurs dem sogenannten »Risikokind«, dessen Rekonstruktion im politischen Raum zwar variiert, letztlich aber auf eine »Normierung von ›guter Kindheit‹« abzielt, »d.h. einer Kindheit, die sich innerhalb geregelter und institutionalisierter Bahnen vollzieht, kontrollierbar und gleichzeitig jederzeit optimierbar« ist (Betz/Bischoff 2013: 77). Einige dominante Muster dieses »Risikodiskurses« sind besonders hervorzuheben und kommen in politischen Veröffentlichungen der Bundesregierung prominent zur expliziten Anwendung (vgl. ebd.: 70ff.). Das erste zu nennende Risikomuster fokussiert auf die Defizite der negativen Abweichung von der Norm. Die Kennzeichnung dessen, was diese Kinder nicht vermögen, nicht haben oder nicht sind, wird beispielsweise im Zwölften Kinder- und Jugendbericht folgendermaßen bilanziert: »Sie sind weniger wissbegierig, äußern weniger ihre Wünsche, nehmen weniger am Gruppengeschehen teil und haben weniger Kontakt zu anderen Kindern der Gruppe.« (BMFSFJ 2005: 168) Der normative Gegenhorizont des idealen Kindes wird entsprechend mit Attributen gefüllt wie ausreichende Bewegung, ausgewogene Ernährung statt Fastfood, körperliche Fitness und einem ausgewogenen Fernseh- und Computerkonsum (vgl. BMFSFJ 2006: 40). Diesem Risikomuster unterliegt die Hervorhebung besonders gefährdeter Risikogruppen wie arme Kinder, Kinder mit Migrationshintergrund und Kinder Alleinerziehender. Das zweite Muster dieses Risikodiskurses hebt auf die soziale Lage ungünstiger Umweltbedingungen ab. Damit sind zwar einerseits bestimmte Zielgruppen besonders fokussiert, aber angesichts der wenig spezifischen Eingrenzungsmöglichkeit, welche Kinder potenziell durch den Wandel der sozialen Rahmenbedingungen gefährdet sein könnten, ist die »Notwendigkeit einer möglichst umfassenden Beobachtung *aller* Kinder und ihrer Familien« impliziert (Betz/Bischoff 2013: 72). Mit anderen Worten: Alle Kinder werden potenziell zu Risikokindern. Das dritte Muster zielt auf das ökonomische Risiko kindlicher Fehlentwicklung mit Blick auf die gesellschaftlich aufzubringenden Kosten. Denn »Kinder, deren gesunde Entwicklung gefährdet ist, können ihre vorhandenen Potentiale nicht ausreichend nutzen. Die individuellen und gesellschaftlichen Kosten dieser (oftmals vermeidbaren) Fehlentwicklungen sind hoch.« (BMFSFJ 2010: 60) Das »Interesse des Risikodiskurses ist somit das ›produktive‹ Erwachsensein, d.h. der normale Erwachsene, der seinen gesellschaftlichen Aufgaben und Pflichten nachkommen kann«, damit öffentliche Kosten präventiv vermieden werden (Betz/Bischoff 2013: 77). Bei dieser Konstruktion aber »tritt die Gegenwart von Kindern gänzlich hinter deren und v.a. hinter die gesellschaftliche Zukunft zurück« (ebd.: 75). Kinder werden unter eine Hermeneutik des Verdachts gestellt, »potentiell zu ungebildeten Erwachsenen ohne Schulabschluss und Chancen auf dem Arbeitsmarkt« sozialisiert zu werden, unfähig, ihre Potenziale und ihr Humankapital im Interesse des Gemeinwohls einzubringen (ebd.: 75). Die Normierung, die hier zur Geltung kommt, hebt also primär auf eine ökonomische Funktionsfähigkeit der zukünftigen Erwachsenen ab, deren Implementierung frühzeitig anzusetzen hat. Es gilt, der in der frühen Kindheit drohenden Latenz eines späterhin sozial inkompetenten und auf staatliche Fürsorge fixierten Erwachsenen bereits im Ansatz durch die Erziehung zur produktiven Eigenverantwortlichkeit und Autonomie entgegenzuwirken.

Diese Normierungen setzen positive Szenarien des »normalen« und anzustrebenden Kindheitsverlaufs voraus, die sich historisch variabel jeweils der Referenz entwicklungspsychologischer, neurobiologischer oder auch ökonomisch-politischer Theorien bedienen. Ein wesentliches Hilfsmittel zur Ausbreitung von Normalitätskriterien setzte Mitte des 19. Jahrhunderts mit der Entwicklung statistischer Verfahren ein, die es erlaubten, »wissenschaftliche Aussagen über Durchschnittswerte und Normalverteilungen von (körperlichen) Eigenschaften und Fähigkeiten mit Bezug auf das Lebensalter zu treffen« (Kelle 2013: 15). In Entwicklungstabellen, Skalierungsmustern und Somatogrammen wurden »Schwellennormen zur Anormalität« definiert, um im Falle der Anormalität den Bedarf an therapeutischer, medizinischer oder pädagogischer Intervention zu definieren (ebd.: 16). Dabei sind rein gesundheitsstatistische, diagnostische Daten, die Abweichungen vom Korridor des Normalen identifizieren, nicht zwingend schon normativ. Der »normative Umschlag« setzt hingegen dann ein, wenn über die Deskription von Normalitätsabweichungen hinaus moralisierende und aktivierend steuernde Handlungsvorschriften etabliert werden, die kaum Toleranzspielräume der Verweigerung zulassen. Die Normativität bezüglich des Konstrukts »Kindergartenkind« wird dabei aus einem Mixtum von »wissenschaftlichem« Referenzrahmen, politischem Diskurs, staatlichen Programmen, pädagogischen Konzepten und regulierenden Interaktionen mit den Eltern konstruiert. Letztere sind die entscheidenden Transporteure normativ erzieherischer Einwirkung auf das Verhalten ihrer Kinder (vgl. Foucault 2012: 60). Die Norm muss dabei keineswegs zwingend egalisierend sein, wie es über viele Jahre bei entwicklungspsychologischen Konzepten des »normal child« der Fall war. Mit Hilfe von »Entwicklungsskalen« wurden linear aufsteigende Stadien idealtypisch definiert und als Grundlage der Überprüfbarkeit der Entwicklungsangemessenheit wissenschaftlich basiert. Bei retardierenden oder stärker abweichenden Entwicklungen bot funktionales Spielerepertoire den Eltern unterstützendes Material, um den diagnostizierten Rückstand von der Normerfüllung aufzuholen (vgl. Kaščák/Pupala 2013: 181f.).

Das Paradigma des »normal child« ist inzwischen dem des »Superkindes« gewichen, dessen Orientierungsgröße »nicht mehr die (Entwicklungs-)Norm als solche, sondern die Fähigkeit zur Überschreitung dieser Norm« darstellt (ebd.: 2013: 184). Normalität wird konnotiert mit dem Makel der Insuffizienz und negativer Durchschnittlichkeit. Was zählt ist hingegen die Zielperspektive des Besonderen, des Einmaligen und latent Genialen. Ihre Potenziale freizulegen, zu heben und zu fördern, ist bereits Aufgabe institutioneller frühkindlicher Erziehung. Eine bezeichnende ökonomische Variante dieser normativen Entdeckungspädagogik frühkindlicher Genies wird seit einigen Jahren in strategischen Dokumenten der Europäischen Union bildungspolitisch gestreut. Die Rede ist vom super-unternehmerischen Kind, dessen Förderung und pädagogische Lenkung unverzichtbar ist für eine nachhaltige Konkurrenzfähigkeit Europas im internationalen Wettbewerb der Wissensökonomie. Die Fokussierung auf diese ökonomisch noch unentdeckte Kindheitsressource ist expliziter Bestandteil der Lissabon-Strategie. So heißt es etwa in einer Stellungnahme des Europäischen Wirtschafts- und Sozialausschusses von 2006, dass »eine stärkere unternehmerische Tätigkeit nur erreicht werden kann, wenn ein Wandel in der Denkweise und Einstellung herbeigeführt wird, der schon in einem sehr frühen Alter einsetzen sollte« (Europäischer Wirtschafts- und Sozialausschuss 2006: 3). Dass mit diesem »frühen Alter« unmissverständlich bereits das vorschulische gemeint ist, wird in einem ähnlichen Dokument der Kommission belegt:

»Die Grundlagen für alle Fähigkeiten, die einem Menschen helfen, das eigene Leben besser zu bewältigen, werden in der Vorschul- und Schulzeit gelegt. Im Primärbereich trägt die Förderung von Eigenschaften wie Kreativität und Eigeninitiative zur Herausbildung unternehmersicher Einstellungen bei. Am besten lässt sich dies durch aktives Lernen erreichen, das sich die natürliche Neugier der Kinder zunutze macht.« (Kommission der Europäischen Gemeinschaften 2006: 6)

In Österreich gibt es das Programm »›Minopolis – Die Stadt der Kinder‹, das auf Kinder ab dem 4. Lebensjahr zielt. Der Zweck ist das Vertraut-Machen mit Unternehmertum, Konsum und Finanzsektor« von der Kontoeröffnung, über Unternehmensgründung bis zur Personalführung. »Kinder konzipiert man als kleine Genies, kompetente Unternehmer, die ihre aktuelle Entwicklung überschreiten.« (Kaščák/Pupala 2013: 186)

Die Empfehlung zu langfristigen Investitionen in den Biografieverlauf kommt auch im Sozialinvestitionspaket der Europäischen Kommission von 2013 zur Entfaltung. Sie beschreibt mit Blick auf Frankreich positiv: »So hat sich zum Beispiel gezeigt, dass der breite Zugang zu vorschulischer Erziehung, wie er etwa in Frankreich besteht, den schulischen Erfolg von Kindern wesentlich und nachhaltig fördert, was langfristig auch dazu führt, dass diese später auf dem Arbeitsmarkt höhere Gehälter erzielen.« (Europäische Kommission 2013: 10) Und eher restriktiv heißt es: »Frühkindliche Erziehung und Betreuung spielt durch ihr frühzeitiges Eingreifen eine wesentliche Rolle bei der Bewältigung der Herausforderungen, mit denen benachteiligte Kinder konfrontiert sind. Außerdem trägt sie wesentlich dazu bei, Hindernisse für eine Erwerbsbeteiligung der Eltern aus dem Weg zu räumen.« (Ebd.: 25)

Unabhängig davon, dass ein seriöser Beleg schwer zu erbringen sein wird, inwieweit öffentliche, vorschulische Erziehung für die davon Betroffenen 25 Jahre später zu höheren Gehaltsbezügen führt, ist doch die Denke eindeutig: Die präventive Präparation für die Funktionalität im Arbeitsmarkt wird bereits in die frühkindliche Phase unter dem Regiment der öffentlichen Erziehung angesetzt. Es geht um die doppelte Steuerung: »Eingriffe« gegen die uneffektive Erziehung der »benachteiligten Kinder«, wie und wer auch immer definiert, welche damit gemeint sind, und Abbau von »Hemmnissen« für die Erwerbsbeteiligung der Eltern. Mit dem Hemmnis ist konsequenterweise das Kind selber gemeint. Die Forderung nach einer Kita-Pflicht und die ebenso festzustellende Tendenz einer Verschulung frühkindlicher, öffentlicher Erziehung und Betreuung sind Indizien für das Misstrauen in die häusliche Erziehung. Die Befürchtung eines »unproduktiven Zeitverlaufs« der frühkindlichen Phase wird ohne Skrupel öffentlich in den Raum gestellt. Es scheint immer schwieriger, der Kindheit eine eigene, ökonomisch unverwertete Würde zuzugestehen.

Das Argument der Unterforderung von Kindern in ihrer Wiss- und Lernbegehrlichkeit entpuppt sich zu oft als die Unruhe ökonomischer Denkmuster, denen die verzögerte Leistungszentrierung des Lebens als inakzeptable Verschwendung von »Humankapital« ein Ärgernis ist.

Die Frühkindliche Betreuung, Bildung und Erziehung (FBBE) stehen mehrfach im strategischen Empfehlungsfokus der Europäischen Kommission und ihre ökonomische Verzweckung wird mehr als deutlich. »FBBE kann eine entscheidende Rolle bei der Schaffung der Fundamente für bessere Kompetenzen spielen, die die EU-Bürger in Zukunft besitzen sollen. Sie kann uns dabei helfen, mittel- und langfristige Herausforderungen zu bewältigen und zu kompetenteren Arbeitskräften führen, die zum technologischen Wandel beitragen und sich daran anpassen können.« (Europäische Kommission 2011, o. S.) Die Konditionierung zur »kompetenten Arbeitskraft« ist für die Europäische Kommission der Fokus frühkindlicher Erziehung zur Stärkung der wirtschaftlichen Zukunftsfähigkeit Europas. Die normative Konstruktion von Kindheit wird von ihrem Ende her entwickelt: dem unternehmerisch befähigten, eigenverantwortlichen und autonom agierenden Erwachsenen. Dieser bildungspolitische Normierungsdruck schlägt sich nieder auf die curricularen und pädagogischen Konzepte der Bildungsinstitutionen. Kindgemäße Heterogenität im Sinne der von Kindern mitgebrachten Vielfalt der Besonderheiten wird in Kitas und Schulen nicht gleichwertig als Ausgangspunkt individueller Entwicklung akzeptiert, sondern an jenen normativen Maßstäben gemessen, bewertet und in vielen Fällen disqualifiziert (vgl. Zeiher 2009: 120).

In seinem Essay »Philosophie als Kulturkritik« von 1960 hat bereits Max Horkheimer nicht ohne prognostische Tendenz auf die Gefahr jenes biografisch früh ansetzenden ökonomischen Interesses an der pädagogischen Sozialisation hingewiesen:

»Die moderne Gesellschaft erteilt ihre Direktiven unmittelbar und deutlich genug. Erziehung, deren persönlich bildende Momente heute beschnitten werden müssen, damit sie den wirtschaftlichen und technischen Forderungen nachkommt, entbehrt der handgreiflichen Argumente, die ihr einst zur Verfügung standen. Sie muss rasch machen, damit der Zögling, soweit es ihn überhaupt noch gibt, den Anschluss nicht für immer versäumt. Die Chancen entscheiden sich früh, und früh muss jeder lernen, der Wirklichkeit sich anzupassen. An die Stelle der Überwindung des Chaotischen, Ungebundenen im Menschen, zu dem nicht bloß unkoordinierte leibliche, sondern auch zwecklose geistige Regungen gehören, tritt die bloße Unterdrückung und damit reaktiv die Abneigung gegen den, der freie Regungen sich zu leisten vermag, gegen Individuen und Gruppen, die durch ihr Verhalten den unerlässlichen Verzicht auf eigene Gedanken in Frage stellen.« (Horkheimer 1981: 101)

Die Konstruktion der solchermaßen »gut« verlaufenden Kindheit generiert umgekehrt die Definition von Störungen, Anormalitäten, Auffälligkeiten und Behinderungen, die dieser guten Kindheit im Wege stehen. Deren Behebung oder wenigstens Linderung ist zahlreich Anlass, die Praxisräume von Logopäden, Psychologinnen, Ergotherapeutinnen und Kinderärzten zu füllen.

Zu laut, zu zappelig, zu ruhig

Gegenwärtig stehen in Deutschland etwa 600.000 Kinder unter dem diagnostischen Verdacht der AD(H)S, der Aufmerksamkeitsdefizit-/Hyperaktivitätsstörung. Rund 250.000 Kinder erhalten methylphenidathaltige Medikamente, die im Volksmund oft unter der Bezeichnung der bekanntesten Handelsware Ritalin firmieren (vgl. Liebsch u.a. 2013: 159). Zwischen drei und fünf Prozent aller Grundschulkinder erhalten aufgrund ihres »auffälligen Verhaltens« diese Diagnose und es gibt keine kinderpsychiatrische Störung, der so viel öffentliche Aufmerksamkeit zuteil wird, obwohl andere gravierendere Störungen wie etwa Magersucht für fünf bis 15 Prozent der Betroffenen tödlich verlaufen (vgl. Bonney 2012: 12). Die Störung kindlicher Aufmerksamkeit rückte erstmals in der zweiten Hälfte des 19. Jahrhunderts im Kontext der Hirnforschung in den Interessensfokus der Wissenschaft. Bereits 1874 formulierte der Psychologe William Carpenter: »Aufmerksamkeit hat Auswirkungen auf jede Grundform geistiger Aktivität, ist unentbehrlich für den systematischen Erwerb von Wissen, Kontrolle der Leidenschaften und Gefühle und für die Steuerung des Verhaltens.« (Ebd.: 13) Diese funktionale Zuschreibung von Aufmerksamkeit verstärkte eine defizitäre Sichtweise von besonderen Aufmerksamkeitseigenarten als »Störung«, deren Behebung in die fachliche Obhut von Medizinern und Psychologen gelegt wurde. Da dieser Störung auch eine latente Bedrohung der öffentlichen Ordnung und des Gemeinwesens unterstellt wurde, wuchs das öffentliche Interesse an ihrer Therapie. Der namhafte Kinder- und Jugendpsychiater Helmut Bonney resümiert zur diesbezüglichen Praxis des 19. Jahrhunderts: »Die Gesellschaft fühlt sich von Menschen bedroht, die der versuchten Normierung der Aufmerksamkeit nicht entsprechen. Der Wert eines Mitglieds der Gesellschaft wird nun an seinem Vermögen zur Aufmerksamkeit gemessen. Theodule Ribot, ein um 1900 bekannter psychologischer Forscher, bringt diese Sichtweise auf den Punkt: ›Südamerikaner, Vagabunden, Prostituierte und Kinder haben Störungen der Aufmerksamkeit‹.« (Ebd.: 13)

Die organischen Ursachen, die ursächlich für die Diagnose einer AD(H)S sein könnten, sind im Verlauf der Hirnforschung variantenreich analysiert worden. »Zunächst ging man von einem Aufmerksamkeitszentrum aus, das im Vorderhirn vermutet wurde. Später wurde die Bedeutung von Zellverbänden in den hinteren Hirnabschnitten und bestimmten zentralen Kernen herausgearbeitet«, und heute wird »ein weit gespanntes zelluläres Netz als Ort der Aufmerksamkeit und ihrer Störungen identifiziert: Fehlfunktionen dieser Nervenverbände, die mit den Überträgerstoffen Dopamin und Noradrenalin arbeiten, werden für die AD(H)S verantwortlich gemacht.« (Ebd.: 18f.) Die skeptische Distanz, die Helmut Bonney der gängigen organischen Analytik und therapeutischen Indikation mit Ritalin entgegenbringt, resultiert aus dieser reduzierten Perspektive der Hirnforschung auf die Mechanik einer Stoffwechselstörung, die nicht in Anschlag bringt, dass gerade das Gehirn in einer permanenten Anpassungsleistung an Umweltbedingungen die Fähigkeit zum ständigen Umbau entwickelt. Diese »Neuroplastizität« ist für ihn der systemisch erfolgreiche Ansatzpunkt, um diesen Umweltfaktoren nachzugehen, ihre Einflussindikatoren wie das familiale Umfeld und die Bildungsinstitutionen als mitverantwortliche Impuls- und Stimulanzgeber für eine Fehlsteuerung in Rechnung zu stellen und schließlich durch Verhaltenskorrekturen des Kindes wie auch des familialen und schulischen Umfeldes Entwicklungspotenziale der Kinder zu erschließen. Anders als Ritalin, dessen Wirkung innerhalb von gut 30 Minuten einsetzt und Kinder lediglich ruhig stellt, ohne sie zu heilen, setzt eine systemische Therapie auf den Faktor Zeit (vgl. ebd.: 83ff.). Damit stößt sie aber auch auf die Unduldsamkeit eines gesellschaftlichen Zeitregimes, das in der Taktung des Bildungssystems wenig Toleranz für Störungen und Retardierungen aufbringt. Eine amerikanische Studie über 9.000 Kinder mit der Diagnose AD(H)S ist zu dem bemerkenswerten Ergebnis gekommen, dass in 70 Prozent der Fälle diese Diagnose »von Laien und also auch von Lehrern gestellt wurde«, was sowohl die Belastung und Not des Lehrpersonals als auch deren Sorge um die Zukunft der Kinder widerspiegelt (ebd.: 34). Dieses Ergebnis ist auch Indiz dafür, dass die Grenzen zwischen Erziehung und Medizin, zwischen Pädagogik und Diagnostik wenig konturiert sind (vgl. Liebsch u.a. 2013: 161). Die laienhafte Diagnostik ist insbesondere dann fehlerhaft und fragwürdig, wenn sie Konzentrationsstörungen, motorische Unruhe oder auch verträumte Abwesenheit nur für die Unterrichtszeit konstatiert, während solche Verhaltensmuster von den Eltern im häuslichen Umfeld nicht bestätigt werden können. Denn zwingend ist Grundlage einer seriösen Diagnose, dass die Aufmerksamkeitsstörungen kontextfrei festgestellt werden können, also in verschiedensten Lebenslagen identisch sind. Eine AD(H)S ist nicht auf einen fünfstündigen Zeitraum am Vormittag reduzierbar, »Störungen« in solchen begrenzten Zeiträumen haben daher andere Ursachen. Auffällig ist, dass solche schulischen Impulse zur anempfohlenen Konsultation eines Kinderarztes oder Kindertherapeuten offenbar auch dann zur Ritalinvergabe führen, wenn die Eltern die entsprechenden Verhaltensmuster nicht bestätigen können. Die Sorge, dass das schulisch wenig angepasste »Fehlverhalten« zu chronischem Leistungsabfall und perspektivisch zur Gefährdung der Zukunft der Kinder führt, lässt offenbar viele Eltern geneigt sein, auch in solchen Fällen zu dieser »Lösung« zu greifen. Schulschwierigkeiten oder gar Verweigerungen der Kinder erhalten durch solcherlei Diagnosen etwas medizinisch Objektivierendes. Sie sind aufgehoben in ein Erklärungsmuster, das entlastend vom ärztlichen Personal plausibilisiert wird. Die Ritalin gestützte Therapie signalisiert gegenüber dem Lehrpersonal nicht nur die Berechtigung ihrer Empfehlung, sondern lässt Eltern auch auf nachsichtigeren Umgang der Lehrer im Unterricht hoffen. Ärzte und Eltern bilden in diesem Kontext nicht selten eine »strategische Allianz«, die »die molekularbiologische Begründung des Arztes mit den auf die Regulation von schulischen Anforderungen zielenden Absichten« der Eltern zusammenführt (ebd.: 168f.). Die Kinder sind dabei nicht selten lediglich das »Untersuchungsobjekt«, dem kaum »Raum zur Artikulation« eigener Wahrnehmungen und kritischer Rückmeldungen gegeben wird (ebd.: 172). Die im Rahmen der Behandlung mit Ritalin in der Regel einsetzende Unauffälligkeit des Verhaltens »beweist« zugleich »die normative Angemessenheit der medizinischen Maßnahme durch den Vergleich mit anderen Schülerinnen und Schülern« (ebd.: 173). So schließt sich der Kreislauf dieses Systems der funktionalen Normierung: Störungen, die dem Umsetzungsdruck curricularer Leistungsziele entgegenwirken, werden in nachvollziehbarer Weise vom Lehrpersonal als »Fehlermeldung« mit Empfehlung zu einschlägigen Untersuchungen an die Eltern vermittelt. Eltern, die die schulkonforme Leistungserbringung ihrer Kinder nicht gefährden wollen, drängen gegenüber Ärzten auf Abhilfe. Diese wiederum sind nicht selten geneigt, auf der Basis eines etablierten Referenzmodells der Hirnforschung eine diagnostizierte AD(H)S mit dem Substrat Ritalin zu therapieren, was sich wiederum durch unauffällige Einpassung jener Kinder in den Unterricht als berechtigtes und hilfreiches Verfahren erweist. Die Funktionsfähigkeit des Schulsystems wird damit gesichert, die der Kinder bleibt oberflächlich angepasst für einige Stunden, in denen sie spüren, sich selber fremd zu sein (vgl. Bonney 2012: 84).

Der Normierungsdruck, unter dem die Eltern von Kindern mit einer (seriös) diagnostizierten AD(H)S wie auch die Kinder selber stehen, erscheint unter der Wirkung von Ritalin verkraftbar. Nicht nur Leistungskonformität ist, so die Suggestion der Therapie, zu bewältigen. Darüber hinaus gilt die Hoffnung auch der Befähigung zum Wettstreit um die Herstellung einer »normalen Kindheit« durch die Achtsamkeit auf ausreichende Bewegung, ein normales Gewicht oder die Regulation eines ausgewogenen Medienkonsums zwischen Nutzer-Kompetenz und der Vermeidung entstehender Abhängigkeit. Das Bild von Kindheit, das im Kontext der diagnostischen und therapeutischen Verfahren bei AD(H)S zum Tragen kommt, »konstruiert Normalität in sehr engen körperlichen, kognitiven und sozialen Grenzen«, wodurch »weitgehend unbemerkt Kindheiten, die als ›behindert‹ gekennzeichnet werden«, ausgegrenzt werden (Chilla/Fuchs 2013: 143). Ein Faktor dieser Normalität ist das Hören. Das betrifft zum einen die Defizitschilderung über Kinder, die nicht *zu*hören, sich unge*hörig* oder un*erhört* verhalten, wie sie bei AD(H)S häufig beklagt wird (vgl. Bonney 2012: 51). Gleichzeitig ist das Hören gesellschaftlich in einem enormen Wandlungsprozess der akustischen Ordnung begriffen. »Die heutige Freizeitgesellschaft ist ohne eine industrialisierte Hörkultur nicht denkbar und die private wie öffentliche Produktion von Erlebnissen und Emotionen ist in hohem Maße auf das Hören en passant abgestimmt.« (Chilla/Fuchs 2013: 144) Der »(post-) moderne Mensch« muss sein Hörverhalten immer mehr differenzieren zwischen aktivem und wertvollem Zuhören, bemühtem Weghören von lästigem und überlautem Lärm und selektiver Filterung wichtiger Informationen im allgemeinen urbanen Geräuschpegel. Eingeschränktes oder die völlige Abwesenheit von Hörvermögen »wirkt als Stigma im Prozess einer ›mitleidvollen‹ Ausgrenzung aus der mediatisierten Hörgemeinschaft der Mehrheitsgesellschaft«, denn Hören konstruiert in weiten Teilen die »körperliche, soziale und psychische Normalität« und grenzt die Gruppe der »normal Hörenden« von der »Gruppe der Nicht-Hörenden« ab (ebd.: 145).

Inzwischen ist bei Menschen mit Hörbeeinträchtigung »eine eigene Kultur mit eigenen Kommunikationsformen, eigenen Formen der Vergemeinschaftung und eigener Sprache entstanden, die zu einer Parallelmoderne und einer eigenen Form von Kindheit geführt hat. Nicht-zu-Hören ist in diesem Sinne genau so normal wie zu hören und Teil eines kulturellen Selbstbestimmungsrechts« (ebd.: 145). Neue Formen des Umgangs mit social media, die elektronisch gestützte interaktive Kommunikation per SMS oder Twitter, haben die Gewichtung von Hören, Sehen, Schreiben und Sprechen verlagert, und die Entwicklung im Bereich der Hörakustik in Form von Hörgeräten oder Implantaten hat die Hörkultur deutlich diversifiziert. Gerade diese neuen technischen Möglichkeiten, die die Grenze des technisch Machbaren zwischen Hören und Nicht-Hören in Teilen in Frage stellen, provozieren für Eltern und Erziehungsberechtigte Entscheidungen, die sie »über die Köpfe der unmündigen Kinder hinweg« und »möglicherweise unter Vernachlässigung der Unversehrtheit und des Mitspracherechts des Kindes« treffen müssen (ebd.: 150). Eine der besonderen Herausforderungen stellt diesbezüglich die Versorgung des Kindes mit einem Cochlea-Implantat dar, einem operativ nicht reversiblen Eingriff, der im Lebensverlauf wiederholt werden muss und nicht ohne Gefahr ist. Es handelt sich dabei um eine elektronische Hörprothese, durch die Hörreize simuliert werden, die ein »intensives und lang andauerndes Hörtraining« erforderlich machen, damit sich »eine Gewöhnung an den Höreindruck einstellt« in der Hoffnung, dass der Erwerb der Lautsprache gelingt, was keineswegs wissenschaftlich gesichert prognostizierbar ist (ebd.: 148). 80 Prozent aller Kinder in den Industrienationen, die gehörlos geboren werden, bekommen ein solches Implantat, aber 90 Prozent der rund 2000 in Deutschland geborenen Kinder mit gravierenden Hörbeeinträchtigungen entstammen hörenden Eltern, die eine völlig andere »Normalitätserwartung« haben als gehörlose Eltern. Hier greifen bei den hörenden Eltern »Normalitäts- und Machbarkeitsvorstellungen« der Mehrheitsgesellschaft, die auf eine Integration in die »hörende Mehrheit« setzen, während die »Gehörlosengemeinschaft die grundsätzliche

Frage nach dem Behinderungs- bzw. Normalitätsbegriff unter Anerkennung von Gehörlosen als Menschen einer eigenständigen Kultur« aufwirft (ebd.: 154). Zu fragen bleibt, wie frei die Entscheidungen der Eltern für ein Cochlea-Implantat noch sind, wenn suggeriert wird, dass dieser Eingriff »Normalität« herzustellen in der Lage ist, obwohl deutlich wird, dass jene Kinder eine eigene Wahrnehmungskompetenz erlangen, die weder der Hörenden- noch der Nicht-hörenden-Gemeinschaft zuzuordnen sind. Und zu fragen bleibt auch, welcher normativen Enge diese Vorstellung von Normalität unterliegt, dass sie einen derartigen Druck auf Eltern aufbaut, sich ohne Einverständnis der Kinder »für« ihre Zukunft so zu entscheiden. Zumindest muss in Rechnung gestellt werden, dass viele von Geburt an Gehörlose die Deutsche Gebärdensprache (DGS) »als gleichwertiges Substitut zur Lautsprache« erkennen, »das analoger Träger ihrer kognitiven und emotionalen Entwicklung ist« (ebd.: 155).

Inklusionsbilanz (II)

Wenn man beim Thema Inklusion von einer gewissen Popularität reden kann, dann ist das besonders der hohen Aufmerksamkeit für die bildungspolitischen Diskurse und die diesbezüglichen Maßnahmen zur Steigerung der »Inklusionsquoten« zu verdanken. Das wird vordergründig an einer ganzen Reihe von diskutierten Aspekten deutlich. Sie betreffen die föderale Diversität der inklusionspolitischen Landschaft, die strittige Kostenträgerfrage, die pädagogische Kompetenz des Regelschulsystems, die Zukunft der Förderschulen und die Reform sowohl der pädagogischen Studiengänge als auch der Curricula. Bereits auf dieser Ebene werden Aporien deutlich, der die inklusionspolitischen Ambitionen ausgesetzt sind. Entweder wird das dreigliedrige Schulsystem mit seinen Selektionsmechanismen grundlegend reformiert oder aber »Inklusion« meint nichts anderes als die »Einpassung« in das bestehende System bis an die Grenze des Zumutbaren für alle Beteiligten. Entweder werden Schulklassen deutlich verkleinert und das pädagogische Personal um sonderpädagogisches, pflegerisches und psychologisches ergänzt oder aber die Überforderung der Lehrerschaft ist vollends programmiert. Entweder wird die Infrastruktur der Schulen deutlich renoviert und optimiert, wird durch barrierefreie Zugänge, Aufzüge, Therapie- und Rückzugsräume, sanitäre Anlagen, akustische Raumgestaltung usw. ein völlig überarbeitetes Gebäudekonzept von Schulen installiert oder aber Inklusion scheitert bei manchen schon am Treppenaufgang. Entweder werden die Curricula, die Lehr- und Ausbildungspläne grundsätzlich überarbeitet, Fort- und Weiterbildung der Lehrerschaft intensiv betrieben, ergänzend zur Leistungszentrierung des Bildungssystems eine empathische, personen- und entwicklungsbezogene Pädagogik etabliert oder die hoch selektiven Mechanismen des bestehenden Schulsystems werden schlichtweg im »Inklusionssystem« weitergeführt.

Besonderheit und Vielfältigkeit braucht auch besondere und vielfältige pädagogische Zugänge, variable Lernsituationen, einladende und didaktisch funktionsorientierte Räume und vor allen Dingen ein offenes, dialogisches, einfühlsames und vor Überforderung geschütztes Lehrpersonal. Aber es gilt auch: »Nicht jede Vielfalt lässt sich in erfolgreiches Lernen umsetzen.« (Speck 2011: 73) Es gibt auch Grenzen der pädagogisch »beherrschbaren« Situation, egal in welcher Schulform, die vor beachtliche Herausforderungen stellen. Aber damit diese Grenzen möglichst weit gesetzt sind und nicht zum pädagogischen Alltag werden, sind die Rahmenbedingungen der schulischen Praxis deutlich zu reformieren, statt vor ihren Konsequenzen mit Hilfe von rhetorischen Floskeln wie »alle sind willkommen« auszuweichen. Die zahlreichen pädagogischen Stimmen aus Wissenschaft und Praxis, die das Dilemma dieses bildungspolitischen Eiertanzes beklagen, verhallen meist ungehört, insbesondere gegenüber den für die Finanzierungsquellen zuständigen Finanzministerien. Denn dass eine ernsthaft verfolgte inklusionsorientierte Bildungspolitik kein Sparpaket ist, sondern erhebliche Mehraufwendungen erforderlich macht, ist evident (vgl. Inklusive Missverständnisse 2014). Bildung ist »trotz aller politischen Beteuerungen zu einem Nebenthema für konkrete Investitionen geworden« (Speck 2011: 27), und Deutschland liegt laut OECD-Erhebung, was die öffentlichen und privaten Ausgaben für Bildung anbelangt, deutlich unter dem Durchschnitt der OECD-Länder (vgl. ebd.: 48). Die Utopie der Inklusion, wenn sie denn je als solche verstanden wurde, droht also schon bildungspolitisch an den ersten finanzbasierten Schritten zur »Realvision« zu scheitern und zur »leere[n] Präsentation« des Politischen zu verkommen, die letztlich nur »Demotivation und Resignation mit sich bringt« (Prantl 2014: 73f.).

Hintergründig geht dieser Diskurs jedoch ins Zentrum der Frage nach der Funktionalität schulischer und auch frühkindlicher Bildung. Die Kritik an inklusiver Beschulung drängt ja nicht durchweg auf eine

Anpassungsleistung der Regelschule in Richtung veränderter Strukturen, erweiterter Ressourcenausstattung und variabler Methodik und Didaktik. Sie sieht in Teilen – und durchaus zu Recht – inklusive Beschulung als eine Gefährdung des bestehenden, eindimensional leistungszentrierten Bildungssystems, polemisiert aber gerade im Sinne der Bewahrung des Bestehenden gegen inklusive Beschulung als »Gleichmacherei«, die »über keinen positiven Begriff von Ungleichheit verfügt« (Eine unglaubliche Gleichmacherei 2014). Diese Kritik ist paradox, weil Gleichheit gerade ein Grundprinzip des dreigliedrigen Schulsystems ist, gemeint ist allerdings die geschlossene Gleichheit der jeweiligen Lerngruppe. Der Hamburger Bildungsforscher Hans Wocken hat dies einmal die »homodoxe Pädagogik« genannt, in deren Zentrum »der Glaube an Homogenität« steht.

»Die Schüler einer Lerngruppe sollten in ihren Lernvoraussetzungen, -möglichkeiten und -bedürfnissen möglichst gleich sein. Allein Homogenität gewährleistet optimale schulische Lernprozesse – das ist der Lehrsatz der homogenitätsgläubigen Philosophie. [...] Aus der Gleichheitsbedingung als oberstem Grundsatz der homodoxen Pädagogik folgt der Imperativ der Gliederung aller Schüler in Gruppen [...] in mindestens vier hierarchische Stufen: Gymnasium, Realschule, Hauptschule, Förderschule.« (Wocken 2010: 27)

Allerdings muss hier permanent nachgesteuert und korrigiert werden:

»Zehn Prozent aller Schulanfänger werden bei Schulbeginn als ›schulunreif‹ klassifiziert und zurückgewiesen. 40000 Schüler erreichen Jahr für Jahr nicht das Klassenziel. Jeder vierte Schüler hat im Laufe der Schulzeit wenigstens eine ›Ehrenrunde‹ gedreht, musste also ein Klasse wiederholen. 15 Prozent aller Schüler werden alljährlich aus höheren Schulen in niedere Schulen abgestuft. Innerhalb und außerhalb der Schule bemühen sich Liftkurse und ein exorbitanter Nachhilfemarkt darum, dass die Schwachen nicht aus den jeweiligen Schulsystemen herausfallen und wieder mithalten können. Die homodoxe Pädagogik lässt sich aber von derlei Pannen und Fehlleistungen der Gliederungs- und Exklusionsmaschinerie nicht beeindrucken und setzt das Werk des Sortierens unverdrossen fort.« (Ebd.: 27)

Wer also denjenigen, die inklusive Bildungsprozesse der »Vielfalt« einfordern, vorwirft, ein »egalitäres Anspruchsdenken« zu installieren, schafft umgekehrt eine bildungspolitische Betonierung, einen Essentialismus vorfindlicher Systeme inklusive ihrer Defizite (Eine unglaubliche Gleichmacherei 2014). Die hinlänglich beschriebenen Ausgrenzungsprozesse insbesondere in der Hauptschule, aber auch im Rahmen einer hysterischen G8-Rhythmik der gymnasialen Schullandschaft sowie die Herrschaft der weitgehend normativen Reduktion von Bildung auf die Herstellung eines selbstverantwortlichen, ökonomisch funktionsfähigen Erwachsenen, sind also schon jetzt reihenweise dysfunktional.

Wer diese Form pädagogischer Misere zum Maßstab für die Diagnose der inklusionspolitisch mangelhaften Praktikabilität erhebt, dem ist analytisch Recht zu geben. Nur dass diese Analyse nach Reformen der Bildungslandschaft schreit und nicht ihrer Verteidigung das Wort reden sollte. Umgekehrt ist es die teilweise naiv-radikale Forderung nach Schließung aller Förderschulen, die jenen Verteidigern des bestehenden Bildungssystems in ihrer Polemik gegen diesen »Inklusionskitsch« entgegenkommt (vgl. Alle einschließen, wollen wir das? 2014). Das Verhalten einzelner Kinder wie »Yasar«, ein Kind mit Förderbedarf »im Bereich Lernen und emotional-soziale Entwicklung«, das mit einem weiteren Schüler mit gleichem Förderschwerpunkt in einer Regelklasse mit 24 Kindern beschult wird, wird dann narrativ ausgeschmückt und als Exempel der Unmöglichkeit dieser Regelbeschulung verwertet: »Einmal schüttete er eine Flasche Apfelsaft auf seinem Tisch aus, legte seinen Kopf in die Lache und wischte dann mit den Händen drin herum. Anschließend rannte er durch die Klasse und schmierte alle Kinder an.« (Die Illusion mit der Inklusion 2014) Die Konkurrenz der überdimensionierten Bindung pädagogischer Aufmerksamkeit für diese Kinder zur Ergebnissicherung curricularer Vorgaben im Interesse der übrigen Klasse wird dabei »authentisch« aus der Praxisexpertise von Lehrkräften kommentiert: »Wir wären im Mathebuch zwanzig Seiten weiter, wenn diese Jungen nicht wären«, und es sei »haarsträubend«, dass angesichts dieser Überforderung des Lehrpersonals »brave Kinder hinten runterfallen« (Die Illusion mit der Inklusion 2014). »Eine derartige Argumentationsstrategie [...] bezweckt nichts anderes als Abschreckung.« (Wocken 2010: 31)

Die Dramaturgie dieser Schilderungen schwimmt auf der Oberfläche eines Wettstreits. Auf der einen Seite werden die Verfechter »totalinklusiver Zielvorstellungen« vorgeführt, die zugestandenermaßen teilweise nicht frei sind von kämpferischer Naivität und gleichzeitigen Bevormundungstendenzen gegenüber den Eltern, die die jeweilige Beschulungsentscheidung differenziert zu treffen haben. Auf der anderen Seite stehen ihre feuilletonistischen Gegenspieler, die sich zum Naivitätsnachweis ihrer Kontrahenten auf die Spurensuche nach Belegexemplaren absurder Regelbeschulung von Kindern mit Behinderung begeben. Positive Beispiele wie die Heiligenstockschule in Hofheim, in der sich unter 400 Kindern 32 diagnostizierte Förderschulkinder befinden, die von sechs Förderschullehrerinnen und -lehrern sowie 27 Lehrkräften der Regelschule beschult werden, in der intensive Elternarbeit betrieben wird und die in ein sensibles Netzwerk von Psychologen, Jugendamt und Erziehungshilfe eingebunden ist, werden als exotische Ausnahmen stilisiert. »Flächendeckend« sei ein solcher Aufwand »nicht zu bezahlen« (Die Illusion mit der Inklusion 2014). Damit werden Aporien belegt, die letztlich der Verteidigung des Status quo dienen, also des Nebeneinanders eines dreigliedrigen, selektiven Regelschulsystems und eines kompensatorischen Förderschulsystems. Angesichts der jetzt schon reihenweise bestehenden Ausgrenzungen im Regelschulsystem ist es eine leichte Übung, die Überforderung nachzuweisen, dem dieses System im Rahmen der Inklusionspraxis ausgesetzt ist. Statt aber genau da anzusetzen, die Beispiele guter Praxis zum Maßstab einer flächendeckenden Reform der Bildungsinstitutionen zu nehmen, werden auf der Basis einer bildungsbürgerlichen Reformresistenz die Absurditäten zum Beleg für Unveränderlichkeit. Diese Unveränderlichkeit nimmt aber auch die Selektionspraxis des dreigliedrigen Schulsystems billigend in Kauf.

Der renommierte Heilpädagoge Otto Speck fordert angesichts der relativ unproduktiven Auseinandersetzung um die »eine Schule für alle« mehr Sachgemäßheit und empathische Orientierung an dem, was für Kinder im Einzelfall wirklich hilfreich ist, und er fragt zudem nach den realisierbaren Forderungen an ein Lehrpersonal, das schon jetzt unter deutlich erschwerten pädagogischen Bedingungen arbeitet. Es sei zu bilanzieren, dass »die Realität der allgemeinen Schulen weit davon entfernt ist, allen Schülern mit besonderen Lernbedürfnissen *wirklich* bessere Lernchancen zu bieten«. Insofern könne »der Sonderpädagogik ihre subsidiäre Funktion und Aufgabe nicht abgesprochen werden« (Speck 2011: 117). Dieses Votum redet aber keineswegs der Verteidigung des Status quo das Wort, sondern will eine zielorientierte Perspektive inklusiver Beschulung in angemessenen Schritten, ohne die subsidiäre Förderschulpraxis, etwa für »schwerstbehinderte Kinder [...], die in vielen Ländern, sogar in solchen mit einer relativ hohen Integrationsquote, überhaupt nicht in Schulen aufgenommen, sondern Heimen überlassen bleiben«, völlig preiszugeben (ebd.: 71). Jedenfalls seien »Absolutheitsforderungen« wenig praxistauglich, wenn sie nicht die Leistungsnormierung und Selektivität des dreigliedrigen Schulsystems, die Konkurrenz unter Eltern bezüglich der Erwartungshaltungen an schulische Effektivität, die Qualifikationsanforderungen an das Lehrpersonal, die Ausstattung der Schulen und insgesamt die erforderlichen Finanzressourcen, die für die »eine Schule für alle« aufzubringen wären, thematisieren. Für ein inklusiv aufgebautes Schulsystem wären laut einer von Bündnis 90/Die Grünen in Auftrag gegebene Studie des Forschungsinstituts für Bildungs- und Sozialökonomie Berlin Mehrausgaben gegenüber dem bestehenden Förderschulsystem von 34 Milliarden Euro für das Jahr 2020 anzusetzen (vgl. ebd.: 49).

Förderschulen sind demnach als subsidiäres System dann entbehrlich, wenn die Regelschulen unter Beachtung all dieser Faktoren sie auch entbehrlich machen. Die Ehrlichkeit, Wahrheit und Klarheit der schulpolitischen Inklusionsdebatte bemisst sich also nicht an der Schließung von Förderschulen, das wäre eine sehr einseitige und billige Lösung, sondern an den Reformerfolgen innerhalb des Regelschulsystems. Die Rhetorik der »Totalinklusion« ist da wenig hilfreich. Die vielerorts übliche Praxis in den Bundesländern, für Kinder mit Behinderung zwei bis drei Stunden additiv zum »normalen« Regelschulbetrieb sonderpädagogische Förderung anzusetzen, ist mehr als fraglich. Die Förderschullehrer fahren im ambulanten Einsatz von Schule zu Schule. Den Kindern fehlen konstante Ansprechpartner und überdies ist die Frage, ob eine solche Praxis nicht nur insuffizient, sondern auch im hohen Maße diskreditierend für Kinder mit Behinderung ist. Inklusiver Unterricht hieße, dass »die direkte Arbeit mit dem Kind« ergänzt wird »durch die individuelle Arbeit für das Kind. Ein stammelndes Kind wird von der Klasse gehänselt, abgelehnt und gemobbt. Da hilft keine ›Stammeltherapie‹, sondern die ›normalen‹ Kinder sind die eigentliche Aufgabe pädagogischer Bemühungen.« (Wocken 2010: 39) Es braucht also perspektivisch eine deutlich veränderte Regelschule, die eine auf die neue Situation angepasste Bildungsreform mit einer deutlich verbesserten Ressourcenausstattung im personellen und finanziellen Sinne vorweist. Nur dann wäre auch eine echte Wahlfreiheit für Kinder und Eltern zwischen Regel- und Förderschule hergestellt. Dass mehrfach schwerstbehinderte Kinder möglicherweise andere Formen des lernenden und entwicklungsfördernden In-Beziehung-Seins brauchen, als es ein Regelschulbetrieb je bieten kann, dass man Kindern, die das Lesen in der Grundschule nicht gelernt haben, nicht den Besuch des Gymnasiums nahelegen sollte, ist evident. Die Debatten über solche Fälle verzerren medial aufgebläht die Anliegen der UN-Behindertenrechtskonvention. Dass aber Inklusion in der Schule auch bedeutet, dass die Beschulung von Kindern mit und ohne Behinderung auf eine Änderung des Systems setzt und nicht das System seine leistungsfokussierte Bildungsstrategie mit einigen kleinen Aufmerksamkeitsumwegen fortsetzen kann, ist ebenso evident.

8. Der öffentliche Raum

Der Sozialraum zwischen Erosion und Projektion

Die Konzentration der Inklusionsdebatte auf den Bereich der Bildung und einen »inklusionsfreundlichen Arbeitsmarkt« spiegelt wider, dass in einer auf Erwerbsarbeit zentrierten Gesellschaft Teilhabe geradezu unwillkürlich auf diese Faktoren reduziert wird. Die UN-Behindertenrechtskonvention nimmt aber in ihren 50 Artikeln ein deutlich umfänglicheres Feld des gesellschaftlichen Lebens kritisch in Blick. Bereits in der Präambel heißt es, dass die folgenden Artikel unter anderem geleitet sind von der »Erkenntnis, wie wichtig die individuelle Autonomie und Unabhängigkeit mit Behinderungen ist, einschließlich der Freiheit, eigene Entscheidungen zu treffen.« Das betrifft beispielsweise die Zugänglichkeit von Gebäuden, Straßen, öffentlichen Einrichtungen und Diensten inklusive des Abbaus von Mobilitätshindernissen im Verkehrswegenetz (vgl. Art. 9), die Freizügigkeit (vgl. Art. 18) sowie das »gleiche Recht aller Menschen mit Behinderungen, mit gleichen Wahlmöglichkeiten wie andere Menschen in der Gemeinschaft zu leben« (Art 19). Daher gelte es, »wirksame und geeignete Maßnahmen« zu treffen, »um Menschen mit Behinderung den vollen Genuss dieses Rechts und ihre volle Einbeziehung in die Gemeinschaft und Teilhabe an der Gemeinschaft zu erleichtern« (Art. 19). Bezüglich der Wahl des Aufenthaltsorts wird zudem ausdrücklich erwähnt, »dass Menschen mit Behinderungen gleichberechtigt die Möglichkeit haben, ihren Aufenthaltsort zu wählen und zu entscheiden, wo und mit wem sie leben, und nicht verpflichtet sind, in besonderen Wohnformen zu leben« (Art 19). Damit ist also sowohl die freie Zugänglichkeit des öffentlichen Raums, von Sport-, Kultur- bis zu Bildungsangeboten wie auch die freie Wahl des Aufenthalts- und Wohnortes sowie der Wohnform als verpflichtende Gewährleistung der Vertrag zeichnenden Staaten fixiert. Was die Umsetzung dieser Verpflichtung anbelangt, so bezieht sie sich wesentlich auf die kommunale Daseinsvorsorge, die landläufig als Implikat des in Art. 20 des Grundgesetzes fixierten Sozialstaatsprinzips verstanden wird, auch wenn die materielle Ausgestaltung dieses eher normativen Prinzips nicht hinreichend geklärt ist (vgl. Heinig 2008: 25ff.). Jenseits der rechtlichen Kontroverse über den konkreten Charakter des Sozialstaatsprinzips und seine Bedeutung für die kommunale Daseinsvorsorge soll im Folgenden die Entwicklung des öffentlichen Raums mit Blick auf die Wohnqualität von Menschen mit Behinderung Gegenstand der kritischen Sichtung sein.

Das Maß der Abhängigkeit vom Wohnraum als zentraler Lebensraum und Indikator für Lebensqualität entscheidet sich wesentlich an der Frage sonstiger Mobilitätsmöglichkeit und einer flexiblen, kaufkraftbasierten Präsenzvariation im globalen Maßstab. Wenn jährlich mehrmalige Urlaubsreisen, Kreuzfahrten, interkontinentale Geschäftsreisen und weltläufige Präsenz in den Kulturmetropolen europäischer Nationen die Alltagsroutine dominieren, ist das lokale Wohnumfeld für das Barometer der Lebensqualität nur ein Faktor unter vielen. In der Regel passt sich in solchen Fällen das Wohnen, stimmig zur sonstigen »Raumpräsenz«, in bevorzugte Lagen ein und spiegelt in den eigenen vier Wänden etwas vom Standard der allgemeinen Mobilitätskompetenz. Die soziale Lage jener Bürgerinnen und Bürger ist also nicht eindeutig räumlich gebunden, »während andere ihre räumlichen Bezüge« nur »mühsam verändern und dritte an einen spezifischen Raum gebunden bleiben« (Weiß 2008: 228). Menschen mit Behinderung zählen deutlich seltener zu jener Spezies der mobilen Globetrotter, der weltweiten Arbeitsnomaden der Wissensgesellschaft wie jene IT-Spezialisten, die allerorten vermarktbar ihre Kompetenzen räumlich flexibel in globalen Unternehmen anbieten können. Sie sind wesentlich häufiger aufgrund ihrer sozialen Lage, ihrer körperlich-motorischen Beeinträchtigung oder ihrer Angewiesenheit auf begleitende Assistenz an den lokalen Raum und an die dort gestaltbare Lebensqualität und Zugänglichkeit gebunden. Im Eckpunktepapier »für einen inklusiven Sozialraum« formuliert der Deutsche Verein für öffentliche und private Fürsorge:

»Jedes Individuum schafft durch seine Aktivitäten, Vorlieben und Beziehungen Sozialräume und lebt in diesen. Inklusive Sozialräume sind gleichermaßen individuelle Lebensräume und strategische Handlungsräume mit einer inklusiven Zielrichtung. Diese inklusive Zielrichtung zeichnet sich dadurch aus, dass das selbstbestimmte und gemeinschaftliche Leben aller Menschen ermöglicht werden soll. Das bedeutet, alle Menschen sollen alleine oder mit anderen in der eigenen Wohnung leben können, auf dem allgemeinen Arbeitsmarkt beschäftigt sein können usw. Hierfür braucht es ein inklusives Umfeld, eine Nachbarschaft, ein Quartier im umfassenden Sinne, das dies ermöglicht. Es braucht Kultursensibilität in allen Lebensbereichen. Es braucht Barrierefreiheit der Wohnung, der Wege, des öffentlichen Personennahverkehrs, der Geschäfte, der Banken, der Post, der Arztpraxen und anderer Gesundheitsdienste, des Arbeitsplatzes, des Bildungsbereichs (Kita, Schulen, Hochschulen etc.), der Freizeitangebote, der Kirchen, der kulturellen Einrichtungen, des Sports, der Politik etc. Es braucht aber auch Beratungs- und Unterstützungsleistungen, Treffpunkte und Netzwerke, damit Menschen Sicherheit und Geborgenheit erleben, und es braucht - vielleicht am allerwichtigsten - eine gegenseitige Wertschätzung aller Menschen mit ihren unterschiedlichen Fähigkeiten und Einschränkungen.« (Eckpunkte des Deutschen Vereins 2012: 15f.)

Damit greift der Deutsche Verein umfassend den Ansatz der Sozialraumorientierung, der seit einigen Jahren insbesondere in der Kinder- und Jugendhilfe intensiv diskutiert und praktiziert wird, für die Behindertenhilfe auf (vgl. Leuchte/Theunissen 2012: 345ff.). Die Fokussierung auf das »Quartier« und damit, im Falle der Betreuungserfordernis, auf die strategische Ausrichtung, der ambulanten Wohnsituation gegenüber der stationären den Vorrang zu geben, wird von allen überörtlichen Sozialhilfeträgern favorisiert, nicht zuletzt verbunden mit der Erwartung, dadurch Kosteneinsparungen zu generieren. Anders als bei der individuell lebensweltorientierten sozialen Arbeit, setzt die Sozialraumorientierung auf die Unterstützung des »geografischen und administrativen« Bezugssystems und widmet sich der Stärkung der Infrastruktur (ebd.: 349). Zugleich zielt dieses Konzept sowohl auf die Eigenverantwortung der Betroffenen als auch auf das zivilgesellschaftliche Empowerment im Sinne der nachbarschaftlichen Achtsamkeit und Empathie, also eine Kultur der gegenseitigen Wertschätzung. An manchen Orten greifen die Kostenträger nun zu der Maßnahme, durch »eine geschickte Budgetierung ›komplexer Leistungen‹ und Vergabe eines Sozialraumbudgets für ein ganzes Jahr an einflussreiche (große) Träger, die sich kostengünstig auf dem Sozialmarkt anbieten«, die Ausgabenseite zu entlasten, verbunden mit dem Argument, Menschen mit Behinderung ein selbstbestimmteres Leben zu eröffnen (ebd.: 350).

Abgesehen von dieser fragwürdigen Praxis, ist der Ansatz der Sozialraumorientierung im Grundsatz nicht verwerflich, bietet er doch unter Umständen eine Chance, die Lebensqualität des Wohnortes zu erweitern. Allerdings ist dieser Effekt, wie bereits diesbezügliche Erfahrungen in der Kinder- und Jugendhilfe zeigen, durchaus voraussetzungsvoll. So muss geklärt sein, nach welchen Sozialindikatoren die Bemessung des Budgets erfolgen soll und was seine Effizienzkriterien sind. Die konkrete Prüfung der objektiven Bedingungen im Stadtteil (Einkaufsmöglichkeiten, Nachbarschaftsstruktur, Anbindung an den Öffentlichen Nahverkehr usw.) muss unverzichtbare Grundlage der beabsichtigten, sozialräumlichen Zielperspektive sein und die Betroffenen müssen selber ausreichend an der Entwicklung partizipieren (vgl. Wohlfahrt 2002: 29ff.) Das heißt, es geht um die »Notwendigkeit einer konsequenten Orientierung an den AdressatInnen mit ihren spezifischen Selbstdeutungen und Handlungsmustern« (Thiersch 2002: 129), ohne nur eine Zielgruppe herauszugreifen und sie dadurch zur Randgruppe zu degradieren. Sozialraumorientierung braucht einen »kontextbezogenen Blick« und muss prägende Sektoren außerhalb des unmittelbaren sozialräumlichen Bereichs einbeziehen wie etwa »Wohnungsbauunternehmen, Stadtplanung, Schulpolitik, Wirtschaftsförderung oder lokale Beschäftigungspolitik« (Hinte 2008: 10f.). Aber vor allem braucht Sozialraumorientierung, die der Quartiersentwicklung dienen soll, über die Analyse der erforderlichen Maßnahmen, über die Beteiligung der Bürgerinnen und Bürger, über die Akquise von guten Ideen, über die Organisation von Denkwerkstätten, Planungskonferenzen und Stadtteilinitiativen und über die Aktivierung von Eigeninitiative hinaus auch finanzielle Ressourcen (vgl. ebd.: 9).

Die Orientierung an der lebensweltlichen Subjektperspektive von Menschen mit Behinderung ist dabei für die Ausgestaltung des Sozialraums entscheidend. Denn Wohnen »meint nicht allein die Befriedigung physischer Bedürfnisse wie Unterkunft, Rekreation und Ernährung [...], sondern umfasst stets den ganzen Menschen, meint beheimatet sein, Zuflucht und Schutz, Raum für Geborgenheit und Verständnis, Behaglichkeit und Freude, Geselligkeit und Liebe, sich frei fühlen und ausdrücken dürfen« (Jakobs 2004: 8). Insofern ist ein wesentlicher Bestandteil von Wohnqualität auch für Menschen mit Behinderung die erlebte Einbindung in ein konstantes soziales Netzwerk und die »Wohnlichkeit« des Stadtviertels, was sowohl eine Kultur der Zugewandtheit als auch der Zugänglichkeit öffentlicher Infrastruktur meint. Aber es gilt auch, dass es

»nie *die* optimale für alle gültige Wohnform schlechthin gibt« (ebd.: 8). Die Orientierung an der lebensweltlichen Subjektperspektive betrifft daher nicht nur das »Wie« des zu entwickelnden Sozialraums im Rahmen ambulant betreuter Wohnformen. Vielmehr ist hier die grundsätzliche Frage offen zu stellen, welche Form des Wohnens gewünscht ist. Ob ambulant oder stationär, ob in Wohngruppen, in der Herkunftsfamilie oder alleine, die Wahl der Wohnform ist der Selbstbestimmung von Menschen mit Behinderung zu überlassen. »Demzufolge sind all jene Maßnahmen in der Behindertenhilfe als verfehlt zu betrachten, die behinderten Menschen bestimmte Lebenswelten und Standards vorsetzen und dabei die aktiven Aneignungsmöglichkeiten, eine sinnerfüllte, selbstbestimmte Erschließung von Lebensräumen, weithin außer Betracht lassen.« (Leuchte/Theunissen 2012: 352)

Die Zahl der Menschen mit Behinderung nimmt weiterhin zu, insbesondere der geistig und der psychisch behinderten. Die Werkstätten für Menschen mit Behinderung verbuchen allein in NRW jährlich Steigerungen um ca. 2.000 Zugänge. Die Fallzahlen derjenigen, die ambulant betreut wohnen, haben sich in den letzten zehn Jahren fast verdoppelt. Die stationären Plätze werden dadurch von einer Zunahme entlastet und verbleiben seit einigen Jahren auf nahezu konstantem Niveau. Immer noch aber lebt mit über 40 Prozent der größte Anteil von Menschen mit Behinderung im häuslichen Umfeld, was sich aber wegen der Alterung der Elterngeneration vermutlich immer mehr zugunsten von stationären Betreuungsformen ändern wird, denn viele dieser Menschen haben in den Jahren des familialen Wohnens nur unzureichend eine selbständigen Lebensweise eingeübt. Zudem sind bei der familialen Häuslichkeit von erwachsenen Kindern mit Behinderung als auch beim selbständig betreuten Wohnen sozialrechtliche Zuständigkeitskonfusionen zu bewältigen, die manche ältere Eltern zunehmend überfordern und sie veranlassen, ihre Kinder der stationären Obhut zu übergeben. Es geht um die Kostenträgervielfalt, die völlig kontraproduktiv zur Strategie der Ambulantisierung steht. Bei der stationären Unterbringung müssen die Eltern einen einzigen Antrag, im Fall NRW beispielsweise beim Landschaftsverband, stellen. Dieser prüft dann entsprechend die Voraussetzungen u.a. das Vorhandensein von Einkünften und Vermögen und erteilt dann entsprechend im positiven Fall den Kostenübernahmebescheid. Bei der ambulanten Wohnsituation hingegen müssen die Eltern die bürokratisch verwirrende Erfahrung machen, unter Umständen mit mehreren

Kostenträgern die Antragsverfahren durchzukämpfen: möglicherweise für häusliche Krankenpflege nach dem SGB V, für Pflegeleistungen nach dem SGB XI, für Grundsicherungsleistungen oder Hilfe zum Lebensunterhalt nach dem SGB XII, für Betreutes Wohnen nach § 54 SGB XII und für Rentenleistungen nach dem SGB VI. Die Strategie ambulant vor stationär trifft ganz offenbar bei vielen Menschen mit Behinderung im Grundsatz auf Zustimmung, weil diese Wohnformen, sei es in Wohngruppen, in der Herkunftsfamilie oder allein lebend, die größere Aussicht auf Selbstbestimmung eröffnen. So hat die Kasseler Pädagogin Gudrun Wansing als Ergebnis einer Auswertung mehrerer Studien zur Wohn- und Lebensqualität von Menschen mit Behinderung bilanziert, dass das eigenständige Wohnen mit Partnern oder Freunden einen besonders hohen Stellenwert hat. Bei ambulanten Wohnformen in Wohngruppen zeichnet sich daher deutlich Unzufriedenheit ab, wenn die Wohngemeinschaft es abverlangt, mit Menschen zu wohnen, die man sich nicht selber ausgesucht hat oder die Ausstattung der Wohnung nicht den eigenen Vorstellungen entspricht. Bei allen Wohnformen im ambulanten Bereich weisen nach diesen Umfragen die Bedingungen des Wohnumfeldes, die Sozialkontakte und die sozial-räumliche Einbindung deutliche Defizite auf (vgl. Wansing 2011).

Die pure »Einpassung« von Menschen mit Behinderung in ein – möglichst kostengünstiges – Wohnumfeld, ergänzt um gezielte funktionale Dienste der »Eingliederungshilfe«, die das selbständige Wohnen ermöglichen sollen, ist keineswegs gleichbedeutend mit einer differenzierten »Alltags- und Lebensweltorientierung« der sozialen Arbeit. Sie ist übermäßig konzentriert allein auf den »Ort« der Hilfeleistung, die Wohnung (vgl. Rohrmann 2009: 9). Wohnen, im Sinne des englischen »living« verstanden, meint aber bezüglich der Hilfeleistung die Orientierung an der spezifischen Lebensweise derer, die diese Hilfe in Anspruch nehmen. Diese aber kann sich durchaus »sperrig« verhalten gegenüber den »professionellen Möglichkeiten«, geht also nicht einfach im Leistungskatalog der sozialrechtlich im Angebot befindlichen unterstützenden Maßnahmen auf (ebd.: 10). Letztlich, so der Siegener Rehabilitationsforscher Albrecht Rohrmann, ist diese Konzentration auf die Bewältigung des Wohnens »der Logik des stationären Hilfebedarfs verpflichtet«, nur dass die ambulante Hilfe das Zugeständnis impliziert, die stationäre Versorgung entbehrlich zu machen, weil der Grad der Behinderung den Freiraum einer privaten Wohnsphäre zulässt. Ähnlich wie bei einem stationären Aufenthalt im Krankenhaus, durch den man »alle anderen Dinge des Lebens der notwendigen medizinischen Behandlung unterordnen muss«, verbindet sich mit der Unterstellung des »stationären Hilfebedarfs«, dass die Behinderung prioritär ist und alle sonstigen Lebensaspekte sich dem zu fügen hätten, weil eine »Rückkehr in den Alltag« wie bei einem chronisch auf stationäre Versorgung angewiesenen Kranken nicht möglich ist (ebd.: 5). Ob diese Alltagsdefinition immer stimmig und frei von Normierungen ist, sei dahingestellt. Jedenfalls bedeutet die Definition eines »stationären Hilfebedarfs« eine Grenzziehung, bei der – nach welchen Kriterien auch immer – subkutan unterstellt wird, welche Art der Behinderung die Möglichkeiten des eigenständigen Wohnens versperrt. Diese Definition ist aber nicht frei vom Blick auf die zu »verantwortenden« Kosten und Ressourcen, die eine solche eigenständige Wohnform binden würde, und sie steht auch keineswegs immer mit der Sichtweise der Betroffenen in Übereinstimmung (vgl. ebd.: 5). Die diesbezüglichen Entscheidungsgründe sind auch einem sozialrechtlich verankerten Finanzierungsvorbehalt geschuldet. Die in Artikel 19 der BRK formulierte Verpflichtung, Menschen mit Behinderung die Möglichkeit zu geben, »ihren Aufenthaltsort zu wählen und zu entscheiden, wo und mit wem sie leben«, wird konterkariert durch den Mehrkostenvorbehalt, wie er in § 13 des Zwölften Sozialgesetzbuches festgeschrieben ist. Dort heißt es zwar: »Vorrang haben ambulante Leistungen vor teilstationären Leistungen sowie teilstationäre vor stationären Leistungen«, aber dann folgt eine entscheidende Einschränkung: »Der Vorrang der ambulanten Leistung gilt nicht, wenn eine Leistung für eine geeignete stationäre Einrichtung zumutbar und eine ambulante Leistung mit unverhältnismäßigen Mehrkosten verbunden ist.« Weiter heißt es: »Bei der Entscheidung ist zunächst die Zumutbarkeit zu prüfen. Dabei sind die persönlichen, familiären und örtlichen Umstände angemessen zu berücksichtigen. Bei Unzumutbarkeit ist ein Kostenvergleich nicht vorzunehmen.« (§ 13 Abs. 1 Satz 4 SGB XII). Auch wenn damit gesetzlich eine differenzierte Prüfung abverlangt wird, die bei der Abwägung der Entscheidung besonders die persönlichen und familialen Faktoren zu berücksichtigen hat, tritt der Kostenvergleich oftmals in den Vordergrund. »Überschreitet der Hilfebedarf zum Zeitpunkt der Antragstellung das Maß vergleichbarer Heimkosten stark, so werden Menschen mit Behinderungen auf die Inanspruchnahme stationärer Hilfen verpflichtet«, was eindeutig gegen Art. 19 der BRK verstößt (Wansing 2011). Was nun im Einzelfall als »zumutbar« oder »unverhältnismäßig«

gilt, darüber entscheiden nicht selten die Sozialgerichte. Im Effekt wird durch diese Kalkulation die Sozialraumentwicklung davon entlastet, sich grundlegend auf die »verstellten Kompetenzen zur Gestaltung des eigenen Lebens« von Menschen auch mit Schwerstbehinderungen einzulassen (Rohrmann 2009: 9f.). Vielmehr bietet die gegebene Situation des Sozialraums mit einigen eher makularturhaften Veränderungen und Anpassungen in aller Regel das maßgebliche Kriterium zur Bewertung, ob eine »Einpassung« von Menschen mit Behinderung praktikabel ist. Diese Einschränkung und zurückhaltende Toleranz des Gemeinwesens erleben vor allem Menschen mit psychischen Beeinträchtigungen. Auch wenn die BRK sehr deutlich davon spricht, dass »Behinderung aus der Wechselwirkung zwischen Menschen mit Beeinträchtigungen und einstellungs- und umweltbedingten Barrieren entsteht, die sie an der vollen, wirksamen und gleichberechtigten Teilhabe an der Gesellschaft hindern« (Präambel), ist der Veränderungsdruck auf diese Umweltfaktoren doch wenig eindeutig, geregelt und standardisiert. Es ist daher leichter, dem Sozialraum eine gewisse behindertengerechte Sperrigkeit zuzugestehen, ihn sozusagen für nur bedingt inklusionskompetent zu erklären, als seine Inklusionskapazität durch eine umfängliche und sicher auch kostenintensive Sozialraumgestaltung an den Bedarfen von Menschen mit Behinderung ausgerichtet zu erweitern.

Die Entscheidung nicht nur über den Wohnort im Quartier, sondern auch über die Wahl des infrage kommenden Quartiers, ist auch aus anderen Gründen nicht grenzenlos der Selbstbestimmung überlassen, sondern immer eingeschränkt durch die Angemessenheit der Unterkunftskosten, die von den Kommunen festgelegt wird. So etwa hat das »Amt für Soziale Sicherung« in München zum Herbst 2014 verfügt, dass die Mietobergrenze bei der Erstattung der Unterkunftskosten für eine Person bei bis zu 50 qm Wohnfläche nicht über 610 Euro liegen darf, also bei etwa 12 Euro pro Quadratmeter. Das gilt für arbeitslose Menschen, die nach dem SGB II den Hartz-IV-Regelsatz beziehen ebenso wie für Menschen mit Behinderung und mit festgestellter Erwerbsunfähigkeit, deren Finanzierung dem Zwölften Sozialgesetzbuch unterliegt. Die durchschnittliche Nettokaltmiete in München liegt hingegen bei rund 14,20 Euro, was zur Folge hat, dass Menschen mit Behinderung, die Leistungen nach dem Zwölften Sozialgesetzbuch beziehen, in aller Regel in Quartieren leben müssen, die nicht gerade zu »bevorzugten« Wohnlagen zählen (Neuer Mietspiegel 2013). Die Bertelsmann Stiftung hat in einer Studie unter dem Titel »Wohnungsangebote für arme Familien in Großstädten« vom Juli 2013 belegt, wie sehr die Mietentwicklung in den letzten Jahren für viele Menschen zur Armutsfalle geworden ist und reihenweise zu einer mietbedingten Segregation der Wohn- und Lebensverhältnisse in reiche und arme Wohnquartiere geführt hat. In 60 der 100 größten deutschen Städte haben Familien, die weniger als 60 Prozent des ortsüblichen mittleren Einkommens verdienen, nach Abzug der Miete im Durchschnitt weniger Geld zur Verfügung als eine Familie in Hartz-IV-Bezug (Bertelsmann Stiftung 2013a). So verbleiben beispielsweise in Jena einer solchen »Familie mit zwei Kindern nach Überweisung der Miete rechnerisch nur 666 Euro pro Monat. Das verfügbare Einkommen liegt demnach 43 Prozent unter der staatlichen Grundsicherung, auf die eine vergleichbare Familie ohne Erwerbseinkommen Anspruch hat und die bundesweit einheitlich 1169 Euro beträgt.« (Armut nicht nur eine Frage von Hartz IV 2013) Ähnliche Auswirkungen haben hohe Wohnkosten in Frankfurt a.M., Freiburg oder Regensburg. In Heilbronn, Iserlohn, Witten oder Bergisch-Gladbach ist der Trend gegenläufig. Hier liegt das verbleibende Einkommen mindestens 45 Prozent über der staatlichen Grundsicherung. Dies ist nur ein Indiz dafür, dass von einer Vergleichbarkeit der örtlichen Lebensbedingungen keine Rede sein kann und viele urbane Zuzugsräume mietbedingte Brutstätten verdeckter Armut sind. Die von vielen Menschen mit Behinderung beklagte Situation, dass ihr Wohnumfeld eher zu Isolation beiträgt und keine gastfreundliche Einbindung im Quartier zulässt, ist unter anderem auch dieser Wohnungslage geschuldet, der mit Sozialraumgestaltung nur wenig entgegengewirkt werden kann. Denn das Desaster der Erosion von Stadtquartieren hat in vielen Städten und ländlichen Regionen schlichtweg Gründe, die die kommunale Kassenlage betreffen. Die Projektion auf die Sozialraumgestaltung in Stadtteilen, die derart substantiell unter Erosionsdynamiken leiden, dass verschuldete Städte dem kaum gegensteuern können, ist daher nicht selten eine pure Fiktion.

In Sonneberg wird es halbdunkel

Was nun die Verschuldung der Städte anbelangt, so sind die Meldungen dazu alarmierend. »Griechenland ist überall in Deutschland«, so kommentierte die Süddeutsche Zeitung im Sommer 2013 eine Umfrage der

Wirtschaftsprüfer-Gesellschaft Ernst and Young (EY) (Deutschland, wenn es dunkel wird 2013: 2; vgl. Kommunen in der Finanzkrise 2013). Erst wenige Tage zuvor war die Presse mit dem Kommunalen Finanzreport der Bertelsmann Stiftung befasst (vgl. Bertelmann Stiftung 2013b). Diese Studie hatte bilanziert, dass die Gesamtschulden der Kommunen gegenwärtig 306 Milliarden Euro betragen, allein in NRW sind es 47 Milliarden. Dazu erklärte einer der Mitverfasser, René Geißler: »Die Spaltung in arme und reiche Kommunen vertieft sich«, viele Städte steckten »in einer Abwärtsspirale aus Überschuldung, Abwanderung und sinkender Attraktivität«. (NRW-Städte überziehen ihre Konten 2013: 1) Die Sparreaktion der Kommunen nimmt zum Teil skurrile Formen an. »Laut EY geizen etwa 14 Prozent aller Kommunen an der Straßenbeleuchtung oder wollen es in Zukunft tun.« In Sonneberg in Thüringen bleibt »jede zweite Lampe dunkel. Andere Gemeinden dimmen. [...] In drei Wohngebieten im thüringischen Saalfeld bleiben die Lichter zwischen 22.30 und fünf Uhr sogar aus. Wer Beleuchtung braucht, kann die Lampe per Telefonanruf für eine Viertelstunde anknipsen lassen.« (Deutschland, wenn es dunkel wird 2013: 2) 16 Prozent der Kommunen wollen bei der Jugend- oder Seniorenarbeit streichen, 13 Prozent erwägen, die Hallen- oder Freibäder zu schließen, fünf Prozent wollen weniger Busse oder Bahnen im öffentlichen Nahverkehr einsetzen, vier Prozent erwägen, Bibliotheken oder andere kulturelle Einrichtungen zu schließen. Diese und weitere Maßnahmen betreffen zentral die Lebensqualität vor Ort. Sie entscheiden über die niederschwellige Möglichkeit zur Teilnahme an Kultur, Sport und sozialer Kontaktfindung und über die Befähigung zu bezahlbarer Mobilität. Die Verarmung des öffentlichen Raums trifft ganz entscheidend diejenigen, die aufgrund ihrer privaten Armut eh schon von vielen Aspekten der gesellschaftlichen Teilhabe ausgeschlossen sind. Sie sind die doppelten Verlierer dieser Entwicklung. Diese Verschuldungssituation ist nicht etwa das Ergebnis übergroßer Investitionen. Im Gegenteil, der Investitionsstau, ja Substanzverzehr der öffentlichen Güter, also der Verwaltungsgebäude, der Straßen, Brücken, der Schienennetzwerke, der Schulen und kommunalen Sozialeinrichtungen, der Freizeitparks und Spielplätze ist horrend. Die staatliche Förderbank KfW beziffert den diesbezüglichen Investitionsstau inzwischen auf 100 Milliarden Euro (vgl. Investitionsstau 2013). Allein die ausbleibende Instandsetzung von Straßen, Schienen und Wasserwegen lässt dieses Investitionsdefizit um jährlich 7,2 Milliarden Euro wachsen (vgl. Autobahn, Brücken, Bahngleise 2013).

Vor dem Hintergrund dieses eklatanten Einbruchs der öffentlichen Daseinsvorsorge in vielen Städten, aber auch im ländlichen Raum, wirken die Worte des Deutschen Vereins wie ein überlanger Wunschzettel eines verarmten Kindes am Vorweihnachtsabend: Alle »Menschen sollen alleine oder mit anderen in der eigenen Wohnung leben können, auf dem allgemeinen Arbeitsmarkt beschäftigt sein können [...]. Es braucht Barrierefreiheit der Wohnung, der Wege, des öffentlichen Personennahverkehrs, der Geschäfte, der Banken, der Post, der Arztpraxen und anderer Gesundheitsdienste, des Arbeitsplatzes, des Bildungsbereichs (Kita, Schulen, Hochschulen etc.), der Freizeitangebote, der Kirchen, der kulturellen Einrichtungen, des Sports, der Politik etc. Es braucht aber auch Beratungs- und Unterstützungsleistungen, Treffpunkte und Netzwerke, damit Menschen Sicherheit und Geborgenheit erleben, und es braucht – vielleicht am allerwichtigsten – eine gegenseitige Wertschätzung aller Menschen mit ihren unterschiedlichen Fähigkeiten und Einschränkungen.« Vielleicht mag Letzteres noch am ehesten gelingen, aber die harten Daten der defizitären Zugänglichkeit von Wohnungen, öffentlichen Einrichtungen und Diensten, der marginale Zugang zum Arbeitsmarkt, eine völlig unzureichend behindertengerechte, öffentliche Mobilitätsinfrastruktur und die auch räumliche »Verschlossenheit« von Bildungsinstitutionen – man denke an die immer noch dominierende Treppenarchitektur vieler Hörsäle –, das alles ist nicht zu kompensieren durch eine zivilgesellschaftliche Kultur der »Wertschätzung«. Hier mangelt es an Finanzierung, an Ressourcen und letztlich auch an den ökonomischen Freiheiten zur Gestaltung eines öffentlichen Raums, der auch nur annähernd inklusionspolitische Akzente setzt. Wir stoßen hier im lokalen Raum auf Wunden, die die »große« Ökonomie schlägt. Sie ist in der Tat ein inklusiver Raum ohne Entrinnen.

9. Inklusionslogiken

Die unsichtbare Hand der Inklusion

Die öffentliche Rede über Inklusion bemüht auffällig häufig die rhetorische Figur des Appells an die Zivilgesellschaft. Dass »alle mitmachen«, scheint für das Inklusionsprojekt die unverzichtbare Basis. Die damit gesetzte Konstruktion eines inklusionsaktiven Kollektivs dient zugleich der Suggestion eines gesamtgesellschaftlichen Aufbruchs, dessen Pioniere öffentlich als die Antizipationsagenten einer neuen Gesellschaftsformation belobigt werden. Einzelne Storys gelingender »Inklusion«, sei es in Stadtteilprojekten, in Betrieben oder im Regelschulsystem belegen vermeintlich die aufgehende Morgenröte jener neuen Gesellschaft, an deren Entfaltungskraft nicht im Grundsatz zu zweifeln ist. Allenfalls werden überwindbare Hindernisse auf dem Weg zu diesem »Sonnenaufgang« einer veränderten Gesellschaft in Rechnung gestellt, die wiederum erneute, mit moralischer Schwungkraft und visionärer Bebilderung versehen Appelle rekrutieren.

Die Fatalität dieser Moralität liegt in ihrer sozialen Verzehrung. Die öffentliche Aufmerksamkeit für die Sache der Inklusion droht sukzessive zu verschleißen, wenn das, was als Inklusion gedacht wird, maßgeblich in die Metaphorik einer besseren Gesellschaft entrückt wird. Ohne die erforderlichen ökonomischen Ressourcen für dieses Projekt bereitzustellen und ohne nach den notwendigen Veränderungen der gesellschaftlich zentralen Logiken zu fragen, unterliegt dieses Projekt tendenziell der moralischen Versickerung. Es geht ihm der zivilgesellschaftliche Atem aus, zumal neue, »frische« Themen das Feld der öffentlich provozierten Aufmerksamkeit besetzen. Dass beispielsweise die Dramatik der internationalen Flüchtlingsbewegung mit ihren eher bescheidenen Ausläufern einer Aufnahme von einigen hunderttausend Menschen 2014 in

Deutschland aus guten Gründen wochenlang die Medien bestimmt – und eigentlich eine wesentlich intensivere und nachhaltigere Aufmerksamkeit verdient hat –, hat dabei den beiläufigen Effekt, dass das Thema Inklusion in die unteren Ränge des öffentlichen Interesses verbannt wurde, wobei recht betrachtet beide Themen eine Inklusionsverwandtschaft beinhalten. Dieses Beispiel für eine »Themenkonkurrenz« hat auch eine finanzielle Dimension. Es spiegelt die Finanzierungskonkurrenz innerhalb der Kommunen wider, die sich – noch »erschöpft« vom Konnexitätsstreit über die Übernahme der Kosten für Inklusionsbestrebungen in der Regelschule – nun mit erneuten Anfragen nach Kostenübernahme konfrontiert sehen. Ein Streitpunkt ist beispielsweise ihre Forderung, den Zugang zur allgemeinen medizinischen Versorgung von Flüchtlingen über die gesetzliche Krankenversicherung als eine beitragsfinanzierte Bundesangelegenheit zu regeln. Der Bund wiederum sieht die Stabilität der Krankenkassenbeiträge in Gefahr, eine Übernahme würde die Beiträge vermutlich um 0,2 Prozent steigern und damit eine der heiligen Säulen des ordnungspolitischen Gehäuses, die Beitragssatzstabilität, ankratzen.

Die Inklusions-Metaphorik der »neuen Gesellschaft« neigt dazu, die Fehlsteuerungen der Realität zugunsten eines visionären, utopischen Übersprungs zu übersehen. Die eigentliche Radikalität des Gedankens der vollumfänglichen, selbstbestimmten und uneingeschränkten Teilhabe am gesellschaftlichen Leben aller Menschen mit Behinderung verlangt aber nach mindestens zwei kardinalen Korrekturen jener Gesellschaft, die so intensiv einlädt, in ihr mitzumachen. Die eine betrifft, wie mehrfach dargelegt, die selbstgenügsame Tabuisierung der Normierungsfaktoren gesellschaftlicher Teilhabe inklusive all ihrer ausgrenzenden Tendenzen. Die Präparation für und in den Arbeitsmarkt wird zum dominanten kritikresistenten Inklusionsparameter, ohne die Auskunft von Menschen mit Behinderung über ihre Sichtweise eines gelingenden Lebens in gesellschaftlicher Einbindung abzufragen. Was, unter welchen Umständen und verbunden mit welchen Korrekturen an den Bedingungen gesellschaftlicher Sozialisation zu ändern wäre, damit alle Menschen mit Behinderung Teilhabe an der Gesellschaft auch als ihre je spezifische Teilhabe erleben, stellt die Hierarchie der geltenden Werte der Arbeitsgesellschaft möglicherweise erheblich auf den Kopf. Jedenfalls wird abschließend noch darzustellen sein, dass die Einbindung in die »Regelsysteme« der Gesellschaft, da, wo sie von Menschen mit Behinderung gewünscht wird, nicht Makulatur ist, sondern ihre innere Logik der leistungsbasierten ökonomischen Verwertung kritisch befragt.

Die zweite Korrektur betrifft die Hinterfragung der ökonomischen Prozesse, die gegenwärtig unter den Stichworten der Konsolidierung, der Einsparung, der Schuldenbremse sowie der Beitragssatzstabilität der »Lohnnebenkosten« als Sachzwänge einer alternativlosen Wirtschafts-, Finanz- und Arbeitsmarktpolitik wie die Regentschaft von Naturgesetzen in Szene gesetzt werden. Inklusionspolitische Befürworter des Bundes, der Länder und Kommunen neigen daher dazu, einerseits ihre grundsätzliche Treue zur Umsetzung der UN- Behindertenrechtskonvention zu bekennen, verweisen aber andererseits mit Blick auf die Staatsverschuldung auf die vermeintliche Alternativlosigkeit jener Austeritäts-, also Sparpolitik, die auch die Inklusionspraxis in ihre Schranken verweist (vgl. Blyth 2014). Das einst von Margaret Thatcher geprägte Diktum »There Is No Alternative« (TINA) feiert Hochkonjunktur und fordert den devoten Kniefall vor einer behaupteten Sachzwangslogik, die nicht auf Verständnis und Nachvollziehbarkeit, nicht auf diskursive Erklärung von Inhalten, sondern auf den blinden Glauben an den Vollzug des Unvermeidbaren setzt. Der damit systematisch geforderte »Reflexionsstopp vor den vorgefundenen ›marktwirtschaftlichen Bedingungen‹ und dem ökonomischen Rationalitätsverständnis als solchem« erlaubt keine Einwände und er steht – wie noch zu zeigen sein wird – in einer langen, bereits von Adam Smith begründeten Tradition (Ulrich 1997: 103). Erzeugt wird mit dieser »TINA-Devise« die Imagination, dass wir allesamt, wenn auch mit Unverständnis geschlagen, darauf vertrauen können, Teil einer gewaltigen Bewegung, einer politischen Abwehrschlacht und opulenten Rettungsaktion zu sein, die der Sache des Guten dient, wenn alle bereit sind zu tun, was notwendig ist, nämlich »den Gürtel enger zu schnallen«. Die ökonomische Rationalität des Einzelnen besteht also in seiner Gefolgschaft, dieser Bewegung durch Einverständnis blind und blöd dienstbar zu sein.

Kein Geringerer als der schottische Moralphilosoph Adam Smith hat bereits 1776 in seinem berühmten Buch »Der Wohlstand der Nationen« auf diese grundlegende, geradezu naturgemäße Einbindung subjektiver Verhaltensweisen in ein großes Ganzes verwiesen. Eine seiner diesbezüglich berühmten Belegstellen lautet:

»Nun ist aber das Volkseinkommen eines Landes immer genau so groß wie der Tauschwert des gesamten Jahresertrags oder, besser, es ist genau dasselbe, nur anders ausgedrückt. Wenn daher jeder einzelne soviel wie möglich danach trachtet, sein Kapital zur Unterstützung der einheimischen Erwerbstätigkeit einzusetzen und dadurch diese so lenkt, daß ihr Ertrag den höchsten Wertzuwachs erwarten läßt, dann bemüht sich auch jeder einzelne ganz zwangsläufig, daß das Volkseinkommen im Jahr so groß wie möglich werden wird. Tatsächlich fördert er in der Regel nicht bewußt das Allgemeinwohl, noch weiß er, wie hoch der eigene Beitrag ist. Wenn er es vorzieht, die nationale Wirtschaft anstatt die ausländische zu unterstützen, denkt er eigentlich nur an die eigene Sicherheit und wenn er dadurch die Erwerbstätigkeit so fördert, daß ihr Ertrag den höchsten Wert erzielen kann, strebt er lediglich nach eigenem Gewinn. Und er wird in diesem wie auch in vielen anderen Fällen von einer unsichtbaren Hand geleitet, um einen Zweck zu fördern, den zu erfüllen er in keiner Weise beabsichtigt hat. Auch für das Land selbst ist es keineswegs immer das schlechteste, daß der einzelne ein solches Ziel nicht bewußt anstrebet, ja, gerade dadurch, dass er das eigene Interesse verfolgt, fördert er häufig das der Gesellschaft nachhaltiger, als wenn er wirklich beabsichtigt, es zu tun. Alle, die jemals vorgaben, ihre Geschäfte dienten dem Wohl der Allgemeinheit haben meines Wissens niemals etwas Gutes getan.« (Smith 1978: 370f.)

Die harmonische Einbindung des Einzelnen in die Zweckrationalität höherer Ordnung vollzieht sich also nach Smith wesentlich auf der Grundlage von Unkenntnis der Subjekte über die Dienstbarkeit ihrer ökonomischen Regungen für das Wohl des Ganzen. Gerade nicht die Absicht des Einzelnen, etwas für das Allgemeinwohl zu tun, sondern die Verfolgung der unverbundenen Vielzahl eigennütziger und für das Ganze »blinder« Einzelinteressen fügt jene unsichtbare Hand zu einem wohlgeordneten Ganzen der Gesellschaft. »Dieser ökonomische Mensch wäre demnach Subjekt eines beschränkten Wissens, überblickt die Abfolge von Ursachen und Wirkungen nicht, produziert selbst Effekte, die er nicht kennt, nicht beabsichtigt und die seinem begrenzten Überblick entgehen.« (Vogl 2010/2011: 39) Insofern lehrt uns Smith eine vermeintlich doppelte Logik der Funktionsfähigkeit ökonomischer Rationalität: Erstens ist das reduzierte, dem Überblick über ökonomische Gesamtabläufe entzogene Teilwissen der einzelnen Subjekte unverzichtbare Voraussetzung für die störungsfreie Funktion des Ganzen. Das Ganze zu begreifen, wäre geradezu schädlich und die subjektive Teilunmündigkeit des Wissens ist daher Garant gelingender Ökonomie. »Der neue, interessengeleitete Mensch bewegt sich zunächst gerade deshalb so sicher in der unübersichtlichen Welt, weil er selbst blind und beschränkt bleibt und mit den ›blöden Maulwurfsaugen der Selbstsucht‹ auch keinerlei Übersicht anstrebt.« (Ebd.: 38) Zweitens besagt die innere Logik jener unsichtbar harmonischen Wirkmächtigkeit, dass möglichst alle einzubinden sind, weil die reine Summe der Einzelinteressen das Maß der Effektivität des Allgemeinwohls erhöht. Smith zielt bei seiner Analyse der Entstehung des Allgemeinwohls grundsätzlich auf das ökonomisch handelnde Subjekt, was im Umkehrschluss jene unter den Verdacht der Gemeinwohlschädlinge stellt, die für diese ökonomische Verwertbarkeit nicht zur Verwendung stehen. Sich außerhalb jener Logik der aktiven Einbringung von Einzelinteressen zu bewegen, ist demnach ebenso schädlich wie sozial intentionales Handeln, das sich in Form von Solidarität für das Ganze verantwortlich fühlt.

Die von Smith anthropologisch konstatierte Beschränktheit und dem Eigennutz verpflichtete Genügsamkeit des Einzelnen wird also vermeintlich harmonisch aufgefangen durch eine sich geradezu naturgesetzlich einstellende Idylle des Marktes, dessen Generalverantwortlichkeit für das Gemeinwohl allen gesellschaftlichen Subjekten umgekehrt lediglich die Verantwortung auferlegt, »für nichts und niemanden verantwortlich zu sein« (ebd.: 46). Der daraus resultierende Imperativ, sich aus Gründen der Sozialität des Marktes der Entfaltung des Eigennutzes bedingungslos hinzugeben, impliziert zugleich die Norm der Gesellschaftsfähigkeit, nämlich als ein solches beschränktes und blindes Subjekt ökonomisch tätig zu sein. Der ökonomische Gehorsam ist demnach Ausdruck höchster Sozialität. Die Einbindung oder auch »Inklusion« in das große Ganze dieser ökonomischen Harmonielehre entfesselt mithin anthropologisch betrachtet das Humanum, bringt die Bestimmung des Menschen zur Entfaltung und zielt folglich auf alle gesellschaftlichen Subjekte, hat also eine inklusive, geradezu imperative Tendenz. Der Ausschluss aus ökonomischen Rationalitäten findet dabei selbst in Fällen ökonomischer Marginalisierung gerade nicht statt. Darauf hat, wie bereits erwähnt, schon Armin Nassehi hingewiesen, wenn er schreibt:

»Ein von Armut Betroffener ist keineswegs weniger in das Wirtschaftssystem inkludiert als jemand mit hohem Geldvermögen. Wenn Inklusion bedeutet, von sozialen Systemen, hier: Funktionssystemen, bezeichnet zu werden, wird sich jemand mit Schulden oder einer Zahlungsunfähigkeit geradezu zwangsthematisiert vorfinden. Gerade die Inklusion ins Wirtschaftssystem zeigt, dass eine explizite Zahlungsunfähigkeit eine ganz und gar unhintergehbare Form der Inklusion in das Wirtschaftssystem ist.« (Nassehi 2008: 125)

Die Ökonomie scheint die Instanz der Inklusion schlechthin, ohne Entrinnen, auch was ihre Nebenfolgen betrifft, wobei nochmals mit Kronauer, Nassehi und anderen zu betonen ist, dass »Exklusion« innergesellschaftliche Prozesse der Marginalisierung meint und nicht den gesellschaftlichen Totalausschluss. Die Empirie gegenwärtiger ökonomischer Mechanismen gibt Smith bezüglich beider Grundthesen in gewisser Hinsicht Recht. Zum einen, was die »Inklusionskraft« der Ökonomie, zum anderen, was das gegenwärtig in besonderer Weise waltende, populär unverständliche Mysterium makroökonomischer Vorgänge im Zuge der internationalen Bankenkrise anbelangt. Was Letzteres betrifft, so sind in der Tat die meisten in diesem Kontext mit Blindheit geschlagen, was nicht an ihnen, sondern an der Intransparenz jener Vorgänge liegt. Nur dass die internationale Bankenkrise und die daraus resultierende Staatsverschuldungskrise wohl nichts mit der naturgesetzlich waltenden und harmonisch gestaltenden, unsichtbaren Hand zu tun hat. Zudem ist zu bezweifeln, dass, bezogen auf die ökonomischen Handlungsimperative der Sparpolitik, anthropologische Wesenszüge zur Entfaltung kommen. Die These, dass der Eigennutz aller ökonomischen Agenten dem Allgemeinwohl dient, ist mit Blick auf die internationale Bankenkrise mit Sicherheit nicht sachgerecht. Die mangelnde Sachgerechtigkeit ergibt sich allein daraus, dass es der eigentümlich dominante Eigennutz eines renditeversessenen Privatsektors war, also einer überschaubaren Gruppe von Finanzmarktakteuren (es waren eben nicht alle), deren Gebaren nun als das komplette Gegenteil eines Gemeinwohl fördernden Handelns zu bilanzieren ist.

Das ökonomische Credo der unsichtbaren Hand schien infolge der Bankenkrise für kurze Zeit als Irrglaube enttarnt und die heilige Doktrin des freien und ungebundenen Marktes als pure Häresie ökonomischer Gläubigkeit mit fatalen Folgen endgültig diskreditiert. Der schottische Ökonom Mark Blyth hat allerdings darauf verwiesen, dass die Wiederentdeckung der keynesianischen Wirtschaftspolitik gerade einmal eine Halbwertzeit von zwölf Monaten hatte. Die war offenbar in Mode gekommen, »weil der vorherrschende Neoliberalismus allein schon die Möglichkeit einer solchen Krise in Abrede gestellt hatte. […] Niemand hatte mehr großes Interesse an den Geschichten vom ›stets richtigen Preis‹, vom ›schlechten Staat und guten Markt‹.« (Blyth 2014: 87) Und tatsächlich griffen einige Länder wie Brasilien, China, die Vereinigten Staaten und auch Deutschland zu Konjunkturmaßnahmen, um die Wirtschaft zu beleben und die Kaufkraft zu stärken (vgl. ebd.: 88). Aber schon nach wenigen Monaten drehte sich der Diskurswind. »Der EZB-Chef Jean-Claude Trichet brachte es in einem viel beachteten Artikel in der *Financial Times* auf den Punkt: ›Stimulate no more – it is now time for all to tighten‹ (keine Wirtschaftsbelebung mehr, jetzt müssen alle sparen). Die Zeit der Konjunkturprogramme kam an ihr Ende« (ebd.: 94), bevor sie überhaupt richtig angefangen hatte. Die wirtschaftstheoretische Argumentation von Keynes, dass der Staat in Krisenzeiten zu investiven Maßnahmen greifen müsse, wich der Einsparungsdoktrin.

Die Bankenkrise – Inklusion ohne Entrinnen

Die gegenwärtig in ganz Europa kursierende ökonomische Alphabetisierungskampagne verfolgt daher eine Primärbotschaft, die es aus politischer Sicht populär zu vermitteln gilt: »Wir alle müssen sparen, weil wir über unsere Verhältnisse gelebt haben.« Der sogenannte Staatsschuldenkrise sei unverzichtbar mit harten Sparmaßnahmen der öffentlichen Haushalte, Deckelung der Sozialausgaben, Verbot von Neuverschuldung und Abbau der Altschulden zu begegnen. Blyth hat die Verzerrung der Ursachenanalyse, die dieser Form der Austeritätspolitik ihre Legitimation verleiht, grundsätzlich und kenntnisreich belegt.

»Die Probleme, einschließlich der Krise der Anleihenmärkte, gingen von den Banken aus – und sie werden dort enden. Der gegenwärtige Schlamassel ist keine von übermäßigen Regierungsausgaben hervorgerufene Staatsschuldenkrise, außer in Griechenland. Überall anderswo, vor allem in der Eurozone, sind die Probleme die Banken, die der Staat retten musste. Dass wir überhaupt von einer ›Staatsschuldenkrise‹ sprechen, deutet auf ein äußerst interessantes Ablenkungsmanöver hin.« (Ebd.: 28)

Die Entwicklung der internationalen Finanzkrise hat bekanntlich mit der Lehman-Brother-Pleite ihren Ausgangspunkt in der amerikanischen Immobilienblase genommen. Bereits seit Präsident Hoover sind Verheißungen staatlich geförderter Sozialleistungen in den USA am Leitbild der »Homeowner Society« orientiert. So erklärte Präsident George W. Bush 2004 auf dem republikanischen Parteitag zum Auftakt seiner Wiederwahlkampagne: »Dank unserer Politik befindet sich das Hauseigentum in Amerika auf einem Allzeithoch. Nun setze ich ein neues Ziel: Wir wollen sieben Millionen mehr bezahlbare Häuser in den nächsten zehn Jahren schaffen. Wieder sollen mehr amerikanische Familien beim Öffnen ihrer Haustür sagen können: Willkommen in unserem Zuhause.« (Steingart 2013: 174) Der Wirtschaftspublizist und Herausgeber des Handelsblatts, Gabor Steingart, zeichnet in seinem Buch »Unser Wohlstand und seine Feinde« sehr anschaulich nach, welche Konsequenzen sich aus dieser Politik ergeben haben. Die Regierung öffnete nun »die letzten Schleusen der Kreditvergabe. Mit dem American Dream Downpayment Act wurde Einkäufern aus sozial schwachen Schichten ein bisher unvorstellbares Maß an Hilfeleistung seitens des Staates garantiert.« (Ebd.: 174) Die Dokumentationspflichten für die sogenannten Subprime-Kunden, also die wenig abgesicherten Kreditnehmer, wurden drastisch reduziert. Die durch Immobilienbesitz der Banken gedeckten Wertpapiere, die sogenannten »Mortgage-backed Securities«, waren in den Banken nur Durchlaufposten, wurden sie doch von der halbstaatlichen Immobiliengesellschaft Freddie Mac und Fannie Mae aufgekauft und verschwanden damit aus den Büchern der Banken, um neue Kreditgeschäfte zu ermöglichen (vgl. ebd.: 172). Die Haftung für Fannie und Freddie übernahm der Staat. Diese Subprime-Kredite stiegen innerhalb von knapp zehn Jahren bis 2008 von weniger als eine Billionen Dollar auf knapp zehn Billionen Dollar an (vgl. ebd.: 177). Die Rendite dieser Wertpapiere war hoch und sie wurden in Deutschland mit einem TOP-Rating der Güteklasse A begehrlich gehandelt. Als dann die Immobilienpreise fielen, eine Zwangsversteigerung die andere jagte, die Kreditnehmer insolvent wurden, ging die Lawine los: erst die Liquiditätskrise der Investmentbank Bear Stearns, dann die Krise von Freddie Mac und Fannie Mae und schließlich die Konkursanmeldung der zehntgrößten US-Bank, Lehman-Brothers, am 15. September 2008. Steingart resümiert: »Subprime ist die erste Krise, die in Kollaboration von Politikern, Notenbanken und Investmentbanken vorbereitet worden ist.« (Ebd.: 182)

Mit anderen Worten: Die Banker allein hätten dies nicht bewerkstelligen können, wenn nicht gesetzlich die Kreditauflagen erheblich gelockert, die Eigenkapitalquote massiv gesenkt und die staatliche Risikoabsicherung nicht erfolgt wäre. Hier liegt nun ein eindeutiger Beleg dafür vor, dass Menschen mit wenig finanzieller Substanz von Seiten der Banken und des Staates abenteuerliche und unseriöse Finanzierungsangebote gemacht worden sind. Es waren Kreditgeber im politischen Schulterschluss, die alle Kriterien eines finanzkompetenten und präventiven Handelns über Bord geworfen haben. Nun sollte man nicht meinen, dass dies ein rein amerikanisches Verhalten ist. Der Finanzwirtschaft mehr Freiheit zu geben, war sowohl unter Rot-Grün als auch unter Rot-Schwarz en vogue. Bereits Ende 2001 wurde von der rot-grünen Bundesregierung mit dem vierten Finanzmarktförderungsgesetz der Hedgefonds-Industrie die Tür geöffnet. Anforderungen für den börslichen Handel wurden gelockert, die Anlagemöglichkeiten von Fonds erweitert und der Derivatenhandel auch im Immobiliengeschäft erlaubt (vgl. Koalitionsausschuss 2009: 2). Im März 2003 brachten SPD und Grüne ihren Antrag »Finanzplatz Deutschland weiter fördern« ein, unterschrieben von Franz Müntefering. Darin heißt es: Es sei »darauf zu achten, dass unnötige Belastungen für die Unternehmen der Finanzdienstleistungsindustrie vermieden werden« (ebd.: 2). Und der damalige Finanzminister Hans Eichel erklärte gegen die Bedenkenträger: Man wolle es den Anlegern ermöglichen, »von den höheren Renditen der Hedgefonds zu profitieren« (ebd.: 2). Unter Rot-Schwarz gab es in Sachen Finanzmarktpolitik Kontinuität. Im Koalitionsvertrag unter Federführung von SPD-Finanzminister Steinbrück war die Rede von »Produktinnovationen und neuen Vertriebswegen«, von »Bürokratieabbau« bei der Finanzmarktregulierung, vom »Ausbau des Verbriefungsmarktes« und von einer »Aufsicht mit Augenmaß«. Nochmals Steingart: »Für die Banken entstanden paradiesische Verhältnisse, weil man ihnen nach und nach gestattete, die kostspielige Risikovorsorge einzustellen. Das Verhältnis von Eigenkapital und verliehenem Kapital betrug vor 100 Jahren noch 40:60 Prozent und schrumpfte im Jahr 2007 auf ein Verhältnis von 5:95 Prozent.« (Steingart 2013: 146) Die Bankenkrise erschütterte auch die europäischen Bankhäuser. In Deutschland gingen Hypo Real Estate, Commerzbank und Areal Bank komplett oder teilweise in Staatshand über. Unter dem Label der Systemrelevanz wurden die Banken gestützt, faule Kredite übernommen, die Staatsverschuldung weiter nach oben getrieben. Sie betrug 1980 239 Milliarden Euro, in der ersten Dekade des Jahrtausends stieg sie auf 800 Milliarden, Ende 2013 belief sie sich auf gut zwei Billionen Euro. In Spanien und Irland, um nur zwei europäische Länder zu nennen, sind die Effekte der Bankenkrise vergleichbar. Beide Länder waren 2007 noch Musterschüler der Haushaltspolitik. »Irlands Schuldenquote lag 2007 bei 12 Prozent, Spaniens bei 26 Prozent«, während Deutschlands Schulden immerhin 50 Prozent des Bruttoinlandsprodukts (BIP) umfassten (Blyth 2014: 99). Als die irischen Banken, von denen allein die drei größten eine Bilanzsumme von 400 Prozent des BIP auswiesen und die sich reichlich mit Krediten am US-amerikanischen Kapitalmarkt zur Finanzierung von irischen Immobilienkrediten versorgt hatten, im Zuge des Kollapses von Lehmann Brothers und dem Absturz der irischen Immobilienpreise ihre Schulden nicht mehr bedienen konnten, »garantierte die irische Regierung die Verbindlichkeiten des gesamten Bankensystems« (ebd.: 100). Die irischen Staatsschulden erhöhten sich dadurch auf über 110 Prozent des BIP. Spanien war von der Immobilienblase besonders hart betroffen, da der Immobilienmarkt und die Bauindustrie für 14 Prozent der Beschäftigten und 16 Prozent des BIP aufkamen. Allein die »Kredite an Bauunternehmen im Jahr 2007« machten horrende »50 Prozent des BIP aus. Als die Blase dann platzte, explodierte die Arbeitslosigkeit förmlich (von 8 auf 25 Prozent in drei Jahren). Die Jugendarbeitslosigkeit erreichte Mitte 2012 sogar 52 Prozent.« (Ebd.: 102)

Das einzige europäische Land, in dem schon zum Ausgangspunkt der internationalen Bankenkrise von einer Staatsverschuldungskrise die Rede sein kann, ist Griechenland. Bereits 1994 überstieg die Schuldenquote die 100-Prozent-Marke. »Ende 2011 lag sie bei 165 Prozent.« (Ebd.: 96) Trotz dieser Besonderheit hielt im Rahmen des »Rettungspakets« die weitere Entwicklung Griechenlands als Typologie für das drohende Szenario aller anderer Staaten her, um die restriktiven Vorgaben der Austeritätspolitik in nahezu allen europäischen Ländern als das einzig gebotene Rezept zu plausibilisieren. Griechenland hatte im Mai 2011 einen Kredit von 110 Milliarden Euro erhalten unter der Auflage, »den öffentlichen Sektor um 20 Prozent und die Renten um 10 Prozent zu kürzen« (ebd.: 107). Die Prognose von EZB, Europäischer Kommission und Internationalem Währungsfonds, dass damit die nötige Maßnahme für den Wirtschaftsaufschwung vollzogen sein würde, erfüllte sich nicht. Die Arbeitslosigkeit stieg auf deutlich über 20 Prozent, die Rezession nahm ihren Lauf und ein erneutes Rettungspaket in Höhe von insgesamt 130 Milliarden Euro im Oktober 2011 war wiederum verbunden mit harten Einschnitten in das Lohnniveau der öffentlichen Dienste sowie weiteren gravierenden Einsparungen im Renten- und Gesundheitssystem. Die griechische Krise kam also jenen gelegen, die die Kürzung der öffentlichen Haushalte prophylaktisch auch für die übrigen Staaten einforderten, um damit jeden Ansatz einer keynesianischen Wirtschaftspolitik, die auf öffentliche

Investitionen und staatliche Wachstumsanreize setzt, im Keim zu ersticken. Die Devise, dass »alle den Gürtel enger schnallen müssen«, ging in Umlauf, auch wenn dabei nicht thematisiert wurde, dass natürlich nicht »alle dieselben Hosen tragen« (ebd.: 38). Anders gesagt: Betroffen von den Einsparungen waren und sind in besonderer Weise diejenigen, die sich am unteren Ende der Einkommens- und Vermögensbeteiligung befinden, auf Steuererleichterung, Subventionen und Ausbau öffentlicher Investitionen im Verkehrs-, Gesundheits- und Bildungssystem angewiesen sind. Mark Blyth resümiert dazu:

»Wenn Regierungsausgaben als ›verschwenderisch‹ zusammengestrichen werden, dann sind es sicherlich nicht die an der Spitze der Einkommensverteilung, die ihren Gürtel enger schnallen müssen. Es sind vielmehr die unteren 40 Prozent der Einkommensverteilung [...]. Es sind die, die auf staatliche Dienstleistungen angewiesen sind und die (im Verhältnis zu ihrem Einkommen) riesige Schulden aufgenommen haben; diese Menschen sind es, die ›fiskalisch konsolidiert‹ werden. Deshalb ist Austeritätspolitik zuallererst ein politisches Verteilungsproblem und kein ökonomisches Problem einer angemessenen Haushaltsführung. Austerität ist also auch deshalb eine gefährliche Idee, weil sie ihre Folgekosten, d.h. die Wirkungen einer individuellen Entscheidung auf die Optionen anderer vernachlässigt, insbesondere in den Gesellschaften mit den größten Einkommensungleichheiten. Gut verdienende Entscheidungsträger haben vor 2008 falsche Entscheidungen über Steuern, Regierungsausgaben und Investitionen getroffen und so enorme Kosten entstehen lassen, nämlich in Form der Finanzkrise und des Absturzes systemrelevanter Finanzinstitutionen, die nicht bankrott gehen dürfen. Dieselben Entscheidungsträger erwarten nun von den Bevölkerungsteilen am anderen Ende der Einkommensverteilung, dass sie die Rechnung begleichen. ›Wir haben über unsere Verhältnisse gelebt‹ sagen die an der Spitze, während sie unbekümmert verschweigen, dass man mit den ›übermäßigen Ausgaben‹ ihre Besitztümer gerettet hat.« (Ebd.: 39f.)

Man darf bezogen auf Deutschland also fragen, wie eigentlich die Schuldenbremse, die 2009 im Bundestag wie auch im Bundesrat mit einer Zweidrittelmehrheit gebilligt wurde und zum August 2009 in Kraft getreten ist, realisiert werden soll. Sie wurde in Art. 109 Abs. 3 im Grundgesetz festgeschrieben und besagt, dass die Nettokreditaufnahme des Bundes ab 2016 nur noch maximal 0,35 Prozent des Bruttoinlandsprodukts betragen darf, den Ländern ist ab 2020 jegliche Nettokreditaufnahme verboten. Wo wird zu sparen sein? Man wird aus guten Gründen zu befürchten haben, dass diese Politik der Austerität diejenigen trifft, die eh schon von Armut und Rückgang der Sozialleistungen betroffen sind. Und man wird mit Sicherheit davon auszugehen haben, dass keine zusätzlichen Leistungen der öffentlichen Hand, die nicht an anderer Stelle durch Einsparungen kompensiert werden, zur Wirkung kommen. Das betrifft auch alle Maßnahmen, die im Zuge der Umsetzung der UN-Behindertenrechtskonvention der öffentlichen Hand erhebliche Investitionen abverlangen.

Inklusionskollisionen

Die politischen Voten des Mainstream sind aber keineswegs geprägt von Verlegenheit über die Faktenlage enger Haushaltsplanungen, sondern sie gefallen sich in der Selbsteuphorisierung über jene Sparpolitik, weil sie endlich den Kairos für eine nun ungebremst Einzug haltende, neue restriktive Sozialpolitik setzt. Es sind nicht nur die ökonomischen Eckwerte der internationalen Staatschuldenkrise, die der Austeritätspolitik Auftrieb geben. Es ist auch der wieder erstarkte Glaube daran, dass hier die eigentliche Berufung des Staates zur Entfaltung kommt: seine sich in Sparsamkeit übende Rolle des hintergründig aktivierenden Dompteurs. Er investiert nur invasiv in die »Humanressourcen«, diszipliniert zur eigenverantwortlichen Entfaltung der produktiven Kompetenz aller gesellschaftlichen Subjekte und diskreditiert jene, die sich, aus welchen Gründen auch immer, dem solchermaßen produktiven Lebensverlauf verweigern oder seinen Bedingungen nicht standhalten. Der fehlgesteuerten Politik der Austerität entspricht jenes Denken, das meint, den Staat endlich entbinden zu können vom falschen Paternalismus überzogener »Sozialleistungsgeschenke«. Dieses Denken ist im Kontext der internationalen Staatsverschuldung nicht reaktiv neu entstanden, sondern war längst ausgeprägt und hätte vermutlich auch ohne diese Krise seinen sukzessiven Siegesfeldzug angetreten.

Das inklusionspolitische Dilemma der Disproportionalität zwischen einer hochglanzpolierten Ankündigungsrhetorik und der massiven, ressourcenbezogenen Unterfinanzierung ist also kein Zufallsprodukt, sondern jener Systematik der Finanzpolitik zuzuordnen. Die völlig unzureichende Ausstattung des Regelschulsystems mit inklusivem Anspruch, die kosmetischen »Maßnahmen« zur Etablierung eines »inklusionsfreundlichen Arbeitsmarktes«, der Investitionsstau im Bereich der öffentlichen Güter und Dienstleistungen, die Erosion von Stadtquartieren, die mangelhafte Zugänglichkeit des öffentlichen Raums, der Verkehrsinfrastruktur, der öffentlichen Gebäude, der Kultur- und Bildungseinrichtungen, das alles zeigt an, dass jene Inklusionsdebatte auf fatale Weise eingegrenzt wird von der eigentlichen Inklusionsmacht des ökonomischen Regelwerks. Menschenrechtsdiskurse wie der über die UN-Behindertenrechtskonvention finden, wenn es um die Umsetzung geht, da ihre Toleranzgrenze, wo sie die ökonomischen »Gesetzmäßigkeiten« zu durchbrechen drohen. Wer also Neuverschuldung vermeiden will, Altschulden abbauen und gleichzeitig keine neuen Steuererträge durch einen höheren Spitzensteuersatz oder durch Einführung einer Vermögenssteuer generieren will, der kann nicht anders, als die Ausgaben des Staates zu senken und die Belastungen der Einsparungen zu sozialisieren. Zur Erinnerung: Unter der Regierung Kohl lag der Spitzensteuersatz bei 53 Prozent. Eine Steigerung von jetzt 42 auf 45 Prozent ergäbe Mehreinnahmen des Staates von 2,4 Milliarden, eine Erhöhung auf 49 Prozent würde 6,2 Milliarden einbringen. Eine Vermögenssteuer von nur einem Prozent oberhalb eines privaten Vermögens von zwei Millionen Euro als »Schonvermögen« würde laut einer Studie des Deutschen Instituts für Wirtschaftsforschung knapp neun Milliarden zusätzliche Einnahmen generieren (vgl. Bach/Beznoska 2012). Das alles aber wird ausdrücklich nicht gewollt und als Abweichung von der Linientreue einer angebotsorientierten, die Kräfte der Wirtschaft entlastend stärkenden Politik diskreditiert.

Die inklusionspolitische Wahrheit ist nicht nur, aber doch erheblich von finanzieller Natur. Ohne einige wenigstens moderate Schritte der Umverteilung von Vermögen zugunsten dieser gesamtgesellschaftlichen Aufgaben, beispielsweise einer substantiell inklusionsorientierten Schulpolitik, droht dieses Projekt zur billigen Konfiguration, zur Einpassung von Menschen mit Behinderung in das Bestehende zu verkommen und das mit allen aufgezeigten Nebenwirkungen. Die Finanzierungslogik einer Politik, die die strukturelle Umsetzung der UN-Behindertenrechtskonvention verfolgen würde, käme nicht umhin, dreistellige Milliardenbeträge zu investieren, um das Bildungssystem und die öffentliche Infrastruktur so zu gestalten, dass Appelle an die Zivilgesellschaft deutlich ergänzt werden um eine ordnungspolitische Unterfütterung und Rahmensetzung. Diese Inklusionslogik kollidiert aber zentral mit der Inklusionslogik einer allseits dominanten Ökonomie, die auf Einsparung der öffentlichen Haushalte und Kürzung von Sozialleistungen, von Renten und Gesundheitsversorgungskosten setzt. Ihre Strategie gilt der Rettung der Banken unter dem Label eines »Gemeinwohlprojekts«, was letztlich gleichbedeutend ist mit der gesellschaftlichen Sozialisierung der Verluste, die durch die Bankenkrise verursacht wurden. Diese »Rettung« transformierte die Verluste in eine Staatsverschuldungskrise, begleitet von der Devise des enger zu schnallenden Gürtels. Nicht nur die von Blyth ergänzte Anmerkung, dass dann aber auch alle die gleichen Hosen tragen müssten, sondern auch der Hinweis darauf, dass reichlich Hosen und Gürtelschnallen fehlen, rundet diese schlichte Metaphorik ab. Die TINA-Devise räumt jedenfalls kein Feld frei für zusätzliche öffentliche Finanzierung. Die Dignität dieser ökonomischen Logik ist deutlich höher graduiert als die Logik jenes Menschenrechtsprojekts der Inklusion und sei es noch so hochglänzend als »Aktionsplan« inseriert. Die Kollision beider Logiken gleicht eher dem Kampf zwischen David und Goliath, nur dass David in diesem Fall unterliegt.

Inklusion hat revoltierendes Potenzial

Der Kollisionskurs, auf den die beiden »Inklusionslogiken« zusteuern, nimmt aber noch aus anderen Gründen erheblich an Fahrt auf. Eine ganze Reihe von Menschen mit Behinderungen ist auf je spezifische Weise gewissermaßen resistent gegen die Aktivierungsimpulse und ökonomisch motivierte Hebung ihrer »Humanressourcen« (vgl. Speck 2012). Diese Resistenz ist kein Makel, sondern zeigt nur an, dass es eine eigenartig reduzierte Perspektive ist, zu meinen, dass Ansprüche an gesellschaftliche Teilhabe und Verwirklichungsebenen eines gelingenden Lebens sich im Sinne von Adam Smith nur im Potenzial ökonomisch nützlicher Einbringung in das Allgemeinwohl entfalten. Man gewinnt den Eindruck, dass die Bilder von »Behinderung«, die diesbezüglich in manchen politischen Köpfen kursieren, einem selektiven Denken entspringen, das eigentlich nur bestimmte, latent ökonomisch verwertbare Menschen mit Behinderung in Blick hat. Behinderung wird als ein reparables, ökonomisches Verwertungsdefizit definiert, dem durch »Förderung des Unternehmergeistes in Unterricht und Bildung« präventiv begegnet werden kann. In dem gleichlautenden Text des Europäischen Wirtschafts- und Sozialausschusses heißt es: »Menschen mit und ohne Behinderung sollten die gleichen Möglichkeiten zur unternehmerischen Initiative haben. Bei der Erziehung zu Unternehmergeist und der entsprechenden Ausbildung sollte dieser Frage durch geeignete Maßnahmen zu Gunsten der Betroffenen Rechnung getragen werden.« (Europäischer Wirtschafts- und Sozialausschuss 2006: 6) Die Fokussierung dieses Inklusionsverständnisses auf die Entwicklung einer unternehmerischen Persönlichkeit liegt in der Fluchtlinie der Programmatik der Lissabon-Strategie. Diese war getrieben von dem Ehrgeiz, die EU müsse bis zum Jahre 2010 »zum wettbewerbsfähigsten und dynamischsten wissensbasierten Wirtschaftsraum der Welt werden – einem Wirtschaftsraum, der fähig ist, ein dauerhaftes Wirtschaftswachstum mit mehr und besseren Arbeitsplätzen und einem größeren sozialen Zusammenhalt zu erzielen« (Scherb 2012). Die primär auf wirtschaftliches Wachstum und Stärkung des Wettbewerbs fokussierte Perspektive ist unter dem Leitbild zur Schaffung eines »intelligenten, nachhaltigen und integrativen Wachstums« durch die Strategie »Europa 2020« im Kern bestätigt worden.

In den beiden maßgeblichen Schriftstücken zum sogenannten »Sozialinvestitionspaket«, nämlich der »Mitteilung der Kommission an das Europäische Parlament« vom 20.2.2013 unter dem Titel »Sozialinvestition für Wachstum und sozialen Zusammenhalt« (Europäische Kommission 2013), und dem Papier der Europäischen Kommission unter dem Titel »Investition in ein soziales Europa« vom Juni 2013 (Europäische Kommission 2013a), sind Sätze, die für den Geist des Ganzen stehen, zahlreich vertreten. So heißt es beispielsweise: »Das Sozialinvestitionspaket (SIP) ist ein Leitfaden, mit dem die Europäische Kommission die Mitgliedsstaaten dazu auffordert, im Interesse der gemeinsamen Ziele Europas [...] ihre Sozialsysteme zu modernisieren.« (Europäische Kommission 2013a: 4) Und: »Wirtschaftswachstum und Wettbewerbsfähigkeit in der Zukunft erfordern Investitionen in das Humankapital, da dieses die Grundlage für Produktivität und Innovation bildet.« (Europäische Kommission 2013: 3) »Die Umsetzung der Europa-2020-Ziele erfordert einen neuen Ansatz, der den Haushaltszwängen und demografischen Herausforderungen, mit denen die Mitgliedsstaaten konfrontiert sind, Rechnung trägt. Sozialpolitik muss sowohl zweckmäßig als auch finanziell nachhaltig sein [...]. Dies bedeutet vor allem, die verfügbaren Ressourcen so effizient und wirksam wie möglich zu nutzen.« (Ebd.: 10)

Hat man also erst einmal das Hauptziel erfasst, dass eine wachstums-, wissens- und wettbewerbsbasierte Europäische Union meint, mit einem unbeirrbaren Ehrgeiz dynamisiert, diesbezüglich im weltweiten Vergleich den Kontinentalweltmeistertitel zu erwerben, so wird nachvollziehbar, dass aus dieser Perspektive auch jegliche Sozialstaatsleistung als »Investition« und insofern als ökonomische Kategorie verstanden wird. Die Nachordnung der Sozialpolitik als Vehikel einer funktionsoptimierten Wettbewerbs- und Wachstumsgesellschaft kommt unverhohlen zur Sprache, wenn formuliert wird, dass »Wirtschaftswachstum und Wettbewerbsfähigkeit in der Zukunft [...] Investitionen in das Humankapital« erfordern, »da dieses die Grundlage für Produktivität und Innovation bildet«. Die betriebswirtschaftliche Sprach- und Sichtweise offeriert hier eindeutig den Wertebezug sozialer Intervention. Wohlfahrt ist kein Wert an sich, sondern wird einer Zweckrationalität ökonomischer Optimierungsstrategien unterstellt und mutiert zum renditeorientierten Investitionsprojekt, zu einer effizienzgeleiteten, Ressourcen schonenden »Sozialpolitik«. Investition unterliegt aber ihrem Wesen nach zwingend dem Kalkül, dass sich prognostisch Ertragserwartungen erfüllen. Daraus resultiert negativ, dass sie dann ausbleiben, wenn mutmaßlich kein Ertrag zu generieren ist. Insofern ist Selektion, also das Unterlassen bestimmter Investitionen zu Gunsten anderer, jeder Investitionsentscheidung implizit.

Gerade diese Selektivität produziert eine inklusionspolitische Eingrenzung, die Behinderung auf eine therapierbare, ökonomische Dysfunktion reduziert und dabei zudem die Imagination erzeugt, einem Menschenrecht auf gesellschaftliche Teilhabe den Weg zu bereiten. Dass jede politische Maßnahme zu ergreifen ist, die Menschen mit Behinderung Zugang zu Bildung, Schlüsselqualifikation, hochwertiger Arbeit und einem entsprechenden Einkommen verhilft und die diesbezüglich behindernde Strukturen und gesetzliche Regelwerke beseitigt, entspricht einem der zentralen Leitgedanken der UN-Behindertenrechtskonvention. Der ist aber nicht beliebig austauschbar, schon gar nicht gegen die wenig greifbare Konstruktion eines »unternehmerischen Geistes«. Diese offenbar pädagogisch zu vermittelnde Implementierung eines Unternehmergeistes scheint eine ausgesprochen »billige« Variante öffentlicher »Investition«, die einseitig auf die Entfaltungskräfte von Menschen mit Behinderung zielt und sich damit in die allgemein gängige Aktivierungsrhetorik einpasst.

Es geht nicht nur darum, dass eine Reihe von Menschen mit geistiger Behinderung oder schwer mehrfach behinderte Menschen aus dem Raster einer solchen ökonomisch motivierten Hermeneutik herausfallen, obwohl die Betonung dieses Sachverhalts im Inklusionsdiskurs keine sonderlich prominente Rolle spielt. Sondern ausgeblendet wird auch jene Behinderungsdynamik, die aktiv durch die Imperative der Arbeitswelt und die Institutionen der Bildungspräparation genau von jenen ökonomischen Mechanismen produziert wird, die ihre inklusive Aufnahmekapazität anpreisen. Wie hinlänglich gezeigt, sind es die Strukturen des Arbeitsmarktes, die ausgrenzen, Zugänge zu ihm verhindern und selbst da, wo sie gelingen, nicht vor Armut und prekärer Lebenslage schützen. Es ist die starr leistungszentrierte Pädagogik, die bereits in der frühkindlichen, institutionellen Erziehung ansetzt, die segregierend, klassifizierend und letztlich auch stigmatisierend »Bildungsverlierer« zur Problemgruppe des »intelligenten« Europa erklärt, denen der Präventionskampf angesagt wird. Die Logik dieser allzu eng definierten Zugänge zur gesellschaftlichen Teilhabe hat innergesellschaftlich exkludierenden Charakter. Befragt man sie nach den Möglichkeiten der Beheimatung von Menschen mit und ohne Behinderung, die sich der Ökonomisierung ihrer Lebensverläufe entziehen, so stößt man auf ausflüchtige Verlegenheit. Die Intoleranz jener europäischen Wettbewerbskultur will eben, mit inklusivem Anspruch versehen, alle Lebensverläufe kolonialisieren und duldet letztlich keinen ehrlich bilanzierenden Diskurs über die offensichtliche Sperrigkeit dieses Unterfangens.

Das Inklusionsprojekt der UN-Behindertenrechtskonvention revoltiert recht verstanden gegen diese machtvolle Zentrallogik der ökonomischen Verwertung. Wenn Artikel 1 der BRK betont, dass »Wechselwirkungen mit verschiedenen Barrieren« Menschen mit Behinderungen »an der vollen, wirksamen und gleichberechtigten Teilhabe an der Gesellschaft hindern können«, dann muss inklusionspolitisch auch diskutiert werden, welche Barrieren von jener ökonomischen Logik aufgebaut und zementiert werden. Denn sie redet nicht mehr vom Menschen, sondern von Humanressourcen oder Humankapital, sie transformiert Sozialstaatlichkeit in Investitionskalkulationen und sie bindet den Maßstab zur Bewertung des Einzelnen an das Maß seiner ökonomischen Zweckerfüllung, deren Zauberwort Erwerbsarbeit lautet. Wenn es den Protagonisten der UN-Behindertenrechtskonvention radikaler gelänge, die soziale Ausgrenzung dieser Logik nicht nur aufzuzeigen, sondern sie auch zu durchbrechen, dann hätte sie eine inklusive Stoßkraft mit ökonomisch irritierendem Richtungswechsel. Denn sie käme nicht nur einer Reihe von Menschen mit Behinderung zugute, die ihr gelingendes Leben weder mit der Sozialisation im dreigliedrigen Schulsystem assoziieren, noch ihr Sinngebungspotenzial in der Arbeitswelt suchen, sondern sie würde darüber hinaus auch eine neue Wertekultur als Inklusionsmaxime einfordern, die allen gesellschaftlichen Subjekten gilt, Menschen mit und ohne Behinderung. Menschenwürde wäre nicht länger an Produktivität gebunden und Arbeitslosigkeit nicht als Humandefizit erklärt. In dieser Inklusionslogik ist konsequenterweise die Differenzierung zwischen Erwerbsfähigkeit und Erwerbsunfähigkeit wegen ihrer diskreditierenden Normierung und Deklassierung zu streichen. Prekäre Beschäftigung im Niedriglohnbereich wäre ebenso wie Altersarmut als wirtschaftsethisches Tabu an den Pranger zu stellen. So geriete das Projekt der Inklusion tatsächlich auf einen passierbaren Weg ins utopische Gelände.

Eine in diesem Sinne inklusive Ökonomie bindet die Wirtschaft ohne Toleranz an ihren eigentlichen, den Menschen dienenden Zweck. Der Schweizer Wirtschaftsethiker Arthur Rich bemerkt dazu: Wirtschaft ist

»keine eigenständige Ordnung [...] wie die naturgegebene Welt. Ihr Zweck läßt sich mithin nicht ökonomistisch aus dem eigenen Sein bestimmen. Das ist nur möglich im Hinblick auf den Menschen und seine existentiellen Grundbedürfnisse. In dem Maße die Wirtschaft diesen Grundbedürfnissen gerecht wird, sich somit als menschengerecht erweist, in dem Maße hat sie für den Menschen Sinn. Und in dem Maße sie das nicht tut, also ihren Zweck verfehlt, in dem Maße wird sie sinnlos werden, dem Absurden verfallen. Mag auch dabei ihre Effizienz einen noch so hohen Stand erreichen und sich anscheinend durch ein Optimum an Rationalität auszeichnen.« (Rich 1990: 19)

Eine perverse Logik, so mögen manche zu Recht meinen. Denn diese Logik der Inklusion »pervertiert« die Verhältnisse, wörtlich übersetzt, sie »kehrt sie um« und stürzt die Dominanz einer Ökonomie, die massive Ungleichheit, Diskriminierung, Armut und Ausgrenzung produziert, vom Thron ihrer kontrollierenden Regentschaft. Diese inklusive Dimension, die maßgeblich, aber nicht allein von Menschen mit Behinderung ausginge, würde das Gesicht dieser Gesellschaft auf eine provokant renitente Weise verändern. Dann wäre Inklusion nicht jenes fehl verstandene Projekt, bei dem Menschen mit Behinderung von *der* Gesellschaft in *die* Gesellschaft eingebunden werden, sondern es vollzöge sich etwas *mit* der Gesellschaft, weil Inklusion etwas ist, was Menschen mit Behinderung *an* der Gesellschaft praktizieren. Mit Martha Nussbaum bleibt nochmals zu betonen, dass es bei einem solchen Inklusionsverständnis die Aufgabe der Politik ist, den gesellschaftlichen Subjekten »die für ein im vollen Sinne gutes menschliches Leben notwendigen Bedingungen zur Verfügung zu stellen«, die allen die Möglichkeiten bietet, »in einer Weise tätig zu sein, die konstitutiv für ein gutes menschliches Leben ist« (Nussbaum 1999: 90). Was diesbezüglich als konstitutiv für ein menschliches Leben mit oder ohne Behinderung gilt, welche Art der Tätigkeit gemeint ist, das unterliegt der hoheitlichen Definitionsmacht der einzelnen gesellschaftlichen Subjekte und entzieht sich der egalisierenden Diktatur ökonomischer Vorgaben. Das ist, wie angedeutet, vielleicht nur eine Utopie, aber doch wenigstens eine, die diese Bezeichnung verdient, die Verhältnisse radikal in Frage stellt und der »Inklusion« die Provokation bewahrt, die ihr, recht verstanden, zu eigen ist.

Literatur

Albert, Mathias/Hurrelmann, Klaus/Quenzel, Gudrun (2010): 16. Shell Jugendstudie. Jugend 2010. Frankfurt a.M.

Alle einschließen, wollen wir das?, in: www.faz.net/aktuell/feuilleton/debatten/inklusion-alle-einschliessen-wollen-wir-das-12980560.html, 10.06.2014, Zugriff 12.11.2014.

Angst vor Personalnot: Lehrerverband hält Reform für unausgereift, in: www.tagesspiegel.de, 30.01.2013, Zugriff 12.04.2013.

Arendt, Hannah (1981): Vita activa oder vom tätigen Leben. München.

Aristoteles (1981): Politik. Übersetzt und mit erklärenden Anmerkungen versehen von Eugen Rolfes. Mit einer Einleitung von Günther Bien. Hamburg.

Armut nicht nur eine Frage von Hartz IV. Pressemeldung Bertelsmann Stiftung, in: www.bertelsmann-stiftung.de/cps/rde/xchg/bst/hs.xsl/nachrichten_117419.htm, 22.07.2013, Zugriff 20.04.2014.

Ausgaben der Leistungen nach dem SGB II 2010-2012, in: www.sozialpolitik-aktuell.de, Zugriff 15.12.2013.

Autobahn, Brücken, Bahngleise. Deutschland kaputt, Süddeutsche Zeitung, 28.07.2013, Ressort Auto & Mobil.

Aschrott, Paul Felix (1909): Armenwesen, Einleitung, in: Handwörterbuch der Staatswissenschaften, 2. Band, 3. Auflage. Jena, S. 1-5.

Autorengruppe Bildungsberichterstattung (2012): Bildung in Deutschland 2012. Ein indikatorengestützter Bericht mit einer Analyse zur kulturellen Bildung im Lebensverlauf. Bielefeld.

Bach, Stefan/Beznoska, Martin (2012): Vermögenssteuer: Erhebliches Aufkommenspotential trotz erwartbarer Ausweichreaktionen, in: DIW Wochenbericht Nr. 42, 2012, S. 12-17.

Bäcker, Gerhard/Naegele, Gerhard/Bispinck, Reinhard/Hofemann, Klaus/Neubauer, Jennifer (Hg.) (2008): Sozialpolitik und soziale Lage in Deutschland, Band 2. Wiesbaden.

Barmer GEK Arztreport 2013 (2013).

Beck, Ulrich (1986): Risikogesellschaft. Auf dem Weg in eine andere Moderne. Frankfurt a.M.

Beck, Ulrich/Beck-Gernsheim, Elisabeth (Hg.) (1994): Riskante Freiheiten. Frankfurt a.M.

Beck, Ulrich/Giddens, Anthony/Lash, Scott (1996): Reflexive Modernisierung. Eine Kontroverse. Frankfurt a.M.

Becker, Uwe (2000): Zeitkonten – über die Unmöglichkeit, Zeit zu sparen, in: Engelmann, Jan/Wiedemeyer, Michael (Hg.): Kursbuch Arbeit. Ausstieg aus der Jobholder-Gesellschaft – Start in eine neue Tätigkeitskultur? München, S. 212-222.

Becker, Uwe (Hg.) (2011): Perspektiven der Diakonie im gesellschaftlichen Wandel. Neukirchen-Vluyn.

Becker, Uwe (2014): Inklusion und Reform der Eingliederungshilfe: Forderungen der Leistungserbringer, in: Archiv für Wissenschaft und Praxis der sozialen Arbeit, 45. Jahrgang 3/2014, S. 62-67.

Behinderte Inklusion, in: www.tagesspiegel.de, 30.01.2013, Zugriff 08.02.2013.

Bergdolt, Klaus (1994): Der Schwarze Tod in Europa. Die Große Pest und das Ende des Mittelalters. Frankfurt a.M., Wien.

Berger, Peter A./Keim, Sylvia/Klärner, Andreas (2010): Bildungsverlierer – eine (neue) Randgruppe?, in: Quenzel, Gudrun/Hurrelmann, Klaus (Hg.): Bildungsverlierer. Neue Ungleichheiten. Wiesbaden, S. 37-51.

Bertelsmann Stiftung (2011): Zusätzliche Ausgaben für ein inklusives Schulsystem in Deutschland.

Bertelsmann Stiftung (2013): Inklusion in Deutschland – eine bildungsstatistische Analyse.

Bertelsmann Stiftung (2013a): Wohnungsangebote für arme Familien in Großstädten. Eine bundesweite Analyse am Beispiel der 100 einwohnerstärksten Städte. Eine Studie von Timo Heyn, Dr. Reiner Braun und Jan Grade (empirica AG).

Bertelsmann Stiftung (2013b): Kommunaler Finanzreport 2013. Einnahmen, Ausgaben und Verschuldung im Ländervergleich.

Betz, Tanja/Bischoff, Stefanie (2013): Risikokind und Risiko Kind. Konstruktion von Risiken in politischen Berichten, in: Kelle, Helga/Mierendorff, Johanna (Hg.): Normierung und Normalisierung der Kindheit. Weinheim/Basel, S. 60-81.

Bittlingmayer, Uwe H./Drucks, Stephan/Gerdes, Jürgen/Bauer, Ulrich (2010): Die Wiederkehr des funktionalen Analphabetismus in Zeiten wissensgesellschaftlichen Wandels, in: Quenzel, Gudrun/Hurrelmann, Klaus (Hg.): Bildungsverlierer. Neue Ungleichheiten, Wiesbaden, S. 341-374.

Böckenförde, Ernst-Wolfgang (2006): Die Bedeutung der Unterscheidung von Staat und Gesellschaft im demokratischen Sozialstaat der Gegenwart, in: Böckenförde, Ernst-Wolfgang: Recht, Staat, Freiheit. Frankfurt a.M., S. 209-243.

Blyth, Mark (2014): Wie Europa sich kaputtspart. Die gescheiterte Idee der Austeritätspolitik. Bonn.

Böll, Heinrich (1963): Anekdote zur Senkung der Arbeitsmoral, in: Conrad, Robert C. (Hg.) (2008): Heinrich Böll Werke, Kölner Ausgabe Band 12, 1959-1963. Köln, S. 441-443.

Bönke, Timm/Lüthen, Holger (2014): Lebenseinkommen von Arbeitnehmern in Deutschland: Ungleichheit verdoppelt sich zwischen den Geburtsjahrgängen 1935 und 1972, in: DIW Wochenbericht Nr. 49, S. 1271-1277.

Bogai, Dieter/Buch, Tanja/Seibert, Holger (2014): Arbeitsmarktchancen von Geringqualifizierten. Kaum eine Region bietet genügend einfache Jobs, in: IAB-Kurzbericht 11/2014, S. 1-8.

Boltanski, Luc/Chiapello, Ève (2006): Der neue Geist des Kapitalismus. Konstanz.

Bonney, Helmut (2012): ADHS – na und? Vom heilsamen Umgang mit handlungsbereiten und wahrnehmungsstarken Kindern. Heidelberg.

Bos, Wilfried/Müller, Sabrina/Stubbe, Tobias C. (2010): Abgehängte Bildungsinstitutionen: Hauptschulen und Förderschulen, in: Quenzel, Gudrun/Hurrelmann, Klaus (Hg.): Bildungsverlierer. Neue Ungleichheiten, Wiesbaden, S. 375-397.

Bothfeld, Silke/Rosenthal, Peer (2014): Paradigmenwechsel durch inkrementellen Wandel: Was bleibt von der Arbeitslosenversicherung?, in: WSI Mitteilungen 3/2014. Arbeitsmarkt und soziale Sicherung: Zeit für eine neue Agenda, S. 199-206.

Brenke, Karl/Grabka, Markus M. (2011): Schwache Lohnentwicklung im letzten Jahrzehnt, in: DIW Wochenbericht Nr. 45, S. 3-15.

Bröckling, Ulrich/Krasmann, Susanne/Lemke, Thomas (Hg.) (2012): Gouvernementalität, Neoliberalismus und Selbsttechnologien. Eine Einleitung, in: Bröckling, Ulrich/Krasmann, Susanne/Lemke, Thomas: Gouvernementalität der Gegenwart. Studien zur Ökonomisierung des Sozialen. Frankfurt a.M., S. 7-40.

Bruckmeier, Kerstin/Pauser, Johannes/Walwei, Ulrich/Wiemers, Jürgen (2013): Simulationsrechnung zum Ausmaß der Nicht-Beanspruchung von Leistungen der Grundsicherung, IAB-Forschungsbericht 5/2013.

Bruckmeier, Kerstin/Eggs, Johannes/Himsel, Carina/Trappmann, Mark/Walwei, Ulrich (2013): Aufstocker im SGB II. Steinig und lang – der Weg aus dem Leistungsbezug, in: IAB-Kurzbericht 14/2013, S. 1-8.

Bude, Heinz (2008): Die Ausgeschlossenen. Das Ende vom Traum einer gerechten Gesellschaft. München.

Bude, Heinz/Willisch, Andreas (Hg.) (2008): Exklusion. Die Debatte über die »Überflüssigen«. Frankfurt a.M.

Bundesagentur für Arbeit (2013): Der Arbeitsmarkt in Deutschland. Frauen und Männer am Arbeitsmarkt im Jahr 2012. Nürnberg.

Bundesarbeitsgemeinschaft Werkstätten für behinderte Menschen e.V. (2014): Verdienst in Werkstätten, in: www.bagwfbm.de/page/101?print=1, 02.03.2014, Zugriff 12.03.2014.

Bundesministerium für Arbeit und Soziales (2012): Prognos. Endbericht Umsetzung und Akzeptanz des Persönlichen Budgets. Forschungsbericht Sozialforschung 433. Berlin.

Bundesministerium für Familie, Senioren, Frauen und Jugend (BMFSFJ) (2005): Zwölfter Kinder- und Jugendbericht. Bericht über die Lebenssituation junger Menschen und die Leistungen der Kinder- und Jugendhilfe in Deutschland: Bildung, Betreuung und Erziehung vor und neben der Schule. Berlin.

Bundesministerium für Familie, Senioren, Frauen und Jugend (BMFSFJ) (2006): Nationaler Aktionsplan. Für ein kindgerechtes Deutschland 2005-2010. Berlin.

Bundesministerium für Familie, Senioren, Frauen und Jugend (BMFSFJ) (2010): Perspektiven für ein kindergerechtes Deutschland. Abschlussbericht zum Nationalen Aktionsplan »Für ein kindergerechtes Deutschland 2005-2010« (NAP). Berlin.

Bundesrechnungshof (2012): Mitteilung an die Bundesagentur für Arbeit über die Prüfung der Steuerung der Zielerreichung in den strategischen Geschäftsfeldern I und Va. Bonn.

Bundesverband evangelischer Behindertenhilfe (BeB) (2008): Stellungnahme des BeB zum Gesetz zu dem Übereinkommen der Vereinten Nationen vom 13.12.2006 über die Rechte von Menschen mit Behinderungen sowie dem Fakultativprotokoll vom 13.12.2006.

Campanella, Tommasso (2012): Der Sonnenstaat. Idee eines philosophischen Gemeinwesens. Ein poetischer Dialog. Altenmünster.

Castel, Robert (2000): Die Metamorphosen der sozialen Frage. Eine Chronik der Lohnarbeit. Konstanz.

CEC (1993): Growth, Competitiveness and Employment – The Challenges and Ways forward into the 21st Century. Luxemburg.

CEC (1995): Equal Opportunities for Women and Men – Follow-up to the White Paper on Growth, Competitiveness and Employment. Brüssel.

CEC (2000): Communication from the Commission to the Council, the European Parliament, the Economic and Social Committee and the Committee of the Regions: Social Policy Agenda. Brüssel.

Chilla, Solveig/Fuchs, Burkhard (2013): Kindheiten zwischen Inklusion, Normalisierung und Autonomie. Das Beispiel Hörbeeinträchtigungen, in: Kelle, Helga/Mierendorff, Johanna (Hg.): Normierung und Normalisierung der Kindheit. Weinheim, Basel, S. 142-157.

Dallinger, Ursula/Fückel, Sebastian (2014): Politische Grundlagen und Folgen von Dualisierungsprozessen: Eine politische Ökonomie der Hartz-Reform, in: WSI Mitteilungen 3/2014. Arbeitsmarkt und soziale Sicherung: Zeit für eine neue Agenda, S. 182-191.

Das Ende des Riester-Booms, Süddeutsche Zeitung, 15.07.2013, S. 17.

Degener, Theresia (2006): Menschenrechtsschutz für behinderte Menschen. Vom Entstehen einer neuen Menschenrechtskonvention der Vereinten Nationen, in: Vereinte Nationen 3, S. 104-110.

Degener, Theresia (2009): Die neue UN-Behindertenrechtskonvention aus der Perspektive der Disability Studies, in: Behindertenpädagogik 48, S. 263-282.

Denkschrift zu den Übereinkommen vom 13. Dezember 2006 über die Rechte von Menschen mit Behinderung (2008), in: Deutscher Bundestag – 16. Wahlperiode. Drucksache 16/10808, S. 45-72.

Der Weg nach vorne für Europas Sozialdemokraten. Ein Vorschlag von Gerhard Schröder und Tony Blair (1999), in: www.glasnost.de/pol/schroederblair.html, Zugriff 24.01.2009.

Deutscher Bundestag (2012): Drucksache 17/10270.

Deutscher Gewerkschaftsbund (2012): Arm trotz Arbeit: Aufstocker sind wesentlicher Teil des Hartz IV-Systems. Arbeitsmarkt auf den Punkt gebracht 03/2012.

Deutsches Institut für Menschenrechte (2011): Stellungnahme der Monitoring-Stelle (31. März 2011). Eckpunkte zur Verwirklichung eines inklusiven Bildungssystems. Berlin, S. 1-12.

Deutschlands Zukunft gestalten. Koalitionsvertrag zwischen CDU, CSU und SPD. 18. Legislaturperiode (2013).

Deutschland wächst und schrumpft, Frankfurter Allgemeine Zeitung, 20.07.2014, S. 5.

Deutschland, wenn es dunkel wird, Süddeutsche Zeitung 22.08.2013, S. 2.

DGB NRW (2012): Rentenreport DGB NRW. Düsseldorf.

Die Landesregierung Nordrhein-Westfalen (2012): Aktionsplan der Landesregierung. Eine Gesellschaft für alle. Düsseldorf.

Die klauen uns unsere Jugend, Kölner Stadtanzeiger, 16.10.2011, S. 39.

Die Illusion mit der Inklusion, in: www.faz.net/aktuell/gesellschaft/inklusion-die-grosse-illusion-12956330.html, 24.05.2014, Zugriff 13.11.2014.

Diefenbach, Heike (2010): Jungen – die »neuen« Bildungsverlierer, in: Quenzel, Gudrun/Hurrelmann, Klaus (Hg.): Bildungsverlierer. Neue Ungleichheiten. Wiesbaden, S. 245-271.

Ditton, Hartmut (2010): Selektion und Exklusion im Bildungssystem, in: Quenzel, Gudrun/Hurrelmann, Klaus (Hg.): Bildungsverlierer. Neue Ungleichheiten. Wiesbaden, S. 53-71.

Ebach, Jürgen (1986): Ursprung und Ziel. Erinnerte Zukunft und erhoffte Vergangenheit. Biblische Exegesen, Reflexionen, Geschichten. Neukirchen-Vluyn.

Eckpunkte des Deutschen Vereins für einen inklusiven Sozialraum (2012), in: Nachrichtendienst des Deutschen Vereins für öffentliche und private Fürsorge e.V. 1/2012, S. 15-19.

Eine unglaubliche Gleichmacherei, in: www.faz.net/aktuell/feuilleton/inklusionsdebatte-unglaubliche-gleichmacherei-13057236.html, 21.07.2014, Zugriff 12.11.2014.

Engler, Wolfgang (2006): Bürger, ohne Arbeit. Für eine radikale Neuausgestaltung der Gesellschaft. Berlin.

Esping-Andersen, Gösta (1999): Social Foundations of Post-Industrial Economies. Oxford.

Euro-Krise. Zinsen für griechische Staatsanleihen auf Rekordhoch, in: www.spiegel.de/wirtschaft/unternehmen/euro-krise-zinsen-fuer-griechische-staatsanleihen-auf-rekordhoch-a-782494.html, 25.08.2011, Zugriff 13.01.2013.

Europäische Kommission (2011): Mitteilung der Kommission. Frühkindliche Betreuung, Bildung und Erziehung. Der bestmögliche Start für alle unsere Kinder in die Welt von morgen, KOM 2011. Brüssel.

Europäische Kommission (2013): Mitteilung der Kommission an das Europäische Parlament, den Rat, den Europäischen Wirtschafts- und Sozialausschuss und den Ausschuss der Regionen. Sozialinvestitionen für Wachstum und sozialen Zusammenhalt – einschließlich Durchführung des Europäischen Sozialfonds 2014-2020. Brüssel.

Europäische Kommission (2013a): Investition in ein soziales Europa.

Europäischer Wirtschafts- und Sozialausschuss (2006): Förderung des Unternehmergeistes in Unterricht und Bildung. Stellungnahme des Europäischen Wirtschafts- und Sozialausschusses zu der »Mitteilung der Kommission an den Rat, das Europäische Parlament, den Europäischen Wirtschafts- und Sozialausschuss und den Ausschuss der Regionen – Umsetzung des Lissabon-Programms der Gemeinschaft: Förderung des Unternehmergeistes in Unterricht und Bildung«, SOC/242. Brüssel.

Foucault, Michel (1994): Überwachen und Strafen. Die Geburt des Gefängnisses. Frankfurt a.M.

Foucault, Michel (2012): Die Gouvernementalität, in: Bröckling, Ulrich/Krassmann, Susanne/Lemke, Thomas (Hg.): Gouvernementalität der Gegenwart. Studien zur Ökonomisierung des Sozialen. Frankfurt a.M., S. 41-67.

Fraser, Nancy (2009): Feminismus, Kapitalismus und die List der Geschichte, in: Blätter für deutsche und internationale Politik 8/2009, S. 43-57.

Fraser, Nancy (2013): Neoliberalismus und Feminismus: Eine gefährliche Liaison, in: Blätter für deutsche und internationale Politik 12/2013, S. 29-31.

Frauenanteil in der Wissenschaft steigt. Statistisches Bundesamt. Pressemeldung vom 30. Juli 2014 – 268/14, in: https://www.destatis.de/DE/PresseService/Presse/Pressemitteilungen/2014/07/PD14_268_213.html, Zugriff 19.09.2014.

Frauen schuften öfter für Niedriglohn als Männer, in: www.welt.de/wirtschaft/article139682/Frauen-schuften-oefter-fuer-Niedriglohn-als-Maenner, 08.03.2012, Zugriff 18.04.2012.

Gesundheit in Bewegung. Schwerpunkt Muskel- und Skeletterkrankungen. BKK Gesundheitsreport (2013). Berlin.

Giarini, Orio/Liedtke, Patrick M. (1998): Wie wir arbeiten werden. Der neue Bericht an den Club of Rome. Hamburg.

Giddens, Anthony (1999): Der dritte Weg. Die Erneuerung der sozialen Demokratie. Frankfurt a.M.

Gil, Thomas (1997): Gestalten des Utopischen. Zur Sozialpragmatik kollektiver Vorstellungen. Konstanz.

Göring-Eckardt, Katrin/Dückert, Thea (2003): Solidarität in Bewegung: Chancen für alle. Bündnis 90/Die Grünen-Bundestagsfraktion. Berlin, in: www.portal-sozialpolitik.de/uploads/sopo/pdf/, Zugriff 17.09.2013.

Goodin, Robert E./Rice, James Mahmud/Parppo, Antti/Eriksson, Lina (2008): Discretionary Time. A New Measure of Freedom. Cambridge.

Gutachten: Inklusion kostet allein NRW rund eine Milliarde Euro, in: www.news4teacher.de 10.02.2014, Zugriff 17.03.2014.

Hahn, Thomas (2013): Sozial? Hilfe!, Süddeutsche Zeitung, 23.12.2013, S. 3.

Han, Byung-Chul (2014): Psychopolitik. Neoliberalismus und die neuen Machttechniken. Frankfurt a.M.

Hartmann, Nicolai (1949): Ethik. Berlin.

Heinig, Hans Michael (2008): Der Sozialstaat im Dienst der Freiheit. Zur Formel vom »sozialen« Staat in Art. 20 Abs. 1 GG. Tübingen.

Heitmeyer, Wilhelm (Hg.) (2008): Deutsche Zustände. Folge 6. Frankfurt a.M.

Hinte, Wolfgang (2008): Sozialraumorientierung: ein Fachkonzept für Soziale Arbeit. Vortrag auf dem Fachtag des Instituts für Stadtteilbezogene Soziale Arbeit und Beratung vom 28.05.2008 in Fulda, in: www.fulda.de/.../Sozialraumorientierung_Vortrag_W_Hinte_28_5_08.pdf, Zugriff 06.11.2014.

Hinz, Andreas (2013): Inklusion – von der Unkenntnis zur Unkenntlichkeit!? – Kritische Anmerkungen zu einem Jahrzehnt Diskurs über schulische Inklusion in Deutschland, in: www.inklusion-online.net/index.php/inklusion-online/article/view/26/27, Zugriff: 20.07.2014.

Hinz, Andreas (2014): Inklusion im Bildungskontext: Begriffe und Ziele, in: Kroworsch, Susann (Hg.): Inklusion im deutschen Schulsystem. Barrieren und Lösungswege. Berlin, S. 15-25.

Horkheimer, Max (1981): Philosophie als Kulturkritik, in: Sozialphilosophische Studien. Aufsätze, Reden und Vorträge 1930-1972. Frankfurt a.M., S. 90-108.

Huster, Ernst-Ulrich (2008): Von der mittelalterlichen Armenfürsorge zu den Anfängen der Sozialstaatlichkeit, in: Huster, Ernst-Ulrich/Boeckh, Jürgen/Mogge-Grotjahn, Hildegard (Hg.): Handbuch Armut und soziale Ausgrenzung. Wiesbaden, S. 243-262.

Inklusion in Deutschland kommt nur schleppend voran, in: www.bertelsmann-stiftung.de 18.03.2013, Zugriff 21.12.2013.

Inklusive Missverständnisse. Gastbeitrag von Otto Speck, in: www.sueddeutsche.de/bildung/2.200/inklusions-debatte-inklusive-missverstaendnisse-1.2182484, 21.10.2014, Zugriff 02.11.2014.

Investitionsstau von 100 Milliarden Euro, in: www.spiegel.de/wirtschaft/soziales/kommunen-ohne-neue-schulden-und-ohne-investitionen-a-875742.html, 04.01.2013, Zugriff 17.09.2013.

Jaenichen, Ursula/Rothe, Thomas (2014): Hartz sei Dank? Stabilität und Entlohnung neuer Jobs nach Arbeitslosigkeit, in: WSI Mitteilungen 3/2014. Arbeitsmarkt und soziale Sicherung: Zeit für eine neue Agenda, S. 227-235.

Jakobs, Hajo (2004): Wohnbedarf und -bedürfnisse von Menschen mit geistiger Behinderung im Kreis Plön. Abschlussbericht zum Forschungsprojekt, in: www.fh-kiel.de/fileadmin/data/sug/LHW-Projektbericht.pdf, Zugriff 09.11.2014.

Jobcenter Kreis Pinneberg (Hg.) (2013): Arbeitslosengeld II Ratgeber.

Joebges, Heike/Meinhardt, Volker/Rietzler, Katja/Zwiener, Rudolf (2012): Auf dem Weg in die Altersarmut. Bilanz der Einführung der kapitalgedeckten Riester-Rente. IMK Report 73, S. 1-19.

Kalina, Thorsten/Weinkopf, Claudia (2014): Niedriglohnbeschäftigung 2012 und was ein gesetzlicher Mindestlohn von 8,50 € verändern könnte. IAQ-Report 02/2014, S. 1-15.

Kelle, Helga (2013): Normierung und Normalisierung der Kindheit. Zur (Un)Unterscheidbarkeit und Bestimmung der Begriffe, in: Kelle, Helga/Mierendorff, Johanna (Hg.): Normierung und Normalisierung der Kindheit. Weinheim, Basel, S. 15-37.

Kelle, Helga/Mierendorff, Johanna (Hg.) (2013): Normierung und Normalisierung der Kindheit. Weinheim, Basel.

Keupp, Heiner (2011): Kinder und Jugendliche mit Behinderung: Herausforderungen und Chancen bei einer Alleinzuständigkeit der Kinder- und Jugendhilfe, Vortrag, in: www.afet-ev.de/aktuell/AFET_intern/2011/DJHT, Zugriff 27.11.2014.

Klemm, Klaus (2014): Mögliche finanzielle Auswirkungen einer zunehmend schulischen Inklusion in den Schuljahren 2014/15 bis 2016/17 – Analysen am Beispiel der Stadt Krefeld und des Kreises Minden-Lübbecke. Essen.

Knigge, Michael (2009): Hauptschüler als Bildungsverlierer. Eine Studie zu Stigma und selbstbezogenem Wissen bei einer gesellschaftlichen Problemgruppe. Pädagogische Psychologie und Entwicklungspsychologie. Band 70. Münster.

Knuth, Matthias/Kaps, Petra (2014): Arbeitsmarktreformen und »Beschäftigungswunder« in Deutschland, in: WSI Mitteilungen 3/2014. Arbeitsmarkt und soziale Sicherung: Zeit für eine neue Agenda, S. 173-181.

Koalitionsausschuss. Die verdrängten Sünden der Heuschrecken-Bändiger, in: www.spiegel.de/politik/deutschland/koalitionsausschuss-die-verdraengten-suenden-der-heuschrecken-baendiger-a-611329.html, 04.03.2009, Zugriff 12.01.2013.

Kommission der Europäischen Gemeinschaften (2006): Mitteilung der Kommission an den Rat, das Europäische Parlament, den Europäischen Wirtschafts- und Sozialausschuss und den Ausschuss der Regionen. Umsetzung des Lissabon-Programms der Gemeinschaft: Förderung des Unternehmergeistes in Unterricht und Bildung, KOM 2006, Brüssel.

Kommunen in der Finanzkrise (2013): Status Quo und Handlungsoptionen, EY Kommunenstudie 2013. Ergebnisse einer Befragung von 300 deutschen Kommunen.

Kosten für die Eingliederungshilfe explodieren, in: www.wiwo.de/politik/deutschland/arbeitsmarkt-kosten-fuer-die-eingliederungshilfe-explodieren/6193018.html 14.02.2012, Zugriff 15.01.2014.

Kronauer, Martin (2010): Exklusion. Die Gefährdung des Sozialen im hoch entwickelten Kapitalismus. Frankfurt a.M./New York.

Kaščák, Ondrej/Pupala, Branislav (2013): Auf dem Weg zum »normalen« Superkind, in: Kelle, Helga/Mierendorff, Johanna (Hg.): Normierung und Normalisierung der Kindheit. Weinheim, Basel, S. 178-194.

Kulawik, Teresa (1989): Auf unsicheren Wegen. Perspektiven der sozialen Sicherung von Frauen, in: Riedmüller, Barbara/Rodenstein, Marianne (Hg.): Wie sicher ist die soziale Sicherung? Frankfurt a.M., S. 241-265.

Kultusministerkonferenz (2010): Pädagogische und rechtliche Aspekte der Umsetzung des Übereinkommens der Vereinten Nationen vom 13. Dezember 06 über die Rechte von Menschen mit Behinderungen (Behindertenrechtskonvention – VN-BRK) in der schulischen Bildung, Beschluss der Kultusministerkonferenz vom 18.11.2010, S. 1-10.

Landessozialgericht Nordrhein-Westfalen (2013): Beschluss vom 20.12.2013, AZ L 9 SO 429/13.

Landtag Nordrhein-Westfalen. Drucksache 16/2432 (2013): Gesetzentwurf der Landesregierung. Erstes Gesetz zur Umsetzung der UN-Behindertenrechtskonvention in den Schulen (9. Schulrechtsänderungsgesetz).

Landtag Nordrhein-Westfalen. Drucksache 16/4222 (2013a). Änderungsantrag der Fraktion der CDU zu dem Gesetzentwurf der Landesregierung. Erstes Gesetz zur Umsetzung der UN-Behindertenrechtskonvention in den Schulen (9. Schulrechtsänderungsgesetz).

Lehrerverband ruft nach Sonderpädagogen und Geld, Kölner Stadtanzeiger, 27.11.2013, S. 6.

Leitner, Sigrid (2004): Review-Essay: Was wurde aus den armen Frauen? Eine Zeitreise durch die feministische Sozialkritik in Deutschland, in: Leitner, Sigrid/Ostner, Ilona/Schratzenstaller, Margit (Hg.): Wohlfahrtsstaat und Geschlechterverhältnis. Wiesbaden, S. 28-43.

Lessenich, Stephan (2009): Die Neuerfindung des Sozialen. Der Sozialstaat im flexiblen Kapitalismus. Bielefeld.

Leuchte, Vico/Theunissen, Georg (2012): Sozialraumorientierung – Schlagwort oder neues Fortschrittsprogramm für die Behindertenhilfe?, in: neue praxis. Zeitschrift für Sozialarbeit, Sozialpädagogik und Sozialpolitik 4/2012, S. 345-362.

Lewis, Jane (2004): Auf dem Weg zur »Zwei-Erwerbstätigen«-Familie, in: Leitner, Sigrid/Ostner, Ilona/Schratzenstaller, Margit (Hg.): Wohlfahrtsstaat und Geschlechterverhältnis. Wiesbaden, S. 62-84.

Liebsch, Katharina/Haubl, Rolf/Brade, Josephin/Jentsch, Sebastian (2013): Normalität und Normalisierung von AD(H)S. Prozesse und

Mechanismen der Entgrenzung von Erziehung und Medizin, in: Kelle, Helga/Mierendorff, Johanna (Hg.): Normierung und Normalisierung der Kindheit. Weinheim, Basel, S. 158-175.

Ludwig-Mayerhofer, Wolfgang/Kühn, Susanne (2010): Bildungsarmut, Exklusion und die Rolle von sozialer Verarmung und *Social Illitery*, in: Quenzel, Gudrun/Hurrelmann, Klaus (Hg.): Bildungsverlierer. Neue Ungleichheiten. Wiesbaden, S. 137-155.

Lutz, Ronald (2014): Ökonomische Landnahme und Verwundbarkeit – Thesen zur Produktion sozialer Ungleichheit, in: neue praxis. Zeitschrift für Sozialarbeit, Sozialpädagogik und Sozialpolitik 1/2014, S. 3-22.

Mangel an Fachkräften – Inklusion überfordert Lehrer, in: www.abendblatt.de, 19.11.2013, Zugriff 21.12.2013.

Manuela Schwesig eröffnet 24-Stunden-Kita, in: www.bmfsfj.de/BMFSFJ/kinder-und-jugend,did=211865.html, 28.11.2014, Zugriff 30.12.2014.

Masuch, Peter (2011): Die UN-Behindertenrechtskonvention anwenden!, in: Hohmann-Dennhardt, Christine/Masuch, Peter/Villiger, Mark (Hg.): Festschrift für Renate Jäger. Grundrechte und Solidarität. Durchsetzung und Verfahren. Kehl, S. 245-263.

Mierendorff, Johanna (2013): Normierungsprozesse von Kindheit im Wohlfahrtsstaat. Das Beispiel der Regulierung der Bedingungen der frühen Kindheit, in: Kelle, Helga/Mierendorff, Johanna (Hg.): Normierung und Normalisierung der Kindheit. Weinheim/Basel, S. 38-57.

Mollat, Michel (1984): Die Armen im Mittelalter. München.

Morus, Thomas (1992): Utopia. In der Übertragung von Hermann Kothe und mit einem Nachwort versehen von Horst Günther. Frankfurt a.M.

Nassehi, Armin (2008): Exklusion als soziologischer oder sozialpolitischer Begriff?, in: Bude, Heinz/Willisch, Andreas (Hg.): Exklusion. Die Debatte über die »Überflüssigen«. Frankfurt a.M., S. 121-130.

Negt, Oskar (2001): Arbeit und menschliche Würde. Göttingen.

Neuer Mietspiegel 2013: Mietpreise 7 Prozent rauf, in: www.abendzeitung-muenchen.de/inhalt.preise-miet-atlas-neuer-mietspiegel2013-mietpreise-7-prozent-rauf.961e63fb-92278-4b66-9002-1dc7bb7538a9.html, 05.6.2013, Zugriff 02.11.2014.

Nicht mit der Brechstange. Ja, Menschen mit Behinderungen lassen sich noch stärker integrieren, vor allem an Schulen. Aber es gibt Grenzen. Von Annegret Kramp-Karrenbauer, Die ZEIT Nr. 31, 4. Juli 2014, S. 7.

Niehaus, Mathilde/Bauer, Jana (2013): Chancen und Barrieren für hochqualifizierte Menschen mit Behinderung. Übergang in ein sozialversicherungspflichtiges Beschäftigungsverhältnis. Pilotstudie zur beruflichen Teilhabe. Abschlussbericht. Aktion Mensch. Bonn.

NRW-Städte überziehen ihre Konten, Kölner Stadtanzeiger, 21.08.2013, S. 1.

Nussbaum, Martha C. (1999): Gerechtigkeit oder Das gute Leben. Gender Studies. Frankfurt a.M.

Oehme, Andreas/Schröder, Wolfgang (2014): »Inklusion« – die Kinder- und Jugendhilfe ist gefragt, in: neue praxis. Zeitschrift für Sozialarbeit, Sozialpädagogik und Sozialpolitik 2/2014, S. 124-133.

Oexle, Otto Gerhard (1986): Armut, Armutsbegriff und Armenfürsorge im Mittelalter, in: Sachse, Christoph/Tennstedt, Florian: Soziale Sicherheit und soziale Disziplinierung. Frankfurt a.M., S. 73-100.

Ölkers, Jürgen (2013): Inklusion im selektiven Schulsystem, in: Archiv für Wissenschaft und Praxis der sozialen Arbeit, 44. Jahrgang, S. 38-48.

Ohne mehr Lehrer bleibt die Inklusion auf der Strecke, in: www.abendblatt.de, 10.12.2013, Zugriff 11.12.2013.

Ostner, Ilona (2004): Review Essay: Aus Anlass eines Geburtstags: »Gender und Welfare Revisited«, in: Leitner, Sigrid/Ostner, Ilona/Schratzenstaller, Margit (Hg.): Wohlfahrtsstaat und Geschlechterverhältnis. Wiesbaden, S. 44-61.

Prantl, Heribert (2014): Für eine Demokratie ohne Barrieren. Inklusion – die neue deutsche Freiheit, in: Blätter für deutsche und internationale Politik 8/2014, S. 73-82.

Prokop, Ulrike (1976): Weiblicher Lebenszusammenhang. Von der Beschränktheit der Strategien und der Unangemessenheit der Wünsche. Frankfurt a.M.

Quenzel, Gudrun/Hurrelmann, Klaus (Hg.) (2010): Bildungsverlierer. Neue Ungleichheiten. Wiesbaden.

Rapp, Friedrich (1992): Fortschritt. Entwicklung und Sinngehalt einer philosophischen Idee. Darmstadt.

Rappaport, Julian (1981): In praise of paradox. A social policy of empowerment over Prevention, in: American Journal of Community Psychology 9/1981, S. 1-25.

Rich, Arthur (1990): Wirtschaftsethik II. Marktwirtschaft, Planwirtschaft, Weltwirtschaft aus sozialethischer Sicht. Gütersloh.

Rohrmann, Albrecht (2009): Ambulant Betreutes Wohnen – Ein Erfolgsmodell? Vortrag, in: https://www.unisiegen.de/zpe/veranstaltungen/aktuelle/betreuteswohnen/vortrag-rohrmann-03-03-2009.pdf, Zugriff 28.10.2014.

Rudolph, Helmut (2014): »Aufstocker«: Folge der Arbeitsmarktreformen?, in: WSI Mitteilungen 3/2014. Arbeitsmarkt und soziale Sicherung: Zeit für eine neue Agenda, S. 207-217.

Sachße, Christoph/Tennstedt, Florian (1980): Geschichte der Armenfürsorge in Deutschland Band 1. Stuttgart, Berlin, Köln.

Scherb Johannes (2012): Lissabon-Strategie (Lissabon-Prozess), in: Bergmann (Hg.): Handlexikon der Europäischen Union. Baden-Baden 2012, in: www.europarl.europa.eu/brussels/website/media/Lexikon/Pdf/Lissabon_Strategie.pdf, Zugriff 17.12.2014.

Scholz, Olaf (2003): Abschied von der Verteilungsgerechtigkeit. 13 Thesen, in: www.bernd-wroblewski.de/db/docs/doc_4423_2004628215247.pdf, Zugriff 13.11.2014.

Schröder, Ulrich (2000): Lernbehindertenpädagogik. Stuttgart.

Schulleiter schimpfen über Inklusion, in: www.tagesspiegel.de, 16.03.2013, Zugriff 09.05.2013.

Segbers, Klaus (2011): Das Ende der Politik. Debattenbeitrag, in: www.spiegel.de/politik/ausland/debattenbeitrag-das-ende-der-politik-a-779256.html, 13. August 2011, Zugriff 19.12.2013.

Sennett, Richard (1999): Der flexible Mensch. Die Kultur des neuen Kapitalismus. Berlin.

Smith, Adam (1978): Der Wohlstand der Nationen. Eine Untersuchung seiner Natur und seiner Ursachen. Aus dem Englischen übertragen und mit einer umfassenden Würdigung des Gesamtwerkes herausgegeben von Horst Claus Rechtenwald. München.

Speck, Otto (2011): Schulische Inklusion aus heilpädagogischer Sicht. Rhetorik und Realität. München.

Speck, Otto (2012): Menschen mit geistiger Behinderung. Ein Lehrbuch zur Erziehung und Bildung. München.

Statistisches Bundesamt, Wissenschaftszentrum Berlin für Sozialforschung (Hg.) (2013): Datenreport 2013. Ein Sozialbericht für die Bundesrepublik Deutschland. Bonn.

Statistisches Bundesamt (2014): Auf dem Weg zur Gleichstellung? Bildung, Arbeit und Soziales – Unterschiede zwischen Frauen und Männern. Wiesbaden.

Steingart, Gabor (2013): Unser Wohlstand und seine Feinde. München.
Stekl, Hannes (1986): »Labore et fame« – Sozialdisziplinierung in Zucht- und Arbeitshäusern des 17. und 18. Jahrhunderts, in: Sachße, Florian/Tennstedt, Christoph (Hg.): Soziale Sicherheit und soziale Disziplinierung. Beiträge zu einer historischen Theorie der Sozialpolitik. Frankfurt a.M., S. 119-147.
Stichweh, Rudolf (2005): Inklusion und Exklusion. Studien zur Gesellschaftstheorie. Bielefeld.
Stichweh, Rudolf (2009): Leitgesichtspunkte einer Soziologie der Inklusion und Exklusion, in: Stichweh, Rudolf/Windolf, Paul: Inklusion und Exklusion: Analysen zur Sozialstruktur und sozialen Ungleichheit. Wiesbaden, S. 29-41.
Streek, Wolfgang/Heinze, Rolf G. (1999): Runderneuerung des deutschen Modells. Aufbruch für mehr Jobs, in: Arlt, Hans-Jürgen/Nehls, Sabine (Hg.): Bündnis für Arbeit. Konstruktion, Kritik, Karriere. Eine Publikation der Hans-Böckler-Stiftung. Wiesbaden, S. 147-166.
Strohm, Theodor/Klein, Michael (Hg.) (2004): Die Entstehung einer sozialen Ordnung Europas, Band 1. Heidelberg.
Thiersch, Hans (2002): Positionsbestimmungen der Sozialen Arbeit. Weinheim.
Überforderung – die Schattenseiten der Inklusion, in: www.abendblatt.de, 21.08.2013, Zugriff 15.11.2013.
Ulrich, Peter (1997): Integrative Wirtschaftsethik. Grundlagen einer lebensdienlichen Ökonomie. Bern, Stuttgart, Wien.
Unser Weg in eine inklusive Gesellschaft. Der Nationale Aktionsplan der Bundesregierung zur Umsetzung der UN-Behindertenrechtskonvention (2011). Berlin.
Vogl, Joseph (2010/2011): Das Gespenst des Kapitals. Zürich.
Wachtel, Peter (2014): Zum Stand der Umsetzung der inklusiven Schule in den Bundesländern, in: Kroworsch, Susanne (Hg.): Inklusion im deutschen Schulsystem. Barrieren und Lösungswege. Berlin, S. 39-55.
Wansing, Gudrun (2011): Wohnen und Leben – wie viel Wahlfreiheit haben Menschen mit Behinderungen tatsächlich? Vortrag Akademie Tutzing auf der Tagung Behinderungen und Verhinderungen 20.-22. Mai 2011.
Wansing, Gudrun (2012): Inklusion in einer exklusiven Gesellschaft. Oder: Wie der Arbeitsmarkt Teilhabe behindert, in: Behindertenpädagogik 51, S. 381-396.

Wansing, Gudrun (2013): Der Inklusionsbegriff zwischen normativer Programmatik und kritischer Perspektive, in: Archiv für Wissenschaft und Praxis der sozialen Arbeit, 44. Jahrgang 3/2013, S. 16-27.

Weiß, Anja (2008): Raumrelationen als zentraler Aspekt weltweiter Ungleichheit, in: Bude, Heinz/Willisch, Andreas (Hg.): Exklusion. Die Debatte über die »Überflüssigen«. Frankfurt a.M., S. 225-245.

Welke, Antje (2014): Das »Persönliche Budget« – Überwindung des gegliederten Systems?, in: Archiv für Wissenschaft und Praxis der sozialen Arbeit, 45. Jahrgang 3/2014, S. 42-51.

Wenn der Job nicht reicht, Süddeutsche Zeitung, 13.08.2013, S. 17.

Wevelsiep, Christian (2012): Zur konstruktiven Kritik der inklusiven Pädagogik, in: neue praxis. Zeitschrift für Sozialarbeit, Sozialpädagogik und Sozialpolitik 4/2012, S. 372-386.

Wiedemeyer, Michael (2009): Diakonie zieht Bilanz zu Ein-Euro-Jobs. Umsetzung von Arbeitsgelegenheiten für Langzeitarbeitslose (nach SGB II; § 16) in Mitgliedseinrichtungen des Diakonischen Werkes der Evangelischen Kirche im Rheinland. Zusammenstellung einiger zentraler Forschungsergebnisse aus der Langzeitstudie. Düsseldorf.

Wienberg, Günther (2013): Von der sozialen Exklusion zur Inklusion von Menschen mit Behinderungen – eine sozialhistorische Skizze, in: Zeitschrift für Evangelische Ethik, 57. Jg., S. 169-182.

Wienberg, Günther (2014): Von der Integration zur gesellschaftlichen Inklusion von Menschen mit Behinderungen – realistisches Ziel oder Utopie?, in: Zeitschrift für Evangelische Ethik, 58. Jg., S. 99-109.

Wie viel anders ist normal?, in: www.zeit.de/2013/13/Inklusion, 21.03.2013, Zugriff 14.05.2013.

Winkler, Michael (2014): Inklusion – Nachdenkliches zum Verhältnis pädagogischer Professionalität und politischer Utopie, in: neue praxis. Zeitschrift für Sozialarbeit, Sozialpädagogik und Sozialpolitik 2/2014, S. 108-123.

Wocken, Hans (2010): Über Widersacher der Inklusion und ihre Gegenreden, in: Aus Politik und Zeitgeschichte 23/2010, S. 25-31.

Wohlfahrt, Norbert (2002): Sozialraumbudgets in der Kinder- und Jugendhilfe, in: www.efh-bochum.de/homepages/wohlfahrt/pdf/Jugendhilfe.pdf, Zugriff 12.11.2014.

Zeiher, Helga (2009): Ambivalenzen und Widersprüche der Institutionalisierung von Kindheit, in: Honig, Michael-Sebastian (Hg.): Ordnungen der Kindheit. Problemstellungen und Perspektiven der Kindheitsforschung. Weinheim/München, S. 103-126.

Ziebarth, Fred (2013): Der blinde Fleck inklusiver Pädagogik, in: Archiv für Wissenschaft und Praxis der sozialen Arbeit, 44. Jahrgang, S. 50-57.

1,3 Millionen müssen aufstocken, in: www.spiegel.de/wirtschaft/soziales/hartz-IV-empfaenger-1-3-millionen-muessen-aufstocken-a-894408.html, 15.04.2013, Zugriff 18.05.2013.